破解全域深度贫困

西藏的内源型发展道路

刘小珉 等／著

社会科学文献出版社
SOCIAL SCIENCES ACADEMIC PRESS (CHINA)

内容摘要

　　本书为中国社会科学院创新工程重大科研规划项目"铸牢中华民族共同体意识重大问题研究"（项目编号：2019ZDGH017）子项目"破解深度贫困：西藏的内源型发展道路"的阶段性成果。

　　根据课题组 2016 年以来多次对拉萨、林芝、山南、日喀则、阿里等五地市的调研，本书从西藏全区的经济社会发展现状入手，分析西藏农牧区贫困特征及致贫机理，阐释西藏农牧区脱贫攻坚实践的具体做法，农牧区脱贫攻坚的主要成就、经验、启示以及进路。然后，以内源型发展理论视角，对西藏的旅游扶贫问题进行深入分析。之后又选择西藏相对较为发达的林芝市和相对欠发达的改则县为剖析对象，具体论证了林芝市的产业扶贫、教育扶贫、党建扶贫、社会保障反贫困，以及改则县的改革促脱贫，并以中国移动对改则县的援助为例分析对口援藏的情况。

　　西藏是全国唯一的省级集中连片特殊贫困地区，也是整体深度贫困地区。本书探讨西藏的贫困现状、特点、脱贫攻坚取得的成就，并总结其经验和启示，为我国进一步破解深度贫困提供了若干重要经验、启示和政策借鉴。2019 年 12 月 23 日西藏自治区官方宣布西藏实现"全域脱贫摘帽"，但目前西藏的脱贫攻坚还面临一些问题和挑战，要实现贫困人口和贫困县到2020 年有效脱贫，以及"2020 年后脱贫时代"的长期、稳定脱贫的目标，西藏还必须重视以下几个方面的工作：部分扶贫政策和工作力度仍须保持一定的连续性和稳定性；注重防范化解各种风险；要注意处理好中央关心、全国援藏与自力更生、自我发展的关系；在 2020 年基本完成脱贫攻坚任务的基础上，进一步落实中央对西藏的特殊支持政策，用足用活用好这些政策，保持较高的经济发展速度，创新脱贫模式，补齐短板，走内源型发展道路。

目 录

第一章　绪论

党的十八大提出"两个一百年"的宏伟目标。第一个"一百年"目标是指在中国共产党成立一百年（2020 年）时，全面建成小康社会；第二个"一百年"目标是指到新中国成立一百年（2049 年）时，建成富强、民主、文明、和谐的社会主义现代化国家，实现中华民族的伟大复兴。习近平总书记围绕"两个一百年"目标提出了一系列新思想、新论断、新要求，科学回答了"两个一百年"目标面临的诸多重大问题。习近平同志在党的十九大报告中指出，"中国特色社会主义进入新时代，我国社会主要矛盾已经转化为人民日益增长的美好生活需要和不平衡不充分的发展之间的矛盾"。可以说，"发展不平衡不充分"是中国全面建成小康社会及现代化建设过程中值得关注的现象。其中，西藏发展不充分、西藏与全国发展不平衡的问题尤显突出，是中国实现"两个一百年"目标的短板、难点和重点。加大力度支持西藏反贫困，加快西藏经济社会发展，补上西藏与东部发达地区的发展差距，是解决西藏发展不充分、西藏与全国发展不平衡的问题的战略选择，是实现我国"两个一百年"发展目标的重要基础保障。西藏作为我国西南边疆的重要门户，与印度、尼泊尔、不丹、缅甸四国及克什米尔地区接壤，边境线长达 4000 多公里，约占全国陆地边境线的 1/6，是我国国际关系和政治外交的重要地区，守土固边任务很重、反分裂斗争形势紧迫。因此，西藏社会稳定对我国领土完整、国家安全发展具有重要作用，而西藏经济社会稳定发展，西藏各族人民特别是边境地区的居民生产生活有着落，实现脱贫及过上富裕的生活，是我国社会和谐和国家整体安全的重要保障。积极将西藏自治区脱贫攻坚及"2020 年后脱贫时代"乡村振兴战略工作融入我国安全发展战略之中，是新的历史时期一项重大课题。

一　研究背景

党的十八大以来，党中央把贫困人口脱贫作为全面建成小康社会的底线任务和重要标志，在全国范围打响了脱贫攻坚战，减贫效果显著。按照现行贫困标准（2010 年农村贫困标准），从 2012 年末至 2019 年末，中国农村贫困人口从 9899 万人减少到 551 万人，每年减贫 1000 万人以上，累计减贫9348 万人，贫困发生率从 10.2% 下降到 0.6%，累计下降 9.6 个百分点。截至 2020 年 2 月底，全国 832 个贫困县有 601 个摘帽，179 个正在进行退出检查，未摘帽县还剩 52 个。全国 128000 个贫困村有 125293 个脱贫。区域性整体贫困基本得到解决。[①] 但是，中国农村贫困状况的地区差异很大，截至2019 年末，东部地区农村贫困人口为 47 万人，贫困发生率为 0.1%，已基本率先实现脱贫；中部地区农村贫困人口为 181 万人，贫困发生率为0.6%；西部地区农村贫困人口为 323 万人，贫困发生率为 1.1%。[②] 可以说，脱贫攻坚最后的硬骨头是中西部贫困地区，尤其是中西部的深度贫困地区。2017 年 6 月 23 日，习近平总书记曾在深度贫困地区脱贫攻坚座谈会上强调，必须重点研究解决深度贫困问题。[③] 党的十九大报告将脱贫攻坚作为决胜全面建成小康社会的三大攻坚战之一，并明确要"重点攻克深度贫困地区脱贫任务"。

由于资源、环境、区位、历史和文化等因素的影响，西藏自治区有着明显的自身特性。可以说，西藏是我国社会发育程度最低、自然条件最恶劣、生态环境最脆弱、基础设施最不完善、基本公共服务最不普及、贫困面最广、贫困程度最深、劳动力受教育程度最低、宗教氛围最浓、守土固边任务

---

① 《习近平在决战决胜脱贫攻坚座谈会上的讲话》，国务院扶贫领导办公室网，2020 年 3 月 6日，http://www.cpad.gov.cn/art/2020/3/6/art_624_114021.html。

② 《2019 年全国农村贫困人口减少 1109 万人》，国家统计局网，2020 年 1 月 23 日，http://www.stats.gov.cn/tjsj/sjjd/202001/t20200123_1724700.html。

③ 《习近平在深度贫困地区脱贫攻坚座谈会上的讲话》，人民网，2017 年 8 月 31 日，http://politics.people.com.cn/n1/2017/0831/c1024-29507971.html。

最重、反分裂斗争形势最尖锐的地区,[①] 是我国区域经济发展、民族团结、社会治理、生态保护、文化发展、对外开放、守边固边治边乃至反贫困的一个十分独特的样本。基于西藏的特殊情况,党中央历来高度重视西藏工作。特别是党的十八大以来,以习近平同志为核心的党中央,在全面总结我们党治理西藏成功实践的基础上,提出了"治国必治边、治边先稳藏"的重要战略思想,做出了"坚定不移走有中国特色、西藏特点的发展路子,积极构建维护稳定的长效机制,加快推进西藏跨越式发展和长治久安,确保到2020年同全国一道实现全面建成小康社会宏伟目标"的重要决定。因此,中央政府十分重视西藏的脱贫攻坚,给予西藏各种政策支持。当前脱贫攻坚是我国的重点工作,也是2020年我国全面建成小康社会这一时间节点上举国瞩目的热点。作为脱贫攻坚的独特样本,西藏如何破解深度贫困,进展如何,取得了什么进展,经验和启示有哪些,还面临什么困境,如何实现可持续脱贫,都是国内外关心的焦点,也正是本书关注的核心议题。

基于以上背景,根据课题组2016年以来多次对拉萨、林芝、山南、日喀则、阿里等五地市的调研分析,本书将回答这些问题。

二 相关理论回顾与研究目的

贫困历来是国内外学者所热烈探讨的主要话题之一。社会学、经济学、政治学等学科,从不同的角度,在贫困的内涵、类型、测量、成因及反贫困战略等方面都做出了各自的研究,并形成了丰富的研究成果。总体来看,内涵在不断丰富,测度方法日趋成熟,反贫困对策呈现精细化特点。[②]

---

① 刘凯、陈敦山:《以处理好"十三对关系"为根本方法,着力推进"西藏经济社会发展十大工程"》,《西藏民族大学学报》(哲学社会科学版) 2019 年第 3 期。

② 王小林:《贫困测量:理论与方法》,社会科学文献出版社,2012;王小林:《改革开放 40 年:全球贫困治理视角下的中国实践》,《社会科学战线》2018 年第 5 期;刘小珉:《贫困的复杂图景与反贫困的多元路径》,社会科学文献出版社,2017;成升魁、丁贤忠:《贫困本质与贫困地区发展》,《自然资源》1996 年第 2 期。

（一）贫困的定义与测量

贫困是一个历史的、动态的概念。随着经济发展和社会进步，人类对贫困概念的认识经历了一个不断深化和发展的过程。国外学者对于贫困的定义，最初集中在收入贫困层面。英国学者布什和朗特里基于理论和实证的结合开创了贫困问题研究的先河。朗特里（Rowntree）认为如果一个家庭的总收入不足以获得维持体能所需的最低数量的必需品，那么这个家庭就处于贫困状态。① 印度经济学家阿玛蒂亚·森（A. Sen）在 20 世纪 80 年代提出，所谓贫困，就是由于低收入而不能满足基本生存需要的状况。② 世界银行将贫困界定为缺少达到最低生活水准的能力。随着对贫困问题认识和研究的日渐深入，贫困的内涵也不断拓展。汤森（Townsend）从资源的角度提出，那些缺乏获得各种食物，缺乏参加社会活动和最起码的生活和社会交往条件的资源的个人、家庭和群体就是所谓贫困的。③ 西奥多·W. 舒尔茨从社会公平的角度提出，贫困是作为某一特定社会中特定家庭的特征的一个复杂的社会经济状态，现在仍然存在的绝大部分贫穷是大量的经济不平等的结果。阿玛蒂亚·森（A. Sen）改进了关于贫困的定义，认为一个人的贫困在于其资源禀赋、利用机会的能力、利用资源的权利状况、幸福感、自尊感等方面不能获得基本满足的状态，也就是说，贫困的真正含义是贫困人口创造收入的能力和机会的贫困。④ 英国学者奥本海姆（C. Oppenheim）认为，贫困是物质、社会、情感的匮乏，它意味着食物、保暖和衣着方面的开支少于平均水平。⑤ 1997 年联合国开发计划署以人文发展的角度切入，提出人文贫困的概念，即人在寿命、健康、居住、知识、参与、个人安全和环境等方面的基本条件得不到满足，从而限制了人的选择的状态。世界银行在《2000/2001

---

① Rowntree, Seebohm, "Poverty: A Study of Town Life", Nabu Press, 2010.

② Sen Amartya, "Poverty, Relatively Speaking", Oxford Economic Paper, New Series, 1983.

③ Townsend, Peter, "A Sociology Approach to the Measurement of Poverty——A Rejoiner to Professor Amartya Sen", Oxford Economic Paper, New Series, 1985 (4).

④ Sen Amartya, *Inequality Reexamined*, Oxford University Press, 1992.

⑤ 奥本海姆：《贫困的真相》，唐钧译，上海社会科学出版社，1998。

年世界发展报告：与贫困作斗争》中给贫困下了一个综合定义：贫困不仅意味着低收入、低消费，而且意味着缺少教育机会，营养不良，健康状况差；贫困意味着没有发言权和恐惧；贫困的概念也从经济型物质贫困延伸到权利贫困、能力贫困、资产贫困等多维贫困。

国内学者关于贫困的界定大致可以分为单维界定与多维界定两种定义方式。单维定义主要着眼于经济收入，其更加关注人们的物质生活。汪三贵指出，贫困是缺乏生活资料，缺少劳动力和生产的物质条件，或者因收入低而仅能维持相当低的生活水平。① 国家统计局农调总队认为，贫困是个人或家庭依靠劳动所得和其他合法收入不能维持其基本的生存需求。② 郭犹焕和蒋路安也认为贫困主要表现为低收入和低生活水平。③ 这种单维定义虽然便于对实际发生的贫困进行测量，但它的最大问题是对贫困这种本质上非常复杂的社会经济现象做了不恰当的简化，尤其是当解决收入低的问题明显涉及许多其他社会经济问题时，用这样的定义来指导贫困治理实践，显然是不够的。④ 而多维的贫困定义弥补了单维定义的上述不足，将贫困的内涵拓展到社会、文化等各个方面。林闽钢认为，贫困是经济、社会、文化落后的总称，是低收入造成的基本物质、基本服务相对缺乏以及缺少发展机会和手段的一种状况。⑤ 赵冬缓等认为，贫困是在一定环境（包括政治、经济、社会文化、自然等）条件下，人们长时期无法获得足够的劳动收入来维护一种生理上要求的、社会文化可接受的和社会公认的基本生活水准的状态。⑥ 屈锡华等尝试对贫困提出一个同时具有本质性、具体性和逻辑性的定义，他认为贫困是种种发展障碍和制约因素造成的生

① 汪三贵：《贫困问题与经济发展政策》，农村读物出版社，1994。
② 转引自康晓光《中国贫困与反贫困理论》，广西人民出版社，1995。
③ 郭犹焕、蒋路安：《关于贫困地区发展态势和启动产业的探讨》，《中国农村经济》1990 年第 7 期。
④ 陈光金：《反贫困：促进社会公平的一个视角——改革开放以来中国农村反贫困的理论、政策与实践回顾》，载景天魁、王颉主编《统筹城乡发展》，黑龙江人民出版社，2005。
⑤ 林闽钢：《中国农村贫困标准的调查研究》，《中国农村经济》1994 年第 4 期。
⑥ 赵冬缓、兰徐民：《我国测评指标体系及其量化研究》，《中国农村经济》1994 年第 3 期。

存危机和生活困境；一定层面的贫困是一种社会状态，这种状态不被改善将是恶性循环的。[①]

当前关于贫困的定义，其内涵虽然逐渐丰富，但对贫困作出一个科学的、规范的、公认的定义仍是十分困难的。贫困概念本身就像贫困现象一样，是不断变化的、动态的。贫困问题是一个地区或一个国家经济发展和社会进步过程的一部分，它随时间、空间以及人们的思想观念的变化而变化。并且贫困的成因驳杂，不同地区的贫困问题表现各不相同，因此我们必须从贫困的表象、贫困的成因、贫困人群的区域特征、贫困给不同人群带来的不同影响等方面综合地去观察、分析和研究贫困问题。

（二）贫困的致因与反贫困战略

贫困的致因可以从宏观和微观两个层面分析。宏观分析涉及国家或地区层面的贫困问题，研究对象是国家或地区。微观分析涉及农户层面的贫困问题。

宏观层面又可以分为自然环境、经济、社会、文化、制度等视角。国内外既有研究表明，贫困与脆弱的生态环境和匮乏的自然资源之间存在重要联系，或者说是相伴随的。[②] 发展经济学家讷克斯（R. Nurks）认为，发展中国家之所以长期存在贫困，是由于这些国家的经济中存在若干个相互联系、

[①] 屈锡华、左齐：《贫困与反贫困——定义、度量与目标》，《社会学研究》1997 年第 23 期。

[②] 〔英〕戴维·皮尔斯、杰瑞米·沃福德：《世界无末日——经济学·环境与可持续发展》，张世秋等译，中国财政经济出版社，1996；辜胜阻：《贫困地区发展的特征及其反贫困的战略思考》，《经济评论》1991 年第 5 期；钱彦敏：《贫困山区农村经济的启动与发展研究——浙江泰顺县仙捡乡经济考察》，《中国农村观察》1991 年第 4 期；许飞琼：《中国贫困问题研究》，《经济评论》2000 年第 1 期；阿卜杜伟力：《和田地区贫困与反贫困调查研究》，《中国软科学》2000 年第 7 期；韩林芝、邓强：《我国农村贫困主要影响因子的灰色关联分析》，《中国人口资源与环境》2009 年第 4 期；庄天慧：《西南少数民族贫困县的贫困和反贫困调查与评估》，中国农业出版社，2011；李瑞华：《贫困与反贫困的经济学研究——以内蒙古为例》，中央编译出版社，2014；郑长德：《中国少数民族地区经济发展报告（2014）——集中连片特困民族地区的区域发展与扶贫攻坚》，中国经济出版社，2014；刘七军、李昭楠：《地理资本视阈下西北民族地区贫困问题实证研究——以宁夏为例》，《兰州学刊》2015 年第 1 期。

相互作用的"恶性循环系列"。其中,资本缺乏是产生"贫困恶性循环"的根本原因。① 哈维·莱宾斯坦 (Harvey Leeibenstein) 提出了经济发展的"临界最小努力"理论。按照他的理解,在供给和需求方面,发展中国家存在一个恶性循环,即"低收入—低资本形成—低收入"的恶性循环。可以说,资本匮乏是阻碍发展中国家发展的关键因素,要打破这种困境,必须在经济发展初始阶段实行大规模投资,从而产生一个"临界最小努力"。② 西奥多·舒尔茨认为,贫困的根本原因不在于物质匮乏,而在于人力资本的匮乏和对人力投资的轻视。③ 在中国,一些学者从不同视角分析了中国贫困地区劳动力素质低下与地区贫困的关系,认为前者是导致农村贫困的主要原因之一。④ 美国社会学家、人类学家刘易斯 (Oscar Lewis) 认为,贫困人口之所以贫困与其所拥有的文化(贫困文化)有关。贫困文化是贫困人口阶层所具有的"一种比较固定的、持久不变的、代代相传的生活方式。贫困文化对它的成员有独特的形态和明显的社会心理影响"。⑤ 也有不少中国学者从贫困文化的视角分析农村地区贫困的产生原因。有学者认为,贫困更多地与贫困人口没有文化、没有技术以及懒惰、愚昧、落后、自暴自弃等因素相关。⑥ 美国学者彼得·汤森 (Peter Townsend) 认为,制度本身、制度缺失、制度和政策的失误或不当的政策导向等都会形成不平等,进而导致贫困。⑦ 在中国,也有一些学者分析制度问题对贫困发生和减贫脱贫的种种影响。例如,著名社会学家陆学艺认为,中国农村的贫困问题在很大程度上是

---

① 〔美〕R. 讷克斯:《不发达国家的资本形成问题》,谨斋译,商务印书馆,1966。
② 王稚文、华小琴:《低水平均衡陷阱与临界最小努力理论模型探析》,《西北成人教育学报》2012 年第 3 期。
③ 〔美〕西奥多·舒尔茨:《人力资本投资——教育和研究的作用》,蒋斌、张薪译,商务印书馆,1990。
④ 辜胜阻:《贫困地区发展的特征及其反贫的战略思考》,《经济评论》1991 年第 5 期;安树伟:《秦巴山区贫困与反贫困问题研究——以陕西省柞水县为例》,《经济地理》1999 年第 10 期;郭伶俐:《贫困村贫困原因及对策研究》,《农村经济》2003 年第 7 期。
⑤ Oscar Lewis, Five families: Mexican Case Studies in the Culture of Poverty, New York: Basic Books, 1959.
⑥ 李强:《论贫困的文化》,《高校社会科学》1989 年第 4 期。
⑦ Peter Townsend, The International Analysis of Poverty, New York, Harvester Wheatsheaf, 1993.

一些不适应时代发展要求的制度造成的，包括亟待改革的户籍制度、土地制度等。①

微观层面主要是从农户视角分析贫困的成因。一般而言，农户贫困的决定因素不仅与宏观层面的贫困成因紧密相关，而且与农户的外部环境有关，与农户家庭内部特征相关。有研究表明，中国贫困人口的分布具有典型的区域特征，主要集中在中西部自然条件恶劣的深山区、石山区、高山区、黄土高原区，这些地区位置偏远、生态环境恶化，农业生产长期处在一种低而不稳的状况。② 农户拥有的各种能够影响收入获得的资本或资源，同时也是影响其家庭是否陷入贫困的重要因素。一般而言，决定农户贫困的因素包括农户拥有的人力资本、物质资本与社会资本。③

综上，从宏观和微观两个层面看，导致贫困的因素和机制均是复杂多样的，因此，任何单一、特定的政策都很难有效地解决贫困问题。

反贫困的概念，最早是瑞典经济学家冈纳·缪尔达尔提出。④ 在反贫困的对策方面，发展经济学中的哈罗德—多马模型和罗斯托的起飞理论都强调资本对农村经济发展和反贫困的决定作用。⑤ 西奥多·舒尔茨将资本划分为"常规资本"和"人力资本"，并认为摆脱贫困的关键在于提高人力资本。⑥ 阿玛蒂亚·森认为，可通过重建个人能力来避免和消除贫困。⑦ 朱兰和马

---

① 陆学艺：《"三农论"：当代中国农业、农村、农民研究》，社会科学文献出版社，2002；《"三农"续论：当代中国农业、农村、农民问题研究》，重庆出版集团，2013。

② 国家统计局住户调查办公室：《中国农村贫困监测报告》（2011），中国统计出版社，2012；庄天慧：《西南少数民族贫困县的贫困和反贫困调查与评估》，中国农业出版社，2011，第264页；李瑞华：《贫困与反贫困的经济学研究——以内蒙古为例》，中央编译出版社，2014；郑长德：《中国少数民族地区经济发展报告（2014）——集中连片特困民族地区的区域发展与扶贫攻坚》，中国经济出版社，2014。

③ 刘小珉：《民族视角下的农村居民贫困问题比较研究——以广西、贵州、湖南为例》，《民族研究》2013年第4期。

④ 〔瑞典〕冈纳·缪尔达尔：《世界贫困的挑战》，顾朝阳等译，北京经济学院出版社，2010。

⑤ 〔美〕托达罗：《第三世界的经济发展》，于同申等译，中国人民大学出版社，1988；〔日〕速水佑次郎：《发展经济学：从贫困到富裕》，李周译，社会科学文献出版社，2009。

⑥ 〔美〕西奥多·W. 舒尔茨：《论人力资本投资》，吴珠华译，北京经济学院出版社，1990。

⑦ 〔印度〕阿马蒂亚·森：《贫困与饥荒》，王宇等译，商务印书馆，2001；〔印度〕阿马蒂亚·森：《以自由看待发展》，任赜等译，中国人民大学出版社，2002。

丁·瑞沃林认为，需要增加资本积累、人力资本投资、基础设施和公共服务来减少长期贫困。[1] 有些发展经济学家认为，政府计划与强力推动是欠发达地区解决贫困问题的关键性要素[2]。还有些学者认为，贫困是政治、经济、制度、社会、文化、习俗等方面综合作用的结果，因此，要解决贫困问题不仅要考虑经济因素，还要综合考虑各种非经济影响因素，[3] 系统运用各种措施，还应从贫困地区的实际情况出发，寻找本地区的比较优势、自我发展活力，提高本地区及贫困人口的自我发展能力，走内源型发展道路。[4]

（三）我国民族地区的贫困与反贫困

由于自然地理、区位、资源禀赋、社会文化等方面的影响，我国民族地区相较于其他地区具有一定的特殊性。因此，民族地的贫困也具有一定的特殊性，如明显的贫困脆弱性、多维贫困及部分民族地区呈现族群型贫困等特征。目前，民族地区的贫困问题研究已取得不少成果。郑长德认为，西部民族地区贫困面大，贫困度深，脱贫难度大，返贫率高。[5] 汪三贵等学者认为，少数民族的贫困是多种因素叠加、综合的结果，主要包括自然生态条件恶劣、收入差异扩大导致的经济增长"益民族"程度的下降和民族经济生计特性等三大因素。[6] 针对民族地区不同的贫困状况和致贫原因，多位学者

[1] Jyosna Jalan and Martin Ravallion, "Transient Poverty in Post Reform Rural China", *Journal of Comparative Economics*, No. 26, 1998, pp. 338 - 357; Jyosna Jalan and Martin Ravallion, "Is Transient Poverty Different? Evidence for Rural China", *Economic Mobility and Poverty in Development Countries*, No. 3, 2002, pp. 82 - 100.

[2] J. 丁伯根：《经济政策：原理与设计》，张幼文译，商务印书馆，1988；赫希曼：《经济发展战略》，曹征海、潘照东译，经济科学出版社，1991。

[3] 刘小珉：《一个苗族深度贫困村的贫困成因及扶贫对策——基于非经济因素的视角》，《黔南民族师范学院学报》2018 年第 2 期。

[4] 刘小珉：《贫困的复杂图景与反贫困的多元路径》，社会科学文献出版社，2017；叶普万：《贫困经济学》，中国社会科学出版社，2004，第 61 ~ 650 页；刘小珉：《多维贫困视角下的民族地区精准扶贫——基于 CHES2011 数据的分析》，《民族研究》2017 年第 1 期。

[5] 郑长德：《中国西部民族地区贫困问题研究》，《人口与经济》2003 年第 1 期。

[6] 汪三贵等：《少数民族贫困变动趋势、原因及对策》，《贵州社会科学》2012 年第 12 期。

从不同角度提出有针对性的对策建议。汪三贵等学者认为，今后的扶贫政策应该充分考虑少数民族和民族地区贫困的特殊性，加强对少数民族和民族地区扶贫资金的投入和管理，进一步加大对少数民族和民族地区教育的扶持力度，建立更加"亲民族"的扶贫政策，以便可持续地减缓少数民族和民族地区的贫困。[①] 王小林的研究建议，加强公共服务和农户资产积累对于扶贫开发十分重要。[②] 部分学者则从反贫困的具体手段入手，建议进一步促进农村金融发展，引导资金流向民族地区贫困村，促进金融机构在民族地区扎根；扶贫攻坚工作必须与区域基本公共服务均等化相结合，实现基本公共服务均等化等。[③] 还有学者从贫困户的能力建设方面出发，建议加大西部少数民族地区基础教育投资总量，保障九年制义务教育在西部民族地区实施；强化人力资本投资意识，提高投资积极性；健全劳动力市场，改善人力资本的配置等。[④]

（四）西藏的贫困与反贫困

由于西藏的特殊性，西藏的贫困也呈现出一定的特殊性。白涛和韩光等提出西藏贫困问题十分凸显，建议西藏扶贫开发要解决贫困人口温饱问题，组织和调动全社会力量做好扶贫开发工作。[⑤] 西藏贫困特征方面，杨阿维等提出主要有贫困程度深与脱贫难度大、自然灾害频繁与返贫率高、区域发展差距大与贫困人口分布广等。[⑥] 关于西藏贫困的成因，毛阳海归纳为自然环

---

① 汪三贵等：《少数民族贫困变动趋势、原因及对策》，《贵州社会科学》2012年第12期。
② 王小林：《贫困测量理论与方法》，社会科学文献出版社，2012。
③ 鲁钊阳：《民族地区农村金融发展的反贫困效应研究》，《农村经济》2016年第1期；林婷姬等：《反贫困：推进民族地区基本公共服务均等化的思考——以武陵山片区为例》，《贵州民族研究》2016年第11期。
④ 杨云：《人力资本视野下西部民族地区反贫困的路径选择》，《思想战线》2007年第4期。
⑤ 白涛：《西藏贫困地区扶贫工作的透视与思考》，《中国藏学》1997年第2期；韩光等：《西藏扶贫开发问题的研究》，《西藏研究》1997年第3期。
⑥ 杨阿维、图登克珠：《西藏农牧区经济增长对扶贫开发的带动性研究》，《中国农业资源与区划》2016年第1期。

境恶劣、基础条件差、恶性循环、地方病流行以及宗教信仰等因素;① 高星等认为,人口受教育水平低、部分群众缺乏脱贫积极性和致富意识也是西藏农牧民贫困的主要原因。② 关于西藏反贫困实践与对策,张艳红、李晓燕提出,只有提高西藏农村人力资本水平才能从根本上改变其贫困状况。③ 魏小文、朱新林基于环境资源视角提出了发挥环境资源优势的西藏反贫困路径选择。④ 多庆和张丽君等认为,社会保障在西藏反贫困实践中具有重要地位与作用,建议完善西藏社会保障制度,充分发挥出社会保障在西藏反贫困中的作用。⑤ 此外,孙前路等提出,要深入了解西藏贫困居民的生活方式和思维方式,实施引导性的扶贫措施,这也有利于转变农牧区贫困户的"等、靠、要"思想状况。⑥

综上所述,国内外关于贫困及反贫困问题的研究已经形成一个多视角、多层次的研究体系,研究成果丰富,为本书提供了理论借鉴和逻辑起点。关于民族地区贫困及反贫困问题的研究起步相对较晚,但也形成了较为丰富的研究成果。然而,对深度贫困的研究,尤其是针对处于整体深度贫困的西藏的贫困研究还有拓展空间。原因在于从脱贫攻坚战略实施到2020年完成脱贫攻坚任务、全面建成小康社会,再到2020年后巩固脱贫成果、实施乡村振兴战略,继续探索解决西藏发展不平衡不充分的问题,对深度贫困地区和深度贫困问题的研究视角与研究层级均需进一步拓展与深化。基于此,本书从西藏农牧区贫困特征及致贫机理入手,分析阐释西藏农牧区脱贫攻坚实践

---

① 毛阳海:《西藏农区贫困的特征、成因与反贫困路径选择》,《西藏民族学院学报》(哲学社会科学版) 2006 年第 6 期。

② 高星等:《西藏农牧民贫困特征、类型、成因及精准扶贫对策》,《中国科学院院刊》2016年第 3 期。

③ 张艳红、李晓燕:《基于人力资本视角的农村反贫困问题研究——以西藏自治区为例》,《社会科学家》2010 年第 3 期。

④ 魏小文、朱新林:《环境资源视角下西藏农牧民反贫困研究》,《技术经济与管理研究》2012 年第 2 期。

⑤ 多庆:《西藏社会保障在反贫困中作用》,《西藏研究》2015 年第 4 期;张丽君、侯霄冰:《基于反贫困视角的西藏社会保障制度研究》,《黑龙江民族丛刊》2016 年第 2 期。

⑥ 孙前路等:《西藏农牧民对贫困的认知和对扶贫的期望》,《贵州农业科学》2014 年第 3 期。

的具体做法，农牧区脱贫攻坚的主要成就、经验、启示以及进路，为"三区三州"深度贫困地区或其他民族地区在未来一段时间的反贫困实践及乡村振兴战略的实施提供借鉴和参考。

（五）研究目的

新中国成立 70 多年来，在各族人民的艰苦奋斗下，2020 年中国将"实现现行标准下农村贫困人口脱贫、贫困县摘帽、解决区域性整体贫困"的目标，实现贫困地区、贫困群众同全国同步进入小康社会。但也要清醒地认识到，贫困县实现摘帽和绝对贫困人口实现脱贫，并不意味着贫困的完全消失，也不意味着反贫困工作的结束。我国农村贫困将从"绝对贫困""生存贫困"转变为"相对贫困""多维贫困"。可以说，我国反贫困工作将进入一个更加注重提高贫困群体内生发展动力，更加注重解决人民日益增长的美好生活需要和不平衡不充分的发展之间的矛盾的新时期。依据以上发展经济学贫困及反贫困理论，以及目前我国贫困与反贫困工作面临的新问题，可以得出，增加贫困地区及贫困人口资本投资和积累，寻找本地区的比较优势，走内源型发展道路，提高本地区及贫困人口的自我发展能力，是破解深度贫困问题的重要途径。

西藏自治区是全国唯一的集高寒、边疆、少数民族和省级集中连片特殊贫困地区于一体的省份，也是目前国家层面唯一被整体划为深度贫困的省份。为了实现 2020 年"农村贫困人口全部脱贫，贫困县全部摘帽，区域性整体贫困全面解决"的目标，西藏全面实施脱贫攻坚工程，建构了"政策扶贫、专项扶贫、行业扶贫、金融扶贫、援藏扶贫"五位一体的扶贫格局，脱贫攻坚取得决定性进展，探索出一些破解深度贫困地区脱贫攻坚难题的新途径。从 2015 年末至 2018 年末，西藏农村贫困人口由 59 万人减少到 15 万人，贫困发生率从 25.32% 下降到 6% 以下，55 个贫困县（区）实现摘帽。①

---

① 娄梦琳：《截至去年底，西藏 55 个县（区）脱贫摘帽》，中国西藏网，2019 年 10 月 18 日，http://www.tibet.cn/cn/news/zx/201910/t20191018_ 6695355.html。

2019 年 12 月 23 日，西藏自治区脱贫攻坚指挥部发布《西藏自治区脱贫攻坚指挥部关于 2019 年 19 个县（区）退出贫困县（区）的公告》："2019 年 12 月 9 日，经自治区人民政府研究，批准日喀则市谢通门县、江孜县、萨迦县、萨嘎县、拉孜县、南木林县，昌都市八宿县、左贡县、芒康县、贡觉县、察雅县，那曲市色尼区、巴青县、尼玛县、双湖县、申扎县，阿里地区措勤县、改则县、革吉县共 19 个县（区）退出贫困县（区）"，在此之前，西藏自治区其他 55 个县（区）已经实现了脱贫摘帽。这说明，到 2019 年底，西藏自治区所有县（区）均已经实现了脱贫摘帽，西藏已经实现现行国家农村贫困标准下的"基本告别农村绝对贫困"，实现整体脱贫。[①] 可以说，西藏在深度贫困地区"三区三州"中率先实现整体脱贫，脱贫攻坚取得决定性进展，并在实践中探索出一些破解深度贫困难题的途径，形成了一些重要的经验和启示，这些经验在实践中不断完善。基于此，笔者以西藏自治区为例，基于课题组 2016 年以来多次对拉萨、林芝、山南、日喀则、阿里等五地市的调研，重点从以下四个方面展开具体考察。第一，从西藏全区的经济发展现状、农村贫困特征及致贫机理入手，分析西藏农牧区脱贫攻坚实践的具体举措，总结归纳西藏脱贫攻坚的成就、经验、启示与进路。第二，以内源型发展理论为视角，对西藏的旅游扶贫问题进行深入分析。第三，以西藏较为发达的林芝市为剖析对象，具体论证林芝市的产业扶贫、教育扶贫、党建扶贫，以及社会保障反贫困的现状、成就、面临的问题和对策。第四，以西藏发展相对较慢的阿里地区改则县为剖析对象，具体论证了改则县的改革促脱贫，并以中国移动对改则县的援助为例分析对口援藏的情况。本书中既有对西藏脱贫攻坚工作全区性的概况总结分析，也有针对西藏经济发达地区、经济较落后地区，以及低海拔地区和高寒地区各有侧重的论述和分析，旨在为西藏贫困问题的相关研究补充真实的一手调查资料，为开展其他深度贫困地区贫困治理研究提供相应的方法经验和理论参考。

---

① 《西藏实现全域脱贫摘帽》，中国新闻网，2019 年 12 月 23 日，http://www.chinanews.com/gn/2019/12-23/9040599.shtml。

三 研究方法与内容

（一）研究方法

本研究的调研方法主要包括文献研究方法与经验研究方法。

①文献研究方法。有效运用文献研究的历史性、灵活性、继承性、创造性优势，阅读大量与贫困形成机制和阻断路径相关的理论研究与实证研究文献，充分了解国家关于精准扶贫的相关政策、文件和学术界关于精准扶贫的相关研究成果，为本课题研究奠定扎实的理论基础和现实基础。

②经验研究方法主要是质性研究方法。本课题运用事件—过程研究方法，通过实地观察、深入访谈、召开座谈会等形式，在西藏拉萨、林芝、山南、日喀则、阿里等地市进行定性调查研究，包括针对重要和典型问题到相关单位和部门做深度调研；基于经济发展水平、产业结构和地理区位选择有代表性的乡镇、村庄、企业、学校、合作组织等做个案典型调研，挑选比较有代表性的人员进行深入访谈，比如领导干部与一般干部、援藏干部与受援单位人员、企业老板与员工、驻村干部与村委会成员、老师与学生、贫困和非贫困的家庭，等等。

（二）本书内容

根据课题组 2016 年以来多次对拉萨、林芝、山南、日喀则、阿里等五地市的调研，本书从西藏全区的经济社会发展现状入手，分析西藏农牧区贫困特征及致贫机理，阐释西藏农牧区脱贫攻坚实践的具体做法、农牧区脱贫攻坚的主要成就、经验、启示以及进路。然后，以内源型发展理论为视角，对西藏的旅游扶贫问题进行深入分析。之后又选择西藏相对较为发达的林芝市和相对欠发达的改则县为剖析对象，具体论证了林芝市的产业扶贫、教育扶贫、党建扶贫、社会保障反贫困，以及改则县的改革促脱贫，并以中国移动对改则县的援助为例分析对口援藏的情况。

全书共十章，章节及主要内容如下。

第一章是绪论，对本书的研究背景进行了描述，说明了本书的研究主题与目的，对贫困与反贫困、我国民族地区及西藏自治区贫困与反贫困相关理论、文献进行了回顾与评述，介绍了本书的研究目的、研究方法和研究内容。

第二章从西藏全区的经济社会发展现状入手，分析了西藏农牧区贫困特征及致贫机理，阐释了西藏农牧区脱贫攻坚实践的具体做法、农牧区脱贫攻坚的主要成就、经验、启示以及进路。本章特别指出，目前西藏的脱贫攻坚还面临一些问题和挑战，要实现贫困人口和贫困县到 2020 年有效脱贫，以及"2020 年后脱贫时代"长期、稳定脱贫的目标，西藏还必须重视以下几个方面的工作：部分扶贫政策和工作力度仍须保持一定的连续性和稳定性；注重防范化解各种风险；要注意处理好中央关心、全国援藏与自力更生、自我发展的关系；在 2019 年底基本完成脱贫攻坚任务的基础上，进一步落实中央对西藏的特殊支持政策，用足用活用好这些政策，保持较高的经济发展速度，创新脱贫模式，补齐短板。

第三章以内源型发展理论为视角，对西藏的旅游扶贫问题进行深入分析。本章通过对西藏旅游扶贫的研究发现，旅游扶贫不仅可以"内嵌"本地民族文化、生态资源等比较优势，促进旅游产业及其带动下的相关产业更好地在本地扎根，还能够促进民族地区的要素聚集与共生，进而培育当地社会经济发展的内生动力，增强"造血"功能，形成典型的"内源型发展"模式。此种扶贫模式在促进西藏地区社会经济跨越式发展、形成旅游规模经济效益、带动贫困人口稳定脱贫方面取得了显著成效。西藏的旅游扶贫对其他少数民族地区也具有重要的启示：充分发挥自身比较优势，走内源型发展道路；坚持政企合作，共同助力旅游扶贫；重视贫困人口的参与，提升其自我发展能力。未来，西藏旅游扶贫还应在以下方面着重发力：进一步加强对民族文化的保护，实现在保护基础上的传承与利用；立足长远，融合发展，提升地区经济发展的整体效能；加强旅游扶贫的人才建设，为旅游扶贫的开展提供充足的人才。

第四章对林芝市的产业扶贫进行了调研。本章描述了林芝市产业扶贫模式,分析了林芝产业扶贫的成就和面临的困境,并针对面临的困境提出了有针对性的政策建议。具体而言,通过课题组在林芝市的实地调查和对所收集资料的整理分析,本章将林芝市的产业扶贫模式总结为"公司＋基地＋贫困户""合作社＋贫困户""互联网＋产业扶贫"三种类型。林芝市通过这三种产业扶贫模式开展工作,取得了一定的成效,但在产业扶贫的过程中依然暴露出一些问题。针对这些问题,本章认为应该在激发贫困人口内生动力、开展产业扶贫专项培训、重点打造规模化产业、规范产业发展、加强督导上下功夫,以进一步提高产业扶贫的成效。

　　第五章对林芝市的教育扶贫进行了研究。本章围绕林芝市教育局教育扶贫的定位、工作的经验、面临的困难和建议三个方面展开,力求展现林芝市地方政府和教育一线的人员在教育脱贫工作上的经验。首先,在脆弱的自然环境、厚重的历史文化包袱、家庭发展和教育发展不足等因素下,发挥教育对贫困的代际阻断作用必须以政府为责任主体,以农牧民家庭为主要的作用对象。其次,从工作经验上看,林芝市教育脱贫的三大经验在于构建了家庭教育的物质保障制度,减轻了农牧民的家庭教育负担;通过"控辍保学"巩固了义务教育普及率,提升了校园基础设施和师资队伍建设水平与教育质量,保障了农牧民子女受教育的权利;通过落实就业政策和推动经济社会快速发展,更新了教育在促进就业、提升收入水平上的关键作用,提升了林芝市农牧民家长的教育观念和认知。最后,林芝市教育脱贫依然面临认知不足、教师行政压力大影响教学、基础设施建设部分欠缺等问题,本章提出了针对性措施。

　　第六章对林芝市党建扶贫进行了研究。本章围绕林芝市党建与扶贫的联动机制类型和特点、党建引领扶贫的典型案例、林芝市党建扶贫的主要成效与林芝市党建扶贫的经验启示四个方面展开。文章认为,基层党组织是带领群众脱贫致富的领导核心,党员是群众的"带头人""主心骨",打赢脱贫攻坚战尤其需要建强党组织战斗堡垒,需要广大党员"做榜样""唱主角"。当前,林芝已将党建扶贫工作嵌入村庄的政治、经济、文化、社会和生态发展中，扶贫成效显著。林芝市基层党建工作的具体行为和模式，与精准扶贫精准脱贫工作的具体过程做到了较好的联结和镶嵌，避免了党建与扶贫"两张皮"。林芝成功地以外源性资源激活贫困对象的内生性发展力量，进而推动林芝脱贫攻坚实现从"输血"到"造血"、从外源性帮扶到内生性发展模式的转变。

第七章对林芝市社会保障反贫困进行了研究。本章围绕林芝市"社会保障兜底一批"的政策框架及反贫成效、社会保障兜底反贫困的经验及面临的挑战、强化林芝市社会保障兜底反贫困效果的对策建议等三个方面展开。在精准扶贫中，西藏将社会保障列为西藏反贫困政策体系的重要组成部分，并为贫困人口的基本生活提供兜底性保障。在实践中，林芝市社会保障兜底反贫困形成了四条主要经验，即注重政策协同规划，形成了反贫困政策体系；夯实涉及社会保障的公共服务设施，增强贫困人口的获得感；加大社会保障财政支持和资金整合力度，增强了转移支付资金的反贫困效果；探索积极社会保障政策理念，鼓励贫困家庭劳动力积极就业。与此同时，也面临三个方面的挑战，即社会保障待遇水平的持续提高对财政的压力不容小觑，政府代缴养老保险费的措施反贫困效果依然有限，医疗服务和养老服务等基本公共服务水平依然偏低，就业形态的新变化对转移就业劳动力稳定参保提出了挑战。为提升新时代林芝市社会保障反贫困成效，建议从五个方面采取措施。第一，继续做好最低生活保障对象的动态管理和待遇水平的动态调整。第二，加强社会救助对低收入家庭的医疗救助、教育救助。第三，提升基层医疗卫生服务供给水平。第四，扩大社会保障关爱农村"三留守人员"的福利服务和残疾人康复服务的供给。第五，加强社会保障政策与其他反贫困政策的衔接协同。

第八章对林芝市社会扶贫进行了研究。本章围绕着社会扶贫在西藏全面摆脱贫困过程中发挥了哪些作用，具体有什么做法，取得了哪些成绩，又有哪些经验与教训，未来改进的方向在何处等问题展开，力求呈现林芝市社会扶贫的经验和启示，并对改进的方向进行探索。本章具体分析了林芝市的定点扶贫、东西协作扶贫（援藏）及军民共建、企业帮扶等社会帮扶情况。

社会扶贫在林芝市打赢脱贫攻坚战中起到了重要的作用，有力地促进了林芝市经济社会的发展和贫困群体的脱贫。在实践中，林芝市社会扶贫形成了三条主要经验，包括坚持中国共产党领导是开展好社会扶贫的重要保障，凝聚社会力量是开展好社会扶贫的重要条件，激发内生动力是开展好社会扶贫的基础。与此同时，也面临四个方面的挑战，包括社会扶贫工作具有被动性，社会扶贫办公室具有非常设性，扶贫项目与农牧民实际需求存在一定错位，社会扶贫脱贫基础仍显薄弱。为提升林芝市社会扶贫成效，建议从四个方面采取措施。第一，深化对社会扶贫工作的认识，加强扶贫工作的立法协调工作；第二，逐步改进帮扶方式，促进市场化合作机制的深入发展；第三，扩大农牧民参与扶贫项目制定，实现援助与需求精准对接；第四，进一步启发民智，加大基础设施建设力度，增强社会扶贫后续发展动力。

第九章对西藏改则县改革促脱贫的贫困治理进行了考察。本章围绕改则县基本情况，以及贫困特征、贫困治理的实践，以及贫困治理的主要成就、经验和启示等方面展开。改则县是被喻为"世界屋脊上的屋脊"西藏阿里地区的一个典型的高寒纯牧业县，平均海拔超过 4500 米，自然生态环境比较恶劣，位置偏僻，交通不便，农牧民生产生活环境差，是西藏自治区的深度贫困县。作为典型牧区，改则县贫困有别于农区贫困，它不仅仅表现为贫困面广，自然生态环境脆弱，基础设施、公共服务不足，更多地表现为"双重非典型二元结构"制约下的经济收入型贫困与精神性贫困并存，且条件性、收入性、精神性贫困高度叠加的综合性绝对贫困。在贫困治理实践中，改则县采取产业扶持、就业扶持、教育扶持、生态扶持、易地搬迁、社会保障等措施对贫困群众精准施策，并取得脱贫攻坚决定性胜利。2019 年底改则县所有贫困村出列，实现整体脱贫。改则县的贫困治理工作取得了决定性胜利，探索出一些破解深度贫困牧区贫困问题的新途径，形成了一些具有独特价值的经验，其中一些经验对西藏、四省涉藏地区或其他深度贫困牧区在今后巩固脱贫成果、实现持续有效脱贫具有重要借鉴意义。其最主要的启示是，高位推进是关键。政府主要领导亲自挂帅，以制度优势、政治优势集中力量攻克难关，脱贫攻坚工作一定会有起色。另外，必须引入更多的贫困治理主体和市场要素，走多元贫困治理和内源性发展道路，并处理好贫困治理与区域经济社会整体发展的关系。只有贫困治理促进区域经济社会整体发展，区域经济社会整体发展促进贫困群体自我发展能力提高，才能实现有效、稳定脱贫。

第十章对中国移动对口支援改则县的情况进行了考察。2020 年是全面建成小康社会和"十三五"规划收官之年，中央企业深刻认识到高质量打赢脱贫攻坚战的重要意义，坚决贯彻党中央决策部署，发挥自身优势开展扶贫工作，涌现出了以中国移动为代表的一批积极参与脱贫攻坚的优秀企业，为全面打赢脱贫攻坚战贡献了央企力量。本章介绍了中国移动援助改则县的实践及其进路，对援助行动的影响进行了分析，力图为扶贫工作提供更多经验和借鉴。

第二章 西藏脱贫攻坚的实践、成就和启示

西藏自治区是全国唯一的集高寒、边疆、少数民族和省级集中连片特殊贫困地区于一体的省份，也是目前国家层面唯一被整体划为深度贫困的省份。为了实现 2020 年 "农村贫困人口全部脱贫，贫困县全部摘帽，区域性整体贫困全面解决" 的目标，西藏全面实施脱贫攻坚工程，建构了 "政策扶贫、专项扶贫、行业扶贫、金融扶贫、援藏扶贫" 五位一体的扶贫格局，脱贫攻坚取得决定性进展，探索出一些破解深度贫困地区脱贫攻坚难题的新途径。根据课题组 2016 年以来对拉萨、山南、林芝、日喀则、阿里等五地市的调研分析，要实现贫困人口和贫困县到 2020 年稳定脱贫，以及 2020 年后持续脱贫的目标，西藏还必须进一步落实中央对深度贫困地区的支持政策，建立健全长效脱贫机制，在加大脱贫力度、巩固脱贫成果、提升脱贫质量、防止新增贫困和返贫上下功夫。

一 西藏经济社会发展现状、农村贫困特征及致贫机理

（一）西藏特点和经济社会发展现状

由于资源、环境、历史和文化的影响，西藏自治区有着明显的自身特性。基于西藏的这些特殊性，中央制定了针对西藏的各种特殊扶持政策，包括扶贫政策。可以说，准确认识并把握西藏的特殊性，是中央及西藏自治区党委、政府实施脱贫攻坚行动的指导思想的关键。

1.西藏具有显著的、独特的自然环境和人文特征

第一，西藏具有独特的自然、生态、区位特点。西藏是世界上海拔最高的地方，平均海拔 4500 米以上，被誉为"世界屋脊"。由这一状况所决定，西藏高寒缺氧，气候恶劣，地广人稀，且生态环境脆弱，自然灾害频发，地方病多发。

第二，西藏具有特殊的社会历史发展进程。在和平解放之前，西藏经历了漫长的封建农奴制社会，西藏人民是从封建农奴制社会一步跨入社会主义社会的。时至今日，"历史上的一些固有传统仍然在多方面发生作用，旧社会所遗留下的历史痕迹仍然不可避免地在经济文化、政治思想、伦理道德等方面产生影响"。[①] 同时，历史上形成的一些与市场经济发展不相适应的文化仍然存在，严重制约着部分贫困农牧民自主利用各种机会摆脱贫困的行动。

第三，西藏具有极其重要的战略地位。基于西藏特殊的自然、生态、资源禀赋、区位、文化等因素，中央第六次西藏工作座谈会对西藏提出了明确定位："西藏是重要的国家安全屏障，也是重要的生态安全屏障、重要的战略资源储备基地、重要的高原特色农产品生产基地、重要的中华民族特色文化保护地、重要的世界旅游目的地、面向南亚开放的重要通道、同西方敌对

[①] 熊坤新：《略论建设有西藏特点的社会主义》，《西藏民族学院学报》（社会科学版）1986年第 2 期。

势力和境内外敌对势力、分裂势力斗争的前沿"。

可以说，西藏是我国社会发育程度最低、自然条件最恶劣、生态环境最脆弱、客观条件最差、基础设施最不完善、基本公共服务最不普及、贫困面最广、贫困程度最深、劳动力受教育程度最低、宗教氛围最浓、守土固边任务最重、反分裂斗争形势最尖锐的地区，① 是我国脱贫攻坚实践的一个十分独特的样本。

2. 近年来西藏经济社会发展速度很快，但总体水平还较低，自我发展能力较弱

（1）2012～2018 年，在全国经济增速放缓的背景下，西藏地区生产总值（GDP）从 701.65 亿元增加到 1477.63 亿元，年均实际增速高达 11.21%，比全国平均增速高 4.07 个百分点。② 尤其值得一提的是，西藏 GDP 连续 25 年保持两位数增长，且从 2014 年起，连续 5 年增速领跑全国。2019 年西藏经济运行继续保持较高速发展势头，1～6 月西藏 GDP 达 681.69 亿元，同比增长 9%，比全国平均增速高 2.7 个百分点，增速依然位居全国前列。③ 在国际国内风险挑战明显增多的情况下，西藏取得这个成绩很不简单。但由于起点低，西藏经济发展水平与全国的差距还很明显。2018 年，西藏人均 GDP 为 43397 元，为全国平均水平（64644 元）的 67.13%，不到北京（140211 元）的 1/3。④

（2）近年来西藏农牧民收入水平大幅提高，与全国平均水平的相对差距有所缩小，但收入绝对水平仍较低。2012～2018 年，西藏农牧民人均纯收入从 5697 元增长到 11450 元，年均实际增长 10.5%，比同期全国增速高

---

① 刘凯、陈敦山：《以处理好"十三对关系"为根本方法，着力推进"西藏经济社会发展十大工程"》，《西藏民族大学学报》（哲学社会科学版）2019 年第 3 期。

② 根据《中国统计年鉴》（2019）、《西藏统计年鉴》（2018）、《2018 年西藏自治区国民经济与社会发展统计公报》相关数据整理、计算得出。

③ 王东：《60 年来西藏经济全面发展未来会更美好》，中国西藏网，2019 年 9 月 5 日，http：//www.tibet.cn/cn/fp/201909/t20190905_6677686.html。

④ 根据《中国统计年鉴》（2019）、《2018 年西藏自治区国民经济与社会发展统计公报》相关数据整理、计算得出。

2.2个百分点。但是，收入水平与全国平均水平相比还是偏低，2018年西藏农牧民人均纯收入仅相当于全国平均水平的78.33%。[①]

（3）随着经济的发展，西藏财政收入、财政支出逐年增长，但财政自给率却在波动中下降，表明西藏自我发展能力有待提高。2012~2018年，西藏公共财政预算收入、公共财政预算支出分别从865827万元、9053384万元增长到2302900万元、19727100万元，年均名义增长率分别为17.71%、13.86%，国家财政补助收入从8042975万元提高到15107587万元（2017年），年均名义增长为13.44%。[②]

综上所述，西藏是一个生态、政治、经济、文化和社会都很特殊的区域，在国家发展稳定大局中具有非常重要的战略地位，近年来西藏经济社会发展速度很快，但总体水平还较低，自我发展能力较弱，在这样的大背景下，西藏的反贫困问题被赋予了非常重要的意义。

（二）西藏农牧区贫困状况、主要特征及贫困成因

1. 西藏农牧区贫困面大、贫困程度深

西藏是目前中国唯一被整体划为深度贫困的省份，所辖74个县（区）均为国家重点贫困县，贫困面广，贫困问题严峻。2016年，西藏农村贫困人口为34万人，贫困发生率为13.2%，居全国首位。不仅贫困面较大，贫困程度也较高。具体而言，西藏农村人口在民族八省区[③]总人口中占2.30%，占全国农村总人口的0.40%；而西藏农村贫困人口在民族八省区农村贫困人口中占到2.41%，占全国农村贫困人口总数的0.78%。[④]

[①] 根据《中国统计年鉴》（2019）、《西藏统计年鉴》（2018）、《2018年西藏自治区国民经济与社会发展统计公报》相关数据整理、计算得出。

[②] 根据《西藏统计年鉴》（2018）、《2018年西藏自治区国民经济与社会发展统计公报》相关数据整理、计算。

[③] 民族八省区指内蒙古、西藏、广西、宁夏、新疆5个自治区和云南、贵州、青海3个多民族省份。由于收集资料的局限性，目前学界以"民族八省区"的情况代表"民族地区"的情况。

[④] 根据国家统计局住户调查办公室《中国农村贫困监测报告》（2016）、《中国农村贫困监测报告》（2017）、《中国统计年鉴》（2017）相关数据整理、计算。

2. 西藏农牧区贫困的主要特征

如上所述，西藏是一个生态、政治、经济文化和社会都很特殊的区域。因此，西藏农牧区的贫困特征与其他农村地区相比，既有一定的共性，又具有特殊性。

（1）西藏贫困人口分布的空间差异明显

西藏农村贫困人口的空间分布存在明显的差异。一方面，日喀则市、那曲市和昌都市集中了西藏 73.78% 的贫困村、68.79% 的贫困户，以及 72.66% 的贫困人口（见表1）。另一方面，贫困程度深的县也主要集中分布在昌都市、日喀则市和那曲市（见表2）。也就是说，西藏各地市的贫困面、贫困强度、贫困深度分布差异很大，林芝市、山南市和阿里地区的贫困面相对较窄、贫困程度相对较轻；昌都市、日喀则市和那曲市则属于贫困面广、贫困程度深的连片贫困核心区（即西部沿喜马拉雅山北麓地区、藏中农牧结合部和藏东横断山脉地区）。这些地区有着一些共同特点，即生态环境脆弱、自然条件恶劣、交通不便、信息闭塞、土地产出率低、人口增长较快、劳动者素质差，[①] 是西藏的深度贫困区域。

表 2 - 1　2014 年西藏自治区各地市贫困人口分布情况

地区	贫困人口		贫困户		贫困村	
	贫困人口数（人）	贫困人口占比（%）	贫困户数（户）	贫困户占比（%）	贫困村数（个）	贫困村占比（%）
拉萨市	73541	9.23	18970	9.37	228	4.25
昌都市	216256	27.14	44350	21.91	1115	20.77
山南市	85769	10.76	27612	13.64	553	10.30
日喀则市	223309	28.02	50301	24.85	1661	30.94
那曲市	139423	17.50	44596	22.03	1185	22.07
阿里地区	26434	3.32	7976	3.94	141	2.63
林芝市	32093	4.03	8592	4.25	486	9.05
全区	796825	100.00	202397	100.00	5369	100.00

资料来源：《西藏自治区"十三五"时期扶贫开发规划（2016～2020 年）》。

---

① 罗绒战堆：《西藏"扶贫攻坚"调研报告》，《中国藏学》1998 年第 4 期。

表 2 - 2   西藏自治区各地市贫困状况综合评价*

地区	29 ~ 32 分	33 ~ 39 分	40 ~ 46 分	47 ~ 54 分	55 ~ 60 分	61 ~ 69 分	70 ~ 78 分	79 ~ 87 分
昌都市	0	0	0	1	2	2	4	2
日喀则市	1	2	2	7	0	3	1	2
那曲市	0	0	2	1	2	3	3	0
山南市	0	4	2	2	4	0	0	0
林芝市	3	2	1	1	0	0	0	0
拉萨市	1	0	3	3	1	0	0	0
阿里地区	1	3	2	0	1	0	0	0
全区	6	11	12	15	10	8	8	4

* 西藏在全国率先建立了多维贫困重要度评价指标体系，该评价指标体系包括贫困人口数、贫困发生率、贫困人口结构、致贫原因、贫困人口人均收入、人均 GDP、人均财政收入等指标。表 2 是基于该评价指标体系对西藏各地市的贫困程度进行综合评价的结果，得分越高，表示贫困程度越深；各地市贫困程度深的县越多，该地市的贫困程度也就越深。

资料来源：同表 1。

（2）西藏农牧区贫困人口人力资本贫困特征明显

首先，西藏农牧区贫困人口的身体素质相对较差。2015 年底，西藏人口平均预期寿命为 68.2 岁，比全国平均预期寿命（76.34 岁）低 8.14 岁。从经验观察来看，农牧区的医疗卫生条件明显不如城镇，可以预见，西藏农牧区居民的平均预期寿命将会比城镇居民的平均预期寿命更低。而且，从贫困人口的健康状况来看，2014 年，西藏非健康贫困人口（包括患有长期慢性病、大病或残疾）占比为 10.16%，① 贫困人口的身体素质较差。其次，西藏农牧区贫困人口受教育程度较低。2014 年，一半以上的贫困人口为文盲或半文盲，那曲市、阿里地区、昌都市贫困人口中文盲、半文盲的比例甚至超过六成。再次，西藏农牧区贫困人口中劳动能力低的人口占比较高。

---

① 张宸、王沁鸥：《68.2 岁：西藏人均预期寿命创新高》，新华网，2016 年 1 月 30 日，http：//news. xinhuanet. com/local/2016 - 01/30/c_ 1117944105. htm；《中华人民共和国 2015 年国民经济和社会发展统计公报》；《西藏自治区"十三五"时期扶贫开发规划（2016 ~ 2020 年）》。

2014 年，西藏贫困人口中有 40.87% 丧失劳动力或无劳动力，[1] 他们很难依靠扶贫开发脱贫，只能依靠政策性扶贫。最后，西藏农牧区贫困人口自我发展脱贫的内生动力不足。大部分贫困人口文化素质不高，缺乏劳动技能和增收手段，"等、靠、要"和安于现状的传统观念比较严重。

（3）西藏农牧区贫困人口面对风险具有明显的脆弱性

由于各种因素的影响，西藏农牧民在生产生活中经常面对着各种各样的风险。贫困人口各种能力缺失，应对风险能力较弱，其贫困脆弱性明显。其一，西藏大部分地区生态环境脆弱，自然灾害高发。贫困农牧民抵御自然灾害的能力不足，容易出现因灾致贫、因灾返贫的现象。其二，西藏农牧区生存环境比较恶劣、农牧民卫生条件较差、健康知识缺乏，部分地方地方病高发、传染病易发，疾病风险相当高，因病致贫、因病返贫现象较多。其三，目前，国际经济局势动荡，国际敌对势力和达赖集团分裂祖国的活动等，都对西藏农牧民的生产、生活造成一定的影响。

（4）西藏农牧区贫困代际传递发生率高

由上述可知，西藏贫困人口多，贫困程度高，贫困脆弱性明显，进而呈现贫困代际传递发生率高、贫困代际传递周期短的特征。而且，经济较发达的地区，其贫困代际发生率较低；经济欠发达地区，其贫困代际传递发生率较高。[2]

3. 西藏农牧区贫困的主要成因

从宏观层面看，西藏农牧区贫困既根植于西藏独特的自然环境，又与其特殊的社会经济文化环境息息相关。西藏部分地区自然生态环境恶劣，资源贫乏，自然灾害频发、地方病多发，受历史原因制约，基础设施和公共服务不足，贫困人口文化素质较低、观念陈旧，致贫原因复杂，且多种致贫因素

---

① 数据来源：《西藏自治区"十三五"时期扶贫开发规划（2016~2020 年）》。

② 杨阿维、张建伟：《西藏农牧区贫困代际传递的总体特征和空间差异研究》，《西藏研究》2017 年第 2 期。

相互叠加。①

从微观层面看，西藏农牧区贫困户面对缺资金、缺劳动力、缺技术、缺土地、疾病、上学、残疾、灾害等多种致贫因素。例如，据西藏扶贫办的研究，2014 年，如果将各种致贫因素的作用大小从高到低排列，可以发现，因缺资金、缺劳动力、缺技术、自身发展能力不足、缺土地、疾病、交通条件落后、上学、残疾、灾害、缺生产用水而致贫的占比分别是 31.53%、22.96%、16.99%、6.26%、4.64%、3.79%、3.11%、1.98%、1.18%、1.05%、0.63%，其他原因致贫占比为 5.92%。② 而且，我们在西藏的实地调研以及其他学者的调研显示，大多数贫困户存在多种致贫原因，缺劳动力、缺技术、疾病、上学等致贫因素叠加，致贫原因多元化、复杂化。③

总的来说，经过中央及全国各援藏单位对西藏的大力扶持，西藏农牧区及农牧民生存条件大为改善，教育、医疗等公共服务供给能力及水平大大提升，因病致贫、因学致贫、因残致贫、因灾致贫的情况得到有效缓解。目前，西藏农牧区的贫困不是缺衣少食的"生存型贫困"，而是缺资金、缺劳动力、缺技术、自身发展能力不足等导致的"发展型贫困"与"相对贫困"。可以说，西藏扶贫工作已经从以实现温饱为主要任务的阶段转入提高发展能力的新阶段，进入一个更加注重提高贫困群体内生发展动力，更加注重解决人民日益增长的美好生活需要和不平衡不充分的发展之间的矛盾的新时期。

二　西藏农牧区脱贫攻坚实践

在中央"十三五"规划统一部署下，为了实现"到 2020 年，稳定实现

---

① 高星、姚予龙、余成群：《西藏农牧民贫困特征、类型、成因及精准扶贫对策》，《中国科学院院刊》2016 年第 3 期。

② 数据来源：《西藏自治区"十三五"时期扶贫开发规划（2016~2020 年）》。

③ 张丽君、吴本健、王飞、马博等：《中国少数民族迪庆扶贫进展报告（2017）》，中国经济出版社，2017。

贫困人口'三不愁'、'三有'、'三保障'①；全面解决现行标准下区域性整体贫困问题，农村贫困人口和贫困县全部脱贫摘帽，确保贫困人口可支配收入年均增长16%以上，且贫困发生率不高于5%；全面建成安居乐业、保障有力、家园秀美、民族团结、文明和谐的小康社会"的目标，②针对西藏的贫困特征和致贫原因，西藏全面推进脱贫攻坚，建构了"政策扶贫、专项扶贫、行业扶贫、金融扶贫、援藏扶贫"等"多位一体"的大扶贫格局，全面实施到村到户的产业扶贫、搬迁扶贫、生态扶贫、就业扶贫、健康扶贫等"十项行动"，脱贫攻坚取得决定性进展，探索出一些破解深度贫困的新途径。

（一）政策扶贫

对西藏而言，政策扶贫主要是由中央政府提供的。从宏观层面看，中央对西藏提供了大量的转移支付、专项扶持及财政、税收优惠等支持，这些支持都意味着资源和机会。2016年，中央出台《关于进一步支持西藏经济社会发展若干政策和重大项目的意见》，对西藏的扶持政策更加全面。习近平总书记对西藏的发展特别重视，亲自确定"十二五"3305亿元、"十三五"6576亿元项目总盘子，为西藏脱贫攻坚及经济社会全面发展提供了强大的支撑。③据统计，1980~2018年，国家对西藏的财政补助累计达12377.3亿元，占西藏地方财政总支出的91%。④2016年脱贫攻坚战略实施以来，中央财政不断加大对贫困地区的扶持力度，2019年中央专项扶贫资金高达1261亿元，连续4年每年增加200多亿元。⑤对包括西藏在内的

---

① "三不愁"：不愁吃、不愁穿、不愁住；"三有"：有技能、有就业、有钱花；"三保障"：义务教育、基本医疗、社会保障。

② 资料来源：《西藏自治区"十三五"时期脱贫攻坚规划》，西藏自治区人民政府官网，2019年7月29日，http://www.xizang.gov.cn/zwgk/ghjh/201811/t20181123_171759.html。

③ 杜娟娟：《坚决打赢打好西藏脱贫攻坚战》，中国西藏新闻网，2019年5月20日，http://www.xzxw.com/jysp/201905/t20190520_2625777.html。

④ 《伟大的跨越：西藏民主改革60年》（西藏民主改革60年白皮书），新华网，2019年3月27日，http://www.xinhuanet.com/politics/2019-03/27/c_1124287873.htm。

⑤ 《财政部：今年安排中央专项扶贫资金1261亿》，《人民日报》2019年7月17日。

"三区三州"深度贫困地区，更是大幅增加专项扶贫资金和项目。例如，2015 年，中央安排专项扶贫资金 467.5 亿元，其中安排民族八省区 200 亿元，占全国的 42.78%；安排西藏 13.63 亿元，占民族八省区的 6.82%。[①] 2018 年，中央安排专项扶贫资金 1060.95 亿元，其中安排民族八省区为 486.19 亿元，占全国的 45.83%；安排西藏 66.86 亿元，占民族八省区的 13.75%。[②] 在中央政府的支持下，西藏出台了 60 多部涉及脱贫攻坚的规范性文件，基本形成了财政投入、金融支持、土地政策、产业扶贫、生态补偿等配套完善、涵盖各方的政策体系，为西藏的脱贫攻坚奠定了坚实的基础。

从微观层面看，中央、自治区对农牧民的扶持政策是广泛的。改革开放 40 多年来，西藏自治区出台了一系列强农惠农的优惠政策，涉及农牧业生产发展、教育、环境保护、医疗卫生等方方面面，与农牧民的生产生活息息相关。[③] 符合条件的农牧民家庭可以同时、重叠享受多项政策性补贴。据我们对墨脱县、察隅县被访农牧民家庭的不完全统计，被访农牧民收入的 6% 来自农业经营性收入，18% 来自工资性收入，76% 来自政府转移性收入。其中农业经营性收入中包含一部分政府惠农补贴，农牧民实际收入的一大部分来自政府转移性收入，贫困农牧民收入结构中政府转移性收入的占比就更高。这个结论也与西藏当地政府部门的统计大体一致。[④]

（二）专项扶贫

在专项扶贫方面，西藏以产业扶贫为主体，同时积极实施易地扶贫搬迁、教育扶贫等扶贫战略。

---

① 《中国扶贫开发年鉴》编辑部编《中国扶贫开发年鉴（2016 年）》，团结出版社，2016。
② 《财政部关于拨付 2018 年财政专项扶贫资金的通知》，中华人民共和国财政部网，2018 年 5 月 15 日，http://nys.mof.gov.cn/ybxzyzf/lsbqdqzyzf/201805/t20180515_2894746.html。
③ 《西藏自治区农牧民享受财政补助优惠政策明白卡（2015）》，西藏自治区财政厅、西藏自治区强基惠民活动办公室印制，2015 年 7 月。
④ 资料来源：《墨脱县"十三五"产业精准扶贫规划》，墨脱县扶贫开发办公室，2018 年 5 月 23 日。

1. 产业扶贫

西藏把种植业、养殖业、农畜产品加工业、文化旅游业、商贸流通业和资源开发利用等六大产业作为产业扶贫重点，积极探索光伏产业、电商扶贫等新型产业形式，搭建了产业扶贫的平台。此外，西藏扶持了一批龙头企业，发展壮大了一批农牧民经济合作组织，创新形成了"公司+基地+贫困户""合作社+基地+贫困户""互联网+产业扶贫""合作社+能人+贫困户""党支部+能人+贫困户"等扶贫模式，带动贫困人口实现产业发展脱贫。据统计，2018年，西藏农牧业产业化经营龙头企业有125家，农牧民专业合作社达8364家。其中，培育青稞、牦牛规模化加工企业分别为37家和7家，年加工销售青稞11.1万吨、牦牛肉1845吨，研发青稞产品100余种。特别值得一提的是，日喀则市成立了全国第一个扶贫产业园区——桑珠孜扶贫产业园，截至2018年已有4家企业入驻。[①] 各种产业扶贫项目的实施，让西藏脱贫攻坚实现了从"输血"到"造血"的华丽蜕变。据统计，自2016年脱贫攻坚战略实施以来，截至2019年10月，西藏共落实到位产业扶贫资金354亿元，累计开工建设产业扶贫项目2591个。这些项目直接带动23.61万名建档立卡贫困农牧民实现脱贫，占"十三五"产业脱贫任务23.8万人的99.2%，辐射带动近40万名农牧民受益。[②] 一方面，产业扶贫促进西藏农牧业结构进一步优化，贫困农牧民的自我发展能力明显增强，扶贫开发工作由"输血型"扶贫向"造血型"扶贫转变，增强了贫困群众依靠产业脱贫致富的意识。另一方面，产业扶贫不仅可促进贫困农牧民稳定就业，持续增加收入，还能促进当地经济发展，对于西藏长期发展具有重要意义。

例如，2019年5月，我们课题组调研了林芝市米林县羌纳乡巴嘎村及位于该村的西藏可心农业发展有限公司（以下简称可心公司）。很显然，可

---

① 《西藏自治区扶贫办关于报送2018年工作总结及2019年工作要点的报告》，西藏自治区扶贫开发办公室，2019年2月8日。

② 刘倩茹：《截至9月底西藏产业扶贫已带动23.61万名贫困农牧民脱贫》，中国西藏新闻网，2019年10月16日，http://www.tibet.cn/cn/fp/201910/t20191016_6694056.html。

心公司与羌纳乡及该乡的巴嘎村和村民之间，就形成了"公司＋基地＋贫困户"扶贫模式。其基本情况是，可心公司成立于 2017 年 6 月，工程总占地面积 127 亩，预计总投资 7000 余万元。基地依托大峡谷旅游环线、特色农牧业发展基础坚实的优势，紧紧围绕全县"一带三区一基地"产业发展布局，按照新型主体推进、标准品牌创新、产业融合发展模式，主打产品为特色青稞深加工系列产品（青稞醋、青稞面、青稞面条等）、特色酱油（青稞酱油、松茸酱油等）、苹果深加工系列产品（苹果干、苹果汁、苹果醋、苹果罐头等）以及藏香猪肉酱、松茸酱等，预计年产值可达 1.7 亿元。作为龙头企业，可心公司为米林县及该县羌纳乡巴嘎村增收致富，带动农牧民齐步奔小康做出了一定贡献。其一，扩大土地流转规模，促进村经济发展。可心公司通过土地流转的方式，每年为巴嘎村带来 10 余万元的收入，并以每年每亩 50 元不断增加，公司二期工程预计需流转 112 亩土地。其二，多元举措，拓宽所在地及村民的致富门路。目前，可心公司长期在村内招收临时工，并计划在投产后，与巴嘎村农民可签订长期雇佣合同，优先保证村里有一定劳动能力的贫困户的就业。与此同时，向包括贫困人口在内的村民传授先进的适用技术。目前，可心公司已与巴嘎村签订一些协议，包括租赁巴嘎村集体粮油加工厂，这可以在一定程度盘活巴嘎村的集体经济；充分利用自身市场优势，每年收购 320 万斤以上青稞和 10000 吨以上苹果，这可以很好地解决米林县（特别是羌纳乡）青稞和苹果的滞销问题。合同履行后，预计每年可为每户巴嘎村村民带来 3000～5000 元收入，实现群众不离乡、不离土就吃上了产业饭、赚上了产业钱，同时提升了本地农牧民建设家乡的希望和信心。其三，创新企业产品，提升核心竞争力。为确保企业做大做强，惠及更多群众和乡村，可心公司与西藏农牧学院积极开展合作，研发高质量、高功效的具有当地特色的新产品，打造"产、学、研"一条龙的产能转化路径，形成当地特色的完整产业链。

从这个案例可以发现，可心公司参与扶贫，形成了有效的脱贫机制。一方面，可心公司能够根据不同路径为包括贫困户在内的村民提供多次就业和多次获得收入的机会，贫困户可获得培训和持续就业的机会，不仅能增加收入而脱贫，而且提高了技能，可实现长期的增收；另一方面，公司可获得高品质、优质绿色的农牧产品，在市场上获得更高的利润。此外，参与扶贫的龙头企业可在税收、投资贷款方面获得政府支持。可以说，像可心公司与当地及贫困户的这种合作，是比较典型的"公司＋基地＋贫困户"的扶贫模式，可实现公司与当地及贫困户的共赢。

2. 易地扶贫搬迁

针对西藏部分地区生存环境恶劣，因灾致贫、因病致贫问题严峻的情况，西藏加大了易地扶贫搬迁力度。西藏计划"十三五"时期贫困人口易地扶贫搬迁总投资 175.6 亿元，对 26.3 万人实施易地扶贫搬迁脱贫。2016年，按照"一次性计划、统筹推进"的原则，西藏完成 353 个安置区（点）易地扶贫搬迁工程，完成投资 48.2 亿元，7.7 万人全部搬迁入住。2017 年安排易地扶贫搬迁点 417 个、搬迁 16.3 万人。[1] 至 2018 年底，累计投入易地扶贫搬迁资金 157.5 亿元，建设易地扶贫搬迁安置点 905 个，搬迁入住23.6 万人，完成规划搬迁总规模的 91%。[2] 2019 年底，已完成所有易地搬迁人口的入住。

同时，为了让搬迁户"搬得出、稳得住、能致富"，西藏采取各种措施，解决搬迁户的就业和增收问题。具体而言，一方面，充分依托每个搬迁点的优势资源，通过配套和扶持符合当地实际的民族手工业、旅游业、种植业、养殖业等特色优势产业，解决搬迁户的就业、增收问题。另一方面，为进一步拓宽搬迁户的就业渠道，通过政府购买公益性岗位和生态补偿岗位的方式，解决搬迁户就业问题。此外，对搬迁户开展各种培训，如种植养殖、驾驶、酒店管理、汽车修理、唐卡绘画等实用技能培训，让搬迁移民掌握各种就业技能，实现转移就业，进而实现稳定脱贫。[3]

---

[1] 《西藏自治区精准脱贫攻坚纪实》，西藏自治区人民政府网，2017 年 11 月 16 日，http：//www.xizang.gov.cn/xwzx/ztzl/fpgj/201711/t20171116_148535.html。

[2] 《西藏自治区扶贫办关于报送 2018 年工作总结及 2019 年工作要点的报告》，西藏自治区扶贫开发办公室，2019 年 2 月 8 日。

[3] 《我区易地搬迁一批脱贫工作综述》，西藏自治区人民政府网，2016 年 10 月 13 日，http：//www.xizang.gov.cn/xwzx/ztzl/fpgj/201610/t20161013_90035.html。

例如，据我们课题组 2018 年 6 月到阿里地区改则县的调研，2016 年开始，改则县扶贫部门按照群众自愿、乡村统一的原则，将符合条件的自然组、贫困村向县城、地区等进行集中安置，实施易地搬迁扶贫。2016 年度易地扶贫搬迁安置点在县城附近的玉多村，2017 年新增两个安置点，一个是阿里地区狮泉河镇康乐新居，另一个是改则县羊八井。2016～2017 年，改则县"圆梦新居"安置易地扶贫搬迁 44 户 199 人，项目建设地点位于改则镇玉多村，2017 年 7 月全部竣工，并于 8 月 14 日完成了搬迁入住工作。2017 年康乐新居安置易地扶贫搬迁 185 户 729 人，并于 2017 年 10 月初完成了搬迁入住工作。2017 年还完成羊八井易地扶贫搬迁 13 户 54 人搬迁入住工作。同时指派一名骨干人员到羊八井蹲点，协调完成其中 8 人的培训就业工作和 13 名贫困学生的转学教育工作。

为了实现"搬得出、稳得住、有事做、能致富"目标，改则县扶贫部门很重视易地扶贫搬迁后期工作，对搬迁牧民开展动态摸底调研，了解搬迁牧民生产、生活的困难和需求，适时对其进行思想工作和给予相应的帮助。通过就业扶持、金融扶持、教育扶持、困难救助等方式促进搬迁户增收创收，实现稳定脱贫。我们到圆梦新居的几户移民家调研时了解到，移民普遍认为，搬迁到县城后，生活环境、生活质量有了很大的改善和提升，孩子读书和老人就医都比以前要方便很多，部分年轻人加入了施工队，在建设中的物流配送中心项目、农贸市场项目及其他设施项目中打工；部分人获得生态岗位；另外一些老、弱、病、残等符合政策标准的搬迁户获得适当政策补贴。搬迁牧民能够在过渡期得到适当救助，大部分人都稳定了下来。

3. 教育扶贫

为了阻断贫困代际传递，西藏大力实施教育扶贫工程，不让农牧民（特别是贫困农牧民）家庭子女因经济困难而失学，使贫困家庭子女有更多机会接受高质量的教育。

其一，构建面向农牧民家庭及城镇困难家庭教育负担的物质保障网。1985 年，中央政府开始对西藏农牧民子女和城镇困难家庭子女实行"三包"（包吃、包住、包基本学习费用）政策，并逐渐提高标准和保障水平，不断扩大覆盖范围。2012 年，将"三包"政策扩展至学前教育，实施学前至高中阶段 15 年教育"三包"政策。2018 年，进一步提高"三包"标准，调整后的资金标准为学前教育阶段：二类区 3120 元、三类区 3220 元、四类区或边境县 3320 元；义务教育阶段：二类区 3620 元、三类区 3720 元、四类区或边境县 3820 元；高中教育阶段：二类区 4120 元、三类区 4220 元、四类区或边境县 4320 元。经费结构比例为伙食费占 80% 至 87%，服装费及装备费占 10% 至 15%，作业本和学习用品费占 3% 至 5%。2012 年 3 月开始，正式实施农牧区义务教育学生营养改善计划，按照每学期 100 天、每天 4 元标准发放。① 这几项面向西藏农牧民家庭及城镇贫困家庭子女的教育福利和保障政策解决了农牧民家庭及城镇贫困家庭的教育成本和负担问题。相比于其他地区，西藏自治区学生教育机会保障政策的保障水平更高、覆盖面更广、解除农牧民及城镇贫困家庭的教育后顾之忧更为彻底。

其二，西藏利用中央特殊扶持及全国"援藏"的有利条件，对学前教育、中小学校教育之外的各级各类教育出台各种支持政策。如从 2011 年秋季起，对新入高校的师范和农、牧、林、水、地矿专业学生实行免费教育，对高校经济贫困学生实行助学贷款贴息，给普通本科高校和高等职业学校全日制本专科在校生发放各类各级助学金和奖学金。②

其三，在以上普惠教育政策的基础上，西藏还制定了贫困家庭教育资助政策，即对贫困家庭子女职业教育和高等教育实施资助。具体而言，对于接受职业教育和高等教育的贫困家庭子女，政府给予其学费、书本费、住宿费、交通费、基本生活费等补贴支持；对于未升入高中、大学的贫困家庭子女，政府将其全部纳入免费职业教育范围，并加强对贫困群众转移就业培训和实用技能培训的支持力度，帮助贫困家庭子女提高就业技能。③

---

① 资料来源：《林芝市教育发展情况》，林芝市教育局，2019 年 5 月 30 日。
② 《西藏自治区农牧民享受财政补助优惠政策明白卡（2015）》，西藏自治区财政厅、西藏自治区强基惠民活动办公室印制，2015 年 7 月。
③ 王雅慧：《西藏社会保障兜底一批脱贫工作综述》，《西藏日报》2016 年 10 月 20 日。

其四，2014~2016年，中央对西藏下达专项资金40.1亿元，将1034所义务教育学校纳入"全面改造义务教育薄弱学校"实施范围，覆盖西藏74个县（区）。①

例如，据我们课题组2018年5月和2019年5月到西藏林芝市的调研，林芝市在教育扶贫方面做了许多卓有成效的工作。其一，以保障义务教育为主线，积极落实"三包"和营养改善计划政策，实现了从学前到高中15年免费教育全覆盖，不仅基本消除了因学致贫的现象，还大大提高了农牧民送子女上学的积极性，从而提高了义务教育的升学率。2017年全年，林芝市共下达"三包"经费10475.85万元，惠及各级各类学生3.1万人；共安排营养改善计划专项资金1714.36万元，惠及学生1.48万人。2018年，林芝市实现从文盲率95%以上到实施"三包"政策基本消除文盲的历史性转变，目前学前教育、小学、初中、高中阶段入学率分别达71.2%、99.9%、100.0%、87.0%，劳动年龄人口平均受教育年限为8.65年。②

其二，加大贫困帮扶力度，实现教育帮扶全覆盖。政策林芝市将教育扶贫作为脱贫攻坚重要民生工程，制订《林芝市教育扶贫工作实施方案》《林芝市教育扶贫工作实施细则》《林芝市建档立卡在校贫困生扶贫资金分配方案》，从2016年开始对贫困家庭学生进行帮扶，实现了教育帮扶全覆盖。政策主要包括两个方面，一是给予义务教育阶段贫困学生生活补助，对在校贫困学前教育学生、小学生，每年补助生活费420元；对在校贫困初中生，每年补助生活费500元；对在校贫困高中生、中职生、"两后生"，每年补助生活费1600元。二是重点对贫困大学生进行资助，既补助生活费又补助交通费。比如，对察隅籍、墨脱籍区内大学生每年补助5200元，区外大学生每年补助6000元，确保所有考入高等院校的贫困大学生都上得起学。2016年至2019年8月，林芝市落实补助资金860万元，帮扶贫困学生

---

① 《中央投入40余亿元改善西藏农牧区学校条件》，西藏自治区人民政府网，2016年11月1日，http://www.xizang.gov.cn/xwzx/ztzl/yzgz/zygh/201611/t20161101_91894.html。

② 资料来源：《林芝市教育发展情况》，林芝市教育局，2019年5月30日。

5362 人，其中帮扶贫困大学生 590 人、落实补助资金 288 万元；专项招收 74 位贫困家庭"两后生"接受免费中职教育。[①]

其三，控辍保学，保证教育扶贫的基线。以前，受农牧民家庭薄弱的教育意识影响，保证学生的入学率是很困难的事情。另外，在挖虫草季节，有些农牧民（特别是贫困农牧民）将子女从学校接回家挖虫草，形成了季节性的学生流失。林芝市各级政府和教育部门的干部、老师通过各种办法来保证义务教育的巩固率。

首先，建立目标责任制。实行"县领导包乡（镇），乡（镇）干部包村，村干部包户，学校领导包年级，班主任包班级，任课教师包学生"的控辍保学责任制。政府的各级责任主体明确，市级政府牵头，县级政府制定方案并部署实施，乡基层干部执行具体的劝学保学工作。劝学工作组包含公安局、民政局、司法局、教育局、乡镇、村和学校的相关人员。教育局和学校负责学生人数的动态监察、汇报；公安局负责核对户籍，确定是否因年龄问题无法正常入学；司法局宣传《教育法》《义务教育法》《未成年人保护法》，使家长明确让子女接受教育的义务和责任；民政局核对学生是否有残疾，并宣传"三包"、15 年免费教育、营养餐等教育政策；县和乡镇做家长和学生的思想工作；村主任引导工作组入村并帮忙联系家长。以控辍保学为核心的目标责任制确定了所有相关责任主体之间的分工与合作。

其次，建立动态监测制度，包括信息比对系统和四书制度。县教育局有 0~23 岁户籍人口数据库和在校生数据库，通过对这两个数据库比对得出应入学人数及名单和辍学人数及名单。根据这两个名单，县教育局和学校分别下发适龄人口入学通知书和在校生保学责任书。如果学生确实到校，则乡镇政府、学校与家长又要签订保学责任书，要求家长保证子女不辍学。根据辍学学生人数和名单，则在失学后 7 天内下发限期复学通知书。劝学工作组会在限期复学通知书下发同时上门入户做工作。如果劝学仍然不成功，则必须

---

① 赵耀：《贫困发生率从 16.42% 降至 0.33% 西藏林芝三年减贫 2.3 万余人》，中国西藏网，2019 年 8 月 28 日，http://www.tibet.cn/cn/fp/201908/t20190828_ 6672468.html。

对家长下发处罚决定书。

再次，构建控辍保学的落实机制：全体动员、奖惩家长、劝学。在"普九"的关键时期，班主任和任课教师每天向校长汇报学生人数，校长每周在上学和放假时向教育局局长汇报人数。一旦发现有学生超过一个星期不在学校则立刻开始组织劝学工作组。劝学工作组一旦发现学生不在家，而是上山挖虫草，则必须与虫草办联合上山"抓学生"。对于克服困难送子女上学的困难家庭，林芝市每年选出40户给予1000元的奖励以表彰其重教精神。

最后，改善全体学生的学习条件，提升校园环境和教育质量。相关的核心政策是义务教育均衡、全面改善贫困地区义务教育薄弱学校基本办学条件和进行素质教育验收。林芝市于2015年和2017年分别完成了义务教育均衡发展和素质教育验收，全市每一个学校都有现代化的塑胶操场、宿舍和食堂，学生学习的环境和条件得到了极大的改善。另外，全市已经开办幼儿园137所，覆盖了58%的行政村，在园幼儿9193人。农牧民的子女接受教育不是一种抽象的权利，而是一种国家兜底所有教育成本的真实福利。

4. 社会保障扶贫

为了实现"社会保障兜底一批"，西藏逐步提高社会保障覆盖面和保障水平。一方面，西藏实施全民参保计划，政府给予特殊贫困人口参保费用补贴，确保贫困人口新型农村养老保险、新型农村合作医疗保险参保率达到100%。尤其值得一提的是，自2016年脱贫攻坚战打响以来，西藏在提高新型农村合作医疗覆盖面及保障水平的基础上，基于让贫困人口"看得起病、看得上病、看得好病、少生病"的目标，聚焦农牧区卫生健康薄弱环节，加大政策供给和投入支持力度，大力实施健康扶贫工程，主要包括三项工作。

其一，让贫困人口"看得起病"。自2016年以来，西藏各区县继续执行"先诊疗、后结算"政策，继续全面实行农牧区孕产妇住院分娩和婴儿住院救治费用100%报销，保障贫困人口"看得起病"。

其二，让贫困人口"看得上病"。西藏为保障贫困人口看得上病，实施分级诊疗试点工作，建立县乡村一体化管理机制，组织援藏的全国三级医院和援藏医疗专家对口帮扶县级医院并进行指导，开展"百名专家下基层、三下乡"、"万名医师支援农村工程项目"等巡诊义诊服务活动。

其三，让贫困人口"看得好病"。西藏全面实施重大公共卫生项目，通过调查摸底核实，搞清楚农村贫困人口患病情况，确定分类救治策略；加大地方病、重点传染病综合防治、控制力度，规范地方病、重点传染病发现、诊断和治疗工作；针对重病贫困患者，实施"农牧区医疗制度＋农牧民大病商业保险＋民政医疗救助＋政府兜底"医疗保障套餐等，让贫困人口"看得起病、看得好病"。简而言之，保障贫困人口享受基本的医疗卫生服务，以解决贫困人口因病致贫、因病返贫问题。目前重病兜底保障率、大病集中救治率、慢病签约服务率均超过95%，还实现了大骨节病救治和包虫病患者免费手术、药物治疗的全覆盖。①

另一方面，在最低生活保障制度等救助制度方面，西藏努力对丧失劳动能力的低保户、五保户贫困家庭全部实行社会兜底脱贫，并逐步提高补助标准，基本实现了有意愿的五保户集中供养率、残疾人和孤儿集中供养率达到100%。

例如，据我们课题组在林芝市的调研，自脱贫攻坚以来，林芝市进一步加大强基惠民政策落实力度，确保贫困人口"应扶尽扶、应纳尽纳、应保尽保"，主要做法有两点。

其一，聚焦特殊困难群体，林芝市构建了以农村合作医疗保险、社会救助为主的综合保障体系，为贫困人口提供多层次兜底保障。2016年以来，累计落实医疗救助资金4105万元，救助贫困人口1.5万余人。适时动态调整农村低保人口，将不符合低保条件的人口清退出低保范围，将符合低保条件的建档立卡贫困户纳入低保范围。2016年以来，共下发农村低保补助金

---

① 《西藏自治区2016年健康扶贫成效突出》，《西藏日报》2017年2月13日；《推进健康扶贫助力西藏脱贫攻坚》，中国西藏新闻网，2018年11月14日，http://www.xzxw.com/zhuanti/tpgj/wstp/201905/t20190512_2616810.html；娄梦琳：《截至去年底，西藏55个县（区）脱贫摘帽》，《西藏商报》2019年10月18日。

2265 万元，受益低保人口达 1.54 万人次。另外，还下发贫困残疾人"两项补贴"资金共 801 万元，有 2622 人次受益；兑现五保供养金 1652 万元，受益 3410 人次，确保了"弱有所扶、老有所养"。

其二，整合草原生态保护补助奖励、森林生态效益补偿等资金，林芝市对有劳动能力的农牧民实行定责定酬、定岗定员政策，组织农牧民特别是贫困户参与植树造林、流域治理、生态保护等工程建设，加大贫困人口及边缘贫困人口政策倾斜力度，最大限度增加贫困人口及边缘贫困人口收入。2016 年以来，林芝市共落实各类生态补偿岗位 3.2 万个，年人均工资为 3500 元。[①]

（三）党建扶贫

近年来，西藏自治区党委、政府始终把党建促脱贫攻坚工作摆在重要地位，充分发挥各级党组织的政治优势，推动基层党组织建设向脱贫攻坚聚焦、力量向脱贫攻坚集中、政策向脱贫攻坚倾斜，在脱贫攻坚的战场上彰显基层党组织的核心、引领和服务作用，积极寻找党建工作与精准扶贫、精准脱贫的结合点；通过党组织班子优化工程和骨干聚集工程，使党组织班子和广大党员带领群众积极参与特色产业的创建发展，切实增强贫困农牧民脱贫致富奔小康的信心和决心，从而以党建优势助力脱贫攻坚。

例如，据课题组 2018 年 5 月及 2019 年 5 月到西藏林芝市的调研，党建扶贫已经嵌入林芝市的政治、经济、文化、社会和生态发展中，为林芝市扶贫工作的开展提供了全面的组织保障、力量支撑和资源支持。同时，林芝市在扶贫工作的不断实践和探索过程中，也让新时代的党建工作获得新的思路和动力。林芝市成功地以扎实的基层党建工作培育出了雪域高原上脱贫攻坚的"红色火种"，实现了扶贫模式从"输血"到"造血"的转变。林芝党建助力脱贫攻坚的模式可以分为"党员帮扶贫困户""党员创办合作社"

---

① 赵耀：《贫困发生率从 16.42% 降至 0.33% 西藏林芝三年减贫 2.3 万余人》，中国西藏网，2019 年 8 月 28 日，http：//www.tibet.cn/cn/fp/201908/t20190828_ 6672468. html。

"党支部引领产业发展"三种类型。

第一，党员帮扶贫困户。包村干部、第一书记、驻村工作队、大学生村官和村两委班子五支队伍进村入户，走到田间地头、草场牧户，逐一摸清贫困户致贫原因和家庭现状，帮助群众理清思路、找到门路，最大限度激发和调动贫困群众脱贫致富的主观能动性。2018年林芝全市1.4万余名党员干部"一对一、多对一"与贫困户结对子，帮助贫困群众"找穷根""换穷业""挪穷窝"，共帮带2576户8990人脱贫。

第二，党员创办合作社。基层致富能手党员或干部带头创建合作社，从而辐射带动贫困村民脱贫致富奔小康。课题组在调研中发现，有不少农村青年党员由个人脱贫发展为"致富领头雁"，受群众认可成长为村支部书记、村主任。如米林县南伊珞巴民族乡才召村党支部书记达波儿。他组建了才召村珞巴民族手工艺品农牧民专业合作社，引导4户贫困家庭发展农家乐、开办旅游商店，带领17名贫困人口做旅游纪念品深加工，年人均收入增加6000余元。2016年底，才召村6户25名贫困人口已全部实现脱贫。

第三，党支部引领产业发展。在基层党组织的引领下，依托乡镇、村的资源优势，打造适合本村发展的特色产业，从而带动贫困户脱贫致富。林芝全市通过整合强基惠民"短平快"项目和扶贫项目资金、新建和联村共建等方式，积极探索"公司＋支部＋农户""支部＋协会＋党员＋贫困户"等产业发展模式。课题组走访调研了朗县洞嘎镇卓村的"朗敦红辣椒"专业合作社，该合作社采取"支部＋基地＋党员＋合作社＋农户"的发展模式，发展过程中充分发挥村党支部引领、带动作用，形成了"党建引领促产业、产业撑起致富路"的发展态势。

通过以上党建扶贫模式的实践，林芝市党建助力脱贫攻坚取得较大的成效。

首先，夯实了党的基层组织。林芝市把建强基层党组织作为推进脱贫攻坚的"牛鼻子"，结合帮扶工作需要，打破常规设置模式，灵活采取多种方式建成联合党组织，把支部建在村民小组、驻村点、产业链、护边队上，把党小组细化到"双联户"单位、虫草采集点和边境放牧点、巡逻点，不断织密组织网络，有效延伸组织触角，把基层党组织真正建成了脱贫攻坚的"坚强堡垒"。

其次，密切了干群关系。党员干部对口帮扶建档立卡户制度，是密切联系群众、服务群众的桥梁和纽带。机关党员干部进社区报到服务、党员干部结对认亲交朋友、党员承诺践诺等活动的常态化，促进了党员干部与各族群众的交往交流交融，进一步密切了党群干群关系。通过党建带动精准扶贫，进一步解放了农牧民群众的思想，激发了农牧民群众自我发展的内生动力。农牧民群众感党恩、听党话、跟党走的意识明显提升，脱贫致富奔小康的意识显著增强。

再次，拓宽了农牧民群众的增收渠道。林芝充分发挥党总支在产业发展上的引领作用，脱贫攻坚工作开展以来，通过发展生态旅游业带动 1694 户 5935 名贫困群众脱贫，发展特色农牧业带动 2372 户 7261 名贫困群众增收致富。通过产业发展、旅游惠民、生态岗位、边民补助、生态补偿、转移就业、土地流转、能人带动、入股分红、结对帮扶、致富能人创办合作社和开办农庄、在企业就业、村集体经济发展等方式，逐步构筑起建档立卡户多元化增收渠道，确保农牧民群众持续稳定增收，进一步助力脱贫攻坚和乡村振兴。

又次，壮大了集体经济。通过把党组织建在产业上、党员聚在产业里，林芝逐渐走出一条"党建引领、组织掌舵、党员带动"的集体经济发展路子，吸引贫困群众参与集体经济建设，并将更多收益让利于贫困群众，实现贫困群众稳定脱贫、长期致富。截至目前，林芝全市有 398 个村（居）有稳定的集体经济，其余村（居）也均有集体收入，通过发展集体经济带动 2 万余名贫困群众年人均增收 2000 余元，村（居）组织"造血"功能和服务能力极大提升。

最后，改善了农牧民的思想观念和精神面貌。思想是行动的先导。林芝的全体党员干部始终坚持正确处理外部帮扶和贫困群众自身努力的关系，坚持扶贫与扶志、扶智相结合，加强对农牧民群众的实用技能培训，引导农牧民群众追求健康、文明、向上的生活方式。通过总结推广脱贫典型，强化脱贫光荣导向，农牧民群众进一步树牢勤劳致富鲜明意识，越来越多的农牧民群众把精力放到发展生产、改善生活上来，农牧民群众依靠自力更生实现脱贫致富的意识显著增强，自我发展能力明显提升。[①]

（四）金融扶贫

针对缺资金是目前最主要致贫原因的情况，为解决脱贫攻坚工作中贷款难、融资贵等问题，西藏银监局出台了6大类19项金融扶贫政策措施，形成了搬迁扶贫、产业扶贫、到户扶贫等对应的各类主体"应贷尽贷"的金融扶贫政策体系，金融扶贫取得显著成效。2016年，西藏累计发放扶贫贴息贷款218.15亿元，落实扶贫再贷款资金3784万元；扶持农牧户逾45万户，扶持各级扶贫企业逾190家。[②] 2017年一季度末，西藏金融机构涉农贷款余额928.57亿元，扶贫贴息贷款余额462.01亿元，产业精准扶贫贷款余额达到31.99亿元。另外，2017年个人扶贫贴息贷款余额达到81.04亿元，其中为贫困建档立卡户发放贷款7.89亿元，贷款余额31.31亿元，扶持的贫困建档立卡户达到6.56万户，使21.24万贫困人口受益。[③]

我们在林芝市调研时了解到，脱贫攻坚战以来，中国人民银行林芝市中心支行带领全市金融机构全力配合，创新金融扶贫模式，为林芝市实现整体脱贫提供了强大的金融支持。

其一，创新研发推广金融扶贫产品。为更好地服务脱贫攻坚，破解贫困农户生产生活缺资金、贷款困难的问题，人民银行林芝中心支行因地制宜创新研发金融扶贫产品，如"扶贫富农贷""精准扶贫小额到户贷款""藏宿贷""脱贫保""扶贫特惠农牧民住房保险"等一系列精准扶贫领域专属信贷、保险产品，并争取各类新产品和新服务在林芝各县先行试验。目前，

---

① 刘诗谣：《"红色火种"照耀世界屋脊：林芝地区党建扶贫的实践与探索》（国家民委民族研究重点项目"'三区三州'脱贫攻坚研究——以西藏为例"（项目编号2018—GMA—003）课题报告）。

② 《中国扶贫开发年鉴》编辑部编《中国扶贫开发年鉴·2016》，团结出版社，2016；《我区着力打造金融扶贫政策体系》，西藏自治区人民政府网，2017年10月8日，http://www.xizang.gov.cn/xwzx/ztzl/fpgj/201710/t20171008_145563.html。

③ 赵玉芹：《西藏金融助推3800余个扶贫项目发展》，中国新闻网，2017年4月27日。

"金融扶贫示范村""村级组织金融服务宣传站""金融助推产业扶贫示范点""工行融 e 购林芝馆""扶贫再贷款试点基地""扶贫企业优先办理窗口"等一系列金融扶贫创新实践已在林芝率先推广实施，为提升林芝市金融扶贫工作效果提供了保障。有这么一个生动的案例，2019 年，林芝市米林县卧龙镇仙村脱贫村民尼玛卓玛的丈夫发生了交通意外，去医院救治时花了不少钱，如果是以往，她家立马就会返贫，好在县里根据《西藏自治区鼓励脱贫防止返贫保险保障方案》，为包括她家人在内的建档立卡贫困人口购买了防返贫保险，她家才没陷入困境。2019 年，米林县共投入资金204000 元，为全县 2040 名建档立卡贫困人口购买了防返贫保险，为贫困人口持续脱贫增加了一道安全有效的保障线。①

其二，搭建链接平台。基于西藏自治区金融扶贫工作总体要求，人民银行林芝中心支行建立了林芝市 7 县区所有乡镇金融扶贫工作信息共享和联络机制，先后分两期推选 15 名银行业优秀干部赴金融办、县区政府挂职，并多次召开对接会、座谈会，为政府－银行－企业搭建合作链接平台，有效促进了林芝市七县区金融扶贫工作的实施。

其三，助力产业扶贫。根据《林芝市金融扶贫风险补偿及担保基金管理办法》，人民银行林芝中心支行合理安排扶贫资金，为带动贫困户脱贫致富的各类新型农牧业经营主体提供增信支持。截至 2019 年 8 月，林芝市已统筹 3.23 亿元扶贫风险补偿及担保基金，落地信贷资金达到 5.11 亿元，顺利对接 243 个产业扶贫项目，落地信贷资金余额 12.86 亿元，帮助贫困群众脱贫致富。

截至 2019 年 10 月底，林芝市精准扶贫产业贷款余额为 12.86 亿元，支持全市 243 个项目，占项目总数的 41%；精准扶贫小额到户贷款余额为0.97 亿元，让 13590 人直接受益，受益人数占全市贫困人口的 56.7%，建立利益联结机制人数为 22803 人，占全市贫困人口总数的 95%；易地扶贫

---

① 《西藏林芝市脱贫攻坚：下足"绣花功"织出"富民锦"》，《西藏日报》2019 年 8 月 22 日。

搬迁贷款余额为 1.72 亿元，有 788 户 3498 人受益，贷款资金占易地搬迁投资总额的 37.39%。[1]

（五）援藏扶贫

如上所述，西藏是一个生态、经济、政治都很特殊的区域，中央对西藏一直实行特殊的扶持政策。自 1951 年西藏和平解放以来，在中央关心、全国支援下，西藏形成了以中央支持为主、对口支援为重要力量的"全国援藏"区域发展和反贫困战略。

从 1980 年到 2015 年的 35 年间，中央一共召开了六次西藏工作座谈会，逐步确定了关于全国援藏的财政补贴、税收优惠、金融投资优惠、工程援建、教育援助等一系列措施。

1980 年 3 月 14 日至 15 日，中央召开第一次西藏工作座谈会。会后，中央根据西藏的实际情况和国家的经济情况，确定加大对西藏援助力度，并制订了针对西藏的各种优惠扶持政策。如年均定额补助增加到 4.96 亿元，各种专项拨款 0.9 亿元，基本建设投资 2.622 亿元。

1984 年 2 月至 3 月，中央召开第二次西藏工作座谈会。这次西藏工作座谈会的召开，标志着全国性援藏工程的开始。会上，党中央、国务院决定由北京、上海、天津、江苏、浙江、四川、广东、山东、福建等 9 省市和水电部、农牧渔业部、国家建材局等有关部门帮助西藏建设 43 个近期迫切需要的中小型工程项目。[2]

1994 年 7 月 20 日至 23 日，中央召开第三次西藏工作座谈会。会议讨论并一致同意《中共中央国务院关于加快西藏发展维护社会稳定的意见》，第一次明确提出了"分片负责、对口支援、定期轮换"的对口援藏方针，并动员各省区市和中央国家机关援助西藏建设了 62 个项目，谱写了"全国援藏"的新篇章。

---

① 史金茹、张猛：《为西藏林芝脱贫摘帽提供有力金融支撑》，《西藏日报》2019 年 10 月 24 日。

② 《六次中央西藏工作座谈会都谈了什么？》，中国西藏信息中心，2015 年 8 月 26 日，http://cpc.people.com.cn/n/2015/0826/c397848 - 27520071.html。

2001 年 6 月 25 日至 27 日，中央召开了第四次西藏工作座谈会。会议强调要进一步加大对西藏的建设资金投入和实行更大力度的优惠政策，继续加强对口支援。会议确定在"十五"计划期间由国家直接投资 312 亿元建设西藏，建设包括铁路、公路、机场、电力、通信、水利等基础设施 117 个项目，并确定各省市对口支援建设项目 70 个（总投资约 10.6 亿元）。

2010 年 1 月 18 日至 20 日，中央召开第五次西藏工作座谈会。会议明确了援藏资金稳定增长机制，规定对口支援省市年度援藏投资实物工作量，并将中央援藏政策延长至 2020 年。中央和各兄弟省市的援藏规模和力度进一步加大。[①]

2015 年 8 月 24 日至 25 日，中央召开第六次西藏工作座谈会。中共中央总书记习近平出席会议并发表重要讲话。习近平强调，同全国其他地区一样，西藏和四省藏区已经进入全面建成小康社会决定性阶段。要牢牢把握改善民生、凝聚人心这个出发点和落脚点，大力推动西藏和四省藏区经济社会发展。要大力推进基本公共服务均等化，突出精准扶贫、精准脱贫，扎实解决导致贫困发生的关键问题，尽快改善特困人群生活状况。今后一个时期，要在西藏和四省藏区继续实施特殊的财政、税收、投资、金融等政策。[②]

综上所述，从 1980 到 1993 年中央召开第一、第二次西藏工作座谈会期间，基本确定了"全国援藏"的基本模式，这一时期援藏主体以中央为主，其他地方省市为辅，援藏项目以面的覆盖为主，援藏时间及形式还不具有连续性和稳定性。[③] 从 1994 年中央召开第三次西藏工作座谈会开始，中央确定"对口支援、分片负责、定期轮换"的政策，"全国援藏"进入了一个新的时期，到 2016 年，共有 17 个省市（不含曾经承担援藏任务的四川省）和中央国家机关 70 个部委、17 家中央企业与西藏建立了对口支援关系，先后选派了 8 批约 5000 名各类优秀干部人才进藏工作，为西藏发展注入了新

---

① 《六次中央西藏工作座谈会都谈了什么？》，中国西藏信息中心，2015 年 8 月 26 日，http：//cpc. people. com. cn/n/2015/0826/c397848 - 27520071. html。

② 《六次中央西藏工作座谈会都谈了什么？》，中国西藏信息中心，2015 年 8 月 26 日，http：//cpc. people. com. cn/n/2015/0826/c397848 - 27520071. html。

③ 艾俊涛主编《西藏经济社会发展问题研究》，中国财政经济出版社，2010。

的生机与活力。① 援藏项目广泛涉及农、林、牧、水、电、交通、能源、文化教育、医疗卫生、广播电视、城镇建设、基层政权建设、农房改造、人才培养等诸多领域。援藏项目工程有效地缓解了区域经济发展的"瓶颈"约束，为西藏的经济社会发展，尤其是反贫困做出了巨大贡献。特别是第六次西藏工作座谈会召开以来，结合西藏的发展实际，全国各个对口支援省市和单位加大扶持力度，以改善西藏农牧区生产生活条件为重点，大力建设支撑农牧区经济发展、改善农牧区生产生活条件、帮助农牧民增收和脱贫致富的项目，积极把援藏项目向农牧区倾斜，以此支持西藏精准扶贫、精准脱贫方略的实施。2015～2019 年，所有对口支援单位累计实施援藏项目超过 10000个，到位援藏资金超过 400 亿元。②

值得一提的是，2019 年以来，援藏工作有了一些新变化。其一，项目类别更有针对性。2019 年 6 月 17 日在林芝市召开的"西藏自治区深度贫困地区脱贫攻坚现场推进暨深化对口援藏扶贫工作会议"上，现场签约 202 个援藏项目，签约资金 151 亿元，签约项目数量和资金相较往年均大幅增加。参与签约的涉及 17 个对口援藏省市、16 家对口援藏中央企业和一些特邀签约企业。这次援藏项目签约针对西藏目前脱贫攻坚出现的新情况，有一些小的变化，即实现了援藏项目从以往的以基础设施和产业为主，拓展到了产业扶贫、教育扶贫、就业扶贫、消费扶贫、健康扶贫等各个方面。其中，转移就业和消费扶贫项目都是 2019 年新增加的类别，跨省安排 8000 多人转移就业，其中包括 5000 多名高校毕业生；消费扶贫签约资金超过 20 亿元。③

其二，更重视扶贫项目的落地工作。2019 年，已落地援藏扶贫项目 25个，到位资金 61.78 亿元。④

其三，援藏主体更加多元。援藏主体除了中央政府、对口援藏省市、中

---

① 潘久艳：《对口援藏 20 年的成就与问题》，载孙勇主编《华西边疆评论（2）》，四川大学出版社，2015。

② 《伟大的跨越：西藏民主改革 60 年》（西藏民主改革 60 年白皮书），新华网，2019 年 3 月27 日，http://www.xinhuanet.com/politics/2019 - 03/27/c_ 1124287873.htm。

③ 袁海霞、罗鼎铭：《西藏狠抓援藏扶贫项目落地》，《西藏日报》2019 年 8 月 19 日。

④ 袁海霞、罗鼎铭：《西藏狠抓援藏扶贫项目落地》，《西藏日报》2019 年 8 月 19 日。

央企业，还增加了民营企业、社会团体、爱心人士等社会扶贫力量，援藏力量进一步增强。

其四，援藏扶贫内容也从单一的"给钱给物"转变为以提供项目、智力、技术、资金等多元化市场经济要素为主，旨在提高西藏自我发展能力。

其五，援藏扶贫模式进一步转型。经过几轮援藏扶贫，目前，援藏扶贫模式已经由原来依靠中央物力、人力、财力的"输血式"扶贫，逐渐转变为以援藏干部为纽带、以项目为依托、以资金为抓手的"造血式"扶贫，由最开始时对口援藏省市、中央企业单向无偿帮扶西藏，拓展为在援藏框架下，中央企业、民营企业等各类市场主体与西藏"双向互动、共同发展、实现共赢"，旨在促进西藏融入国际国内市场经济体系，提高其自我发展能力。目前，对口援藏形成了干部援藏、经济援藏、项目援藏、教育援藏、医疗援藏、科技援藏等模式，形成全方位、宽领域、多层次的援藏格局。

可以说，援藏已经成为西藏经济社会发展，特别是脱贫攻坚的重要力量。援藏是中国社会主义制度优越性的充分体现，从一个侧面呈现西藏在祖国大家庭中实现"共同团结奋斗，共同繁荣发展"的图景。实践证明，援藏不仅给西藏带来资金、项目和技术，加快了西藏经济社会的发展，改善了西藏的民生，而且深化了中央与西藏的联系，促进了西藏与全国其他省区市之间的交流交往，增进了西藏各民族与全国各民族的交往交流交融，形成"三个离不开"（汉族离不开少数民族，少数民族离不开汉族，各少数民族之间也互相离不开）共识，客观上起到了增强西藏各族人民的"四个自信"（道路自信、理论自信、制度自信、文化自信）和"四个意识"（政治意识、大局意识、核心意识、看齐意识），让他们发自内心地感党恩，从而更加拥护党中央和中央政府，促使他们在思想上筑牢反分裂斗争的防线，从而巩固"五个认同"（对伟大祖国、中华民族、中华文化、中国共产党、中国特色社会主义的认同）的作用。①

---

① 刘小珉：《民族地区反贫困 70 年实践与启示——基于民族交往交流交融视角》，《贵州民族研究》2019 年第 11 期；许庆光：《激活民族团结的"援疆因子"》，《新疆日报（汉）》2016 年 12 月 29 日；赵月梅：《加强各民族交往交流交融：呼伦贝尔地区的实践与启示》，《民族研究》2018 年第 4 期。

例如，据课题组 2018 年 5 月及 2019 年 5 月到西藏林芝市的调研，援藏队伍已经成为林芝市脱贫攻坚的重要力量。广东、福建两省在"十三五"期间，贯彻党中央决策部署，始终把对口援藏工作作为一项重大政治任务和光荣使命，坚持真情援藏、持续援藏、科学援藏，不断创新援藏形式、丰富援藏内涵、拓宽援藏领域，形成了全方位、多层次、宽领域的援藏工作格局，为林芝发展注入了强劲动力。据统计，"十三五"时期以来，各对口支援单位先后落实各类援藏资金累计达 3516.6 万元（不含广东省直接结算资金），其中，援藏规划内资金 511.4 万元（包括 3D 打印技术 301.4 万元、非固定资产类投资 180 万元、劳动监察执法装备 30 万元），援藏规划外资金 3005.2 万元（包括林芝市技工学校 3000 万元，企业捐赠办公设备 5.2 万元），援藏力度为历届援藏工作之最，[①] 为林芝市按计划完成脱贫攻坚任务做出了很大贡献。

三 西藏农牧区脱贫攻坚主要成就、经验和启示

（一）西藏农牧区脱贫攻坚的主要成就

1. 贫困人口减少，贫困面缩小速度快于全国平均水平，也快于民族八省区平均水平

按照国家 2010 年贫困标准，2013~2018 年，西藏贫困人口从 72 万人（见表 3），减少到 15 万人，五年减少了 57 万人，降幅为 79.2%；贫困发生率从 28.8% 下降到 5.6%，降低了 23.2 个百分点，贫困发生率与全国平均水平的差从 20.3 个百分点，下降到 3.9 个百分点；贫困发生率与民族八省区平均水平的差从 11.7 个百分点，下降到 1.6 个百分点。可见，实施精准扶贫方略以来，西藏贫困人口稳步减少，贫困发生率有效降低，贫困发生率与民族八省区平均水平的差距在缩小，与全国的差距也在

---

① 资料来源：《十三五以来援藏项目情况》，林芝市人社局，2019 年 5 月 30 日。

逐年缩小，贫困面缩小的速度快于全国平均水平，也快于民族八省区的平均水平。

表 2 - 3　西藏与民族八省区、全国贫困人口和贫困发生率比较*

	贫困人口（万人）			贫困发生率（%）		
	西藏	民族八省区	全国	西藏	民族八省区	全国
2013	72	2562	8249	28.8	17.1	8.5
2014	61	2205	7017	23.7	14.7	7.2
2015	48	1813	5575	18.6	12.1	5.7
2016	34	1411	4335	13.2	9.4	4.5
2017	20	1032	3046	7.9	6.9	3.1
2018	15	602	1660	5.6	4	1.7

　　* 表3中2014年西藏贫困人口数与表1中同年贫困人口数是不同的，其原因有可能是表3是国家统计局的核准公布数，表1是西藏自治区扶贫办的当年统计数。2013年起，各地都在实施贫困人口的精准识别工作，此后每年都在对贫困人口的识别进行"回头看"。因此，各地贫困人口的统计工作都在动态调整，这就有可能导致国家统计局公布（事后公布）的贫困人口数据与各地当年公布的数据存在一定差异。当然，这种差异，并不影响我们对西藏自治区贫困状况的总体分析。

　　资料来源：《2017年民族地区农村贫困监测情况》，国家民委网站，2018年8月17日，http：//whxcs. seac. gov. cn/seac/xxgk/201808/1101635. shtml；《扶贫开发持续强力推进　脱贫攻坚取得历史性重大成就——新中国成立70周年经济社会发展成就系列报告之十五》，国家统计局网，2019年8月12日，http：//www. stats. gov. cn/ztjc/zthd/bwcxljsm/70znxc/201908/t20190812_1690521. html；海霞、罗鼎铭：《西藏狠抓援藏扶贫项目落地》，《西藏日报》2019年8月19日。

2. 率先在深度贫困地区"三区三州"中实现整体脱贫，脱贫攻坚取得决定性进展

　　自2016年脱贫攻坚战打响以来，在党中央的关怀下和全国人民的支持下，在西藏自治区党委、政府的领导下和全区各族人民努力奋斗下，西藏的脱贫攻坚工作取得了决定性进展。2017年，拉萨市城关区、林芝市巴宜区、山南市乃东区、昌都市卡若区和日喀则市亚东县实现脱贫摘帽。2018年，米林、工布江达、波密、吉隆、林周、当雄等25个县（区）实现脱贫摘帽，2100个贫困村退出。截至2019年底，西藏已实现全部74个贫困县

（区）摘帽，所有贫困村出列。① 可以说，西藏率先在深度贫困地区"三区三州"中实现整体脱贫。

特别值得一提的是，2017 年 1 月，国务院扶贫开发领导小组组织的省际交叉考核组对西藏脱贫攻坚工作进行全面考核，结果表明，西藏 2016 年精准识别率达到 100%、精准退出率达到 100%，群众满意度达到 99.6%，被评为 2016 年脱贫攻坚工作成效考核"综合评价好"的 8 个省区市之一。② 国务院脱贫攻坚督导组、全国政协考察组、中科院第三方评估组均认为，西藏脱贫攻坚识别精准，工作扎实，帮扶到位，精准扶贫全面展开、快速推进，走在了全国的前列。③ 此后两年，也可以说是连续三年，西藏脱贫攻坚工作成效均被中央确定为"综合评价好"。④

3. 农牧民收入稳步增长，生活质量不断提高

2000～2018 年，西藏农牧民人均纯收入从 1326 元增长到 11450 元（见图 2-1），年均增长 12.7%，比同期全国平均增速高 4.8 个百分点。值得一提的是，自脱贫攻坚战启动以来，西藏农牧民人均纯收入从 2015 年底的 8244 元增长到 2018 年的 11450 元，年均增长 11.7%，比同期全国平均增速高 4.8 个百分点。⑤ 随着扶贫开发特别是脱贫攻坚的实施，西藏持续推进农牧民安居工程、危房改造、农村人居环境改善、扶贫搬迁、小康村建设，农牧民普遍住上安全适用房屋。同时，随着收入的稳步增长，西藏农牧民家庭生活设施得到改善，生活水平也得到提高。2017 年，西藏只有 1.5% 的农牧户仍然居住在竹草土坯房里，其余都居住在砖瓦、砖混结构的住房里；60.7% 的农牧户使用管道供水，26.1% 的农牧户使用经过

---

① 《西藏实现全域脱贫摘帽》，中国新闻网，2019 年 12 月 23 日，http：//www.chinanews.com/gn/2019/12-23/9040599.shtml。
② 张曙霞：《脱贫攻坚战的西藏打法》，《财经国家周刊》2017 年第 11 期。
③ 王健君、刘洪明：《脱贫攻坚"世界屋脊之巅"》，《瞭望》2017 年第 20 期。
④ 刘倩茹：《写好消除贫困的西藏答卷——访西藏自治区扶贫办主任尹分水》，《西藏日报》2019 年 11 月 5 日。
⑤ 《中国统计年鉴》（2019）、《西藏统计年鉴》（2018）及《2018 年西藏自治区国民经济和社会发展统计公报》。

净化处理的自来水；81%的农牧户饮水无困难，71.2%的农牧户有单独厕所。同年，西藏农牧区每百户拥有汽车、洗衣机、电冰箱、移动电话的数量分别是18.7辆、64.9台、54.8台、189.3部。显然，相比2015年，西藏农牧民家庭生活在住房、饮用水、厕所、耐用消费品等方面，得到很大程度的改善。①

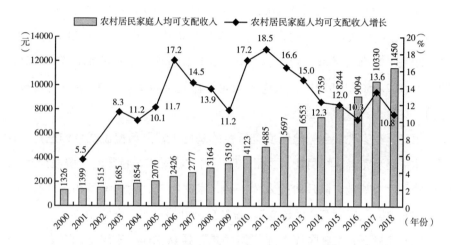

图2-1 2000~2018年西藏农村居民收入变化情况

资料来源：《西藏统计年鉴》（2018）及《2018年西藏自治区国民经济和社会发展统计公报》。

4. 基础设施不断改善，基本公共服务能力得到进一步提高

第一，西藏农村的基础设施有了很大改善。目前，西藏农村通公路、通电、通电话，移动电话信号接近全覆盖。截至2018年底，西藏公路通车里程达到9.78万公里，其中高等级公路660公里；西藏所有县实现通公路；西藏697个乡镇中579个实现公路通畅，696个实现公路通达；西藏5467个建制村中2624个实现公路通畅，5457个实现公路通达。西藏自治区区内主电网覆盖到62个县（区），供电人口为272万人，其他地区通过小水电、

---

① 根据国家统计局住户调查办公室《中国农村贫困监测报告》（2018）、《中国农村贫困监测报告》（2016）、《中国统计年鉴》（2019）相关数据整理、计算。

光伏局域网、户用光伏系统等方式也基本实现了用电人口全覆盖。西藏还实现了乡乡通光缆、乡乡通宽带，行政村通宽带率达到85%，行政村移动信号实现了全覆盖。①

　　第二，西藏农牧区医疗服务、学前和小学教育的可及性都有所提高。2017年，西藏农牧区所在自然村上幼儿园便利的农户比重、所在自然村上小学便利的农户比重分别是90.2%、95.1%，分别比2015年提高8.3个、4.6个百分点。农牧区所在自然村有卫生站的农户比重达到73%。② 2018年，西藏小学净入学率和初中、高中、高等教育毛入学率分别达到99.5%、99.5%、82.3%和39.2%，人均受教育年限达到9.55年，③ 相较脱贫攻坚之前，均有一定程度的提高。

　　第三，在实现社会保险制度全覆盖的基础上，西藏覆盖城乡的医疗卫生服务体系逐步完善。特别是，西藏一直"对农牧民实行特殊的免费医疗政策，以免费医疗为基础，以政府投入为主导，家庭账户、大病统筹和医疗救助相结合的农牧区医疗制度全面建立"。脱贫攻坚开展以来，在党中央的关怀和全国人民的支持下，实施医疗人才"组团式"援藏工作，集结全国知名三甲医院支援西藏自治区人民医院和7个地市人民医院，惠及西藏城乡居民。④ 确保贫困人口常见病、小病、慢性病可在县（区）内解决，重病、大病治疗期间和治疗后吃穿有保障。另外，在全国率先实现城乡居民基本养老保险均等化，率先实现五保集中供养和孤儿集中收养，率先实现医疗救助城乡一体化，率先实施城乡居民（包括在编僧尼）免费体检，先天性心脏病儿童全部得到免

---

① 《伟大的跨越：西藏民主改革60年》（西藏民主改革60年白皮书），新华网，2019年3月27日，http：//www.xinhuanet.com/politics/2019-03/27/c_1124287873.htm。

② 根据国家统计局住户调查办公室《中国农村贫困监测报告》（2018）、《中国农村贫困监测报告》（2016）、《中国统计年鉴》（2019）相关数据整理、计算。

③ 《伟大的跨越：西藏民主改革60年》（西藏民主改革60年白皮书），新华网，2019年3月27日，http：//www.xinhuanet.com/politics/2019-03/27/c_1124287873.htm。

④ 《伟大的跨越：西藏民主改革60年》（西藏民主改革60年白皮书），新华网，2019年3月27日，http：//www.xinhuanet.com/politics/2019-03/27/c_1124287873.htm。

费救治等。① 2017 年，西藏 74 个县（区）年满 60 周岁的老人都能领到基础养老金，领取基础养老金人数共计 283647 人。2019 年 1 月 1 日起，西藏将农村五保供养标准提高到每人每年 4940 元。② 覆盖范围更广、保障水平更高、保障方式更便捷的具有西藏特色的社会保险制度体系正在渐渐成型。

（二）西藏农牧区脱贫攻坚的经验与启示

西藏脱贫攻坚工作取得决定性进展，可以说是走出了一条具有中国特色、西藏特点的脱贫攻坚道路，形成了一些重要的经验和启示。

1. 高位推进脱贫攻坚工作

作为全国唯一设立了脱贫攻坚指挥部的省份，西藏为脱贫攻坚建立了高规格组织领导体系。西藏自治区脱贫攻坚指挥部总指挥长由自治区党委常委、常务副主席担任，足以体现脱贫攻坚指挥部的高规格和西藏自治区党委、政府对脱贫攻坚的重视。脱贫攻坚指挥部从各行业相关部门抽调精干力量，组建成立政策保障、规划设计、转移就业等 11 个专项组，地、县、乡也相应成立指挥部。建立各级主要领导亲自抓、分管领导具体抓和相关部门协调配合的工作机制，形成较大合力，破解脱贫攻坚涉及面广、工作内容多且复杂的难题，确保了脱贫攻坚各项工作顺利推进。

2. 政策强力推动脱贫攻坚工作

党的十八大以来，以习近平同志为核心的党中央确立了"治国必治边、治边先稳藏"的重要战略思想，提出了"依法治藏、富民兴藏、长期建藏、凝聚人心、夯实基础"的重要原则，把"西藏工作在党和国家工作全局中的重要战略地位提升到前所未有的高度"。③ 西藏抓住中央对西藏高度重视及国家整体经济快速发展为西藏创造的良好发展机遇，在用足用好中央的优

---

① 邓建胜：《治国必治边，治边先稳藏——壮美高原享安康》，《人民日报》2017 年 9 月 11 日。

② 《伟大的跨越：西藏民主改革 60 年》（西藏民主改革 60 年白皮书），新华网，2019 年 3 月 27 日，http：//www. xinhuanet. com/politics/2019 - 03/27/c_ 1124287873. htm。

③ 吴英杰：《贯彻治边稳藏战略，努力实现长治久安》，《人民日报》2017 年 9 月 11 日。

惠政策上下功夫，近几年得到的中央、对口援藏省市、中央重要骨干企业及各社会组织的支持是巨大的。例如，2015～2019年，各对口援藏单位累计实施援藏项目超万个、落实援藏资金超过400亿元。① 脱贫攻坚战开展以来，中央、各援藏单位及社会各界合力向西藏注入大量资源，也一定程度激活和催生了西藏的内生发展动能。西藏有力推动和正确执行中央、各援藏单位及各社会组织的支持政策，发挥了集中力量办大事的制度优势，最大限度地整合了各种资源实施脱贫攻坚，脱贫攻坚工作取得巨大成效，率先在深度贫困地区"三区三州"中实现整体脱贫。

3. 把脱贫攻坚当作加快西藏经济社会发展和改善民生的主要抓手

西藏确立的"十三五"扶贫开发的目标任务是"让西藏贫困人口享有稳定的吃、穿、住、行、学、医、养保障，享有和谐的安居乐业环境，享有均衡的基本公共服务，享有较为完善的社会保障体系，享有较高的幸福指数"，对此，西藏大力实施产业扶贫、金融扶贫、易地扶贫搬迁、基础设施建设等扶贫工程，将脱贫攻坚作为"经济社会发展的头等大事和一号民生工程"。② 脱贫攻坚开展以来，西藏完成固定资产投资从2015年末的1342.16亿元增长到2017年的2051.04亿元，增长了52.8%。西藏固定资产投资快速增长，重点项目稳步推进，2015～2018年年均增速达到19.1%，比同期全国平均增速高11.5个百分点。③ 2016年，西藏统筹整合交通、农牧、水利等行业部门涉及贫困地区的基础设施建设类项目251个，建成高标准农田28.15万亩，新增352个行政村通公路，新建成496个乡镇综合文化站，建成农牧业科技成果转化示范基地24个。④ 2018年，西藏脱贫攻坚中

① 《伟大的跨越：西藏民主改革60年》（西藏民主改革60年白皮书），新华网，2019年3月27日，http://www.xinhuanet.com/politics/2019 - 03/27/c_1124287873.htm。
② 邓建胜、扎西：《发展是解决西藏所有问题的关键——访西藏自治区主席齐扎拉》，《人民日报》2017年9月11日。
③ 根据《中国统计年鉴》（2019）、《西藏统计年鉴》（2018）及《2018年西藏自治区国民经济和社会发展统计公报》相关数据整理、计算。
④ 刘亮、代玲：《西藏全力推进脱贫攻坚纪实：高原光景日日新》，《经济日报》2017年9月13日。

职教育专项计划招生"两后生"516人，培训"两后生"1874人；开展公益性职业技能培训，通过中职学校和其他途径培训农牧民4.69万人次；全面启动实施推广普通话脱贫攻坚行动计划，建设村级双语幼儿园1405个。①2015～2018年，在全国经济呈现下行态势的背景下，西藏经济发展速度、城乡居民收入年均增幅分别为10.94%与11.7%，均位于全国前列。

4. 处理好整体推进与重点突出的关系

西藏是中国唯一被整体划为深度贫困的省份，西藏脱贫攻坚无疑应重视整体推进。但西藏内部各地市的发展是不平衡的，农牧区贫困状况也存在种种差异，因此，西藏脱贫攻坚必须同时突出重点、抓住关键。在实施脱贫攻坚战略的过程中，西藏采取超常举措，集中力量，着力抓好"三个重点"。其一是突出重点地市，就是贫困人口最集中、贫困类型最多、脱贫难度最大的日喀则市、昌都市、那曲市等地；其二是突出重点区域，就是边境和人口较少民族聚居区、地方病高发区、高寒牧区、藏东深山峡谷区、藏中农牧结合部；其三是突出重点人群，就是属于社会救助范畴的人口，或属于建档立卡贫困人口。实践表明，整体推进并突出重点的脱贫攻坚实践取得了很好的成效。

5. 创新扶贫模式，建立正向激励机制，探索破解深度贫困新路径

基于特殊的区情，在脱贫攻坚实践中，西藏勇于创新，建立各种有效的激励机制，探索破解深度贫困的新路径。例如，在易地扶贫搬迁工作方面，西藏结合推进城市化战略，探索了"永久片区易地扶贫搬迁集中安置"模式，破解易地扶贫搬迁中一度出现的"重搬迁、轻后续发展"的困境。林芝市委、市政府按照"保障基本、安全适用、适度集中"原则，通过申请政策性贷款资金和产业发展资金、行业部门配套资金、财政整合资金、群众自筹资金等形式，筹措资金2.66亿元，建设易地扶贫搬迁集中安置房300套，不仅安置建档立卡户100户，还安置一般边缘贫困户和富裕户各100

---

① 《西藏自治区扶贫办关于报送2018年工作总结及2019年工作要点的报告》，西藏自治区扶贫开发办公室，2019年2月8日。

户。实施这一创新项目的目标，就是要让贫困户脱离原来的生产、生活环境，在富裕户的示范带动下改变传统观念，培育贫困户务工经商的基本技能；让扶贫政策与贫困群体参与挂钩，实现外力借势、内力驱动，提高贫困群体的自我发展能力，进而实现有效脱贫。另外，该项目同时也考虑了一般边缘户，让脱贫攻坚行动的受益面扩大、群众的获得感更强，也为预防一般边缘户陷入贫困探索新路径。

再如，目前的全国援藏工作正在创新理念和方式，变"授之以鱼"为"授之以渔"。在扶贫方式上，援藏扶贫已经由原来依靠中央的物力、人力、财力的"输血式"扶贫，转变为以援藏干部为纽带、以项目为依托、以资金为抓手的"造血式"扶贫，由最开始时对口援藏省市、中央企业单向无偿帮扶西藏，拓展为在援藏框架下，中央企业、民营企业等各类市场主体与西藏"双向互动、共同发展、实现共赢"，并坚持物质扶贫与智力扶贫相结合，将扶贫重点放在贫困地区与贫困人口的自我发展能力提升上，积极探索从"输血"到"造血"的扶贫路径。① 还有，针对部分贫困户存在"等、靠、要"的思想，西藏将所有还有一定劳动能力的低保户全部纳入各种"生态岗位"实施以工代赈，一方面增加低保户的收入；另一方面建立正向激励机制，教育引导贫困群众靠自己的辛勤劳动改变贫困落后面貌。

综上所述，西藏的脱贫攻坚工作取得了决定性进展，探索出了一些破解深度贫困地区脱贫攻坚难题的新途径，形成了一些具有独到价值的经验。其中一些经验对西藏以及其他深度贫困地区今后的反贫困工作具有重要借鉴意义。总结西藏的这些脱贫攻坚做法，可以提炼出三点最主要的启示。启示之一，高位推进是关键。政府主要领导亲自挂帅，以制度优势、政治优势集中力量攻难关，脱贫攻坚工作一定会有起色。启示之二，不断创新扶贫模式，建立正向激励机制，用各种途径激发贫困群体脱贫致富的内在活力。提高贫困群体的自我发展能力是重点。启示之三，政府要不断提高农牧区基础设施

---

① 吴春宝：《援藏扶贫：缘起、运行机制及其政策优化》，中国社会科学院国情调研西藏基地项目（2017）课题结项报告。

和公共服务的供给和服务水平，构建促进贫困群体融入经济社会正常循环体系的机制，让贫困群体共享经济发展成果，实现贫困群体的有效脱贫。

四 西藏农牧区脱贫攻坚的进路

按照西藏自治区的脱贫攻坚计划和进度，2019 年是西藏打赢脱贫攻坚战的决胜之年，也是西藏所有贫困县实现脱贫摘帽的收官之年。虽然到 2019 年底，西藏能实现现行国家农村贫困标准下的整体脱贫，但也要清醒地认识到，贫困县实现摘帽和绝对贫困人口实现脱贫，并不意味着贫困的完全消失，也不意味着反贫困工作的结束。由前文可知，目前，西藏农牧区的贫困不是缺衣少食的"生存性贫困"，而是缺资金、缺劳动力、缺技术、市场经济发展环境和条件不充分、自身发展能力不足等导致的"发展性贫困""转型性贫困"与"相对贫困"，呈现"绝对贫困基本消除，相对贫困开始凸显；生存性贫困基本消除，发展性贫困、转型性贫困有所加剧"的贫困特征，反贫困工作任重道远。根据课题组 2016 年以来对拉萨、山南、林芝、日喀则、阿里等五地市的调研分析，我们认为，目前西藏脱贫攻坚工作还面临一些挑战，要实现贫困人口和贫困县到 2020 年有效脱贫，以及"2020 年后脱贫时代"长期、稳定脱贫的目标，西藏还必须重视以下几个方面的问题。

（一）部分扶贫政策和工作仍须保持一定的连续性和稳定性

如上所述，随着经济的发展，西藏财政收入、财政支出逐年增长，但财政自给率却在波动中下降。目前，被访西藏农牧民收入的大部分为政府转移性收入。这一方面体现了中央对西藏的关怀及全国人民对西藏的支持；另一方面也说明，西藏内源性发展能力不足，主要还是依靠国家和全国其他省市的支持在生存和发展。一旦国家和其他省市的支持力度减小，势必马上影响西藏经济社会发展，尤其是影响西藏减贫的成效。"治国必治边，治边先稳藏"，作为全国最特殊的深度贫困地区，西藏打赢脱贫攻坚战、与全国同步建成全面小康社会、缩小与发达地区的发展差距，具有全局性的战略意义。

因此，基于西藏在全国的战略地位以及西藏的实际情况，在 2020 年及"2020 年后脱贫时代"，西藏仍需要国家及全国人民的支持，国家对西藏的特殊扶持政策仍应保持一定的连续性和稳定性。目前，西藏出台的部分脱贫攻坚政策性文件的时间节点是 2020 年，一些扶贫政策即将到期，西藏应该对现有扶贫政策进行全面梳理，留出政策缓冲期和接口，有些政策需要进一步加强、有些应该继续保留、有些应该调整的要调整，以确保不因政策变动影响脱贫成效，要明确西藏今天的脱贫成果来之不易。例如，对于教育扶贫政策、社会保障政策（包括低保和健康扶贫相关的医保政策）等关乎阻断贫困代际传递和保障最贫困群体基本生存保障的政策，应该进一步加强；对于产业扶贫政策、劳动力技能培训等方面的政策，西藏应尽快出台与脱贫攻坚政策保持大体连续一致的相应政策，如乡村振兴的具体实施方案、细则等，让脱贫攻坚与乡村振兴有效链接。

（二）目前西藏的脱贫攻坚工作仍面临一些挑战

其一，西藏区域内部发展差距大，贫困人口集中、贫困类型多、致贫原因复杂的重点深度贫困地区（如 2019 年最后脱贫摘帽的一些县）虽然在2019 年实现了脱贫，但其保持脱贫成果的难度仍很大。一方面，如果目前的脱贫工作不到位、脱贫质量不高，部分贫困人口即使目前脱贫了，未来也有可能返贫。另一方面，这些深度贫困地区，海拔高、生态脆弱、自然灾害多发频发，自然条件严酷，经济社会发展起点低，农牧民在生产生活中要面对各种风险，如自然灾害、市场波动等风险，农牧民（包括脱贫人口）因灾致贫、因病致贫等风险依然存在，预防新增贫困及巩固脱贫成果任务非常艰巨。其二，西藏（特别是深度贫困县、村）公共服务和基础设施短板仍然明显，经济社会发展严重滞后，城镇化进程较慢，影响着整体脱贫攻坚成果的巩固。其三，有些地区对脱贫攻坚政策理解不透彻、落实不力、执行不到位，不敢冒风险，不想也不会在产业发展上下功夫。另外，旧西藏传统观念中的一些消极因素还在影响着部分农牧民，特别是贫困农牧民，他们长期受惑于"重来世不重今生"等说教，安于现状，缺乏积极生产的意识。还有一些贫困农牧民长期依赖外力，将扶贫看作一项"福利"，"等、靠、要"思想严重，缺乏自力更生、自我发展的内生动力。① 这些问题是长期积累下来的，虽然随着西藏经济社会的发展，尤其是近年脱贫攻坚工作的推进，已经有了很大的改善，但相对东部发达地区，仍显现出"发展不充分、不平衡"的状态。西藏仍属于欠发达地区，需要在未来的反贫困实践、乡村振兴行动及经济社会发展中探索解决这些问题。

第一，实际上，西藏自治区党、委政府已经认识到，"党中央对中国特色社会主义进入新时代社会主要矛盾转化的重大判断，是解决西藏发展不平衡不充分的重大历史机遇。中央实施'七大'战略、对'三区三州'实施倾斜扶持、推进军民深度融合发展、建设现代化经济体系、加快创新型国家建设等，② 为西藏经济社会发展提供了"五大机遇"。因此，在 2019 年底至 2020 年的巩固脱贫攻坚工作中，西藏必须坚持问题导向，瞄准贫困难题，抢抓机遇，建立健全长效脱贫机制，把工作重心由注重减贫进度向保证脱贫质量转移，扎实写好脱贫攻坚"最后一段文章"，走出一条具有中国特色、西藏特点、符合目前西藏发展阶段性特征、把握西藏各族人民对美好生活需要的脱贫攻坚道路。

第二，习近平总书记指出，"发展是解决所有问题的关键"，是"甩掉贫困帽子的总办法"。西藏必须在 2019 年基本完成脱贫攻坚任务的基础上，进一步落实中央对西藏的特殊支持政策，用足用活用好这些政策，保持较高的经济发展速度，进一步加强基础设施和公共服务建设，努力解决"发展不平衡不充分"问题。

第三，注重防范化解各种风险。虽然 2019 年底，西藏实现了消除绝对贫困现象，但 2020 年及"2020 年后脱贫时代"巩固脱贫攻坚成果的任务仍

---

① 邓建胜、扎西:《发展是解决西藏所有问题的关键——访西藏自治区主席齐扎拉》,《人民日报》2017 年 9 月 11 日。

② 《西藏举行解读"2018 年自治区政府工作报告"发布会（第一场）》,国务院新闻办公室网，2018 年 1 月 24 日，http://www.scio.gov.cn/xwfbh/gssxwfbh/xwfbh/xizang/Document/1618055/1618055.htm。

很艰巨，仍然有很多的风险点需要关注和重视。比如，扶贫产业不可持续发展的风险；易地扶贫搬迁入住后贫困户不能适应新的生产生活方式，从而不能长期可持续脱贫的风险；扶贫小额信贷可能不能按期还款的风险等，这些都是西藏下一步需要采取措施加强防范的。还有，近期西藏需要探索建立返贫监测预警机制，对贫困县、贫困村，特别是脱贫人口、贫困人口、边缘贫困人口等进行定期核查、动态管理，及时将新增贫困人口和返贫人口纳入帮扶行列，[1] 以防止返贫和巩固脱贫成果。

第四，要注意处理好中央关心、全国援藏与自力更生、自我发展的关系。西藏这样的特殊欠发达地区，内部发展动力不足，缺乏经济发展的要素条件和活力，因而，外援帮扶推动西藏发展是必不可少的，即通过中央、全国各援藏单位注入资金，加强基础设施建设，提高公共服务水平，引进先进地区的现代化发展模式，促进西藏迅速实现现代化。但是，外援帮扶只是手段与过程，最终要靠西藏自治区党委、政府及各族人民在内部寻找发展的源泉和根本动力，增强自我发展的动力，提升自我发展能力，实现脱贫攻坚的最终胜利和全面建成小康社会的目标。

---

① 《汪洋：高质量打赢西藏脱贫攻坚战》，中国西藏新闻网，2019 年 8 月 23 日，http://www.xzxw.com/xw/201908/t20190823_ 2733152. html。

第三章　内源型发展：西藏旅游扶贫的逻辑、实践与经验

旅游扶贫作为精准扶贫精准脱贫理念在旅游领域的运用与延伸，是国家扶贫开发战略的重要内容，对于促进贫困地区特别是拥有丰富旅游资源的贫困地区经济发展和脱贫致富具有至关重要的作用。西藏旅游扶贫紧紧依托政策优势、区位优势以及绿水青山、雪山草地、民族文化等资源优势，积极探索"旅行社带村""景区带村""能人带户""公司＋农户""合作社＋农户"等不同类型的旅游扶贫模式，在促进西藏地区经济社会发展、带动贫困人口稳定脱贫方面取得了显著成效。但同时，西藏的旅游扶贫还面临着生态环境承载能力与旅游扶贫协调发展、基础设施建设有待进一步强化等问题。未来，西藏旅游扶贫工作的开展还应该着重做好以下几方面的工作：一是重视对民族文化的保护，实现在保护基础上的传承与利用；二是立足长远，融合发展，提升地区经济发展的整体效能；三是加强旅游扶贫的人才建设，为旅游扶贫的开展提供充足的人才保障。

一 西藏旅游扶贫的逻辑建构：基于自身比较优势的"内源型发展"模式

20 世纪 90 年代末，Bennett 和 Ashley 等人提出了"有利于贫困人口发展的旅游"（Pro-poor Tourism）的概念，其核心是"通过发展旅游产业增加贫困人口的净收益，为穷人提供获益的机会以及在利益分配上向穷人倾斜"。2002 年，世界旅游组织与联合国国际贸易和发展委员会开始组织实施 ST – EP 计划，即可持续旅游消除贫困计划（Sustainable Tourism-Eliminating Poverty）。2003 年，世界旅游组织全体大会上审议通过 ST – EP 计划，标志着旅游的富民功能正式得到了国际社会的认可。目前，国内外学者对旅游扶贫的概念界定尚未统一，综合学界普遍观点，本书认为旅游扶贫是指通过开发欠发达地区丰富多彩旅游资源，大力发展旅游业，使旅游业成为当地支柱产业或主导产业，带动其他产业发展，是实现欠发达地区经济发展和居民收入增长的一种经济发展模式。简言之，旅游扶贫是一些贫困地区基于其自然、文化等具有比较优势的资源发展旅游业，从而带动扶贫的"内源型发展"模式。其作用机理与本质特征如下。

（一）作用机理：旅游与扶贫的融合发展

当前我国一些贫困地区的贫困属于"富饶的贫困"，[①] 也就是说，这些地区未能充分利用其所拥有的独特自然生态资源和丰富的民族历史文化资源带动当地经济的发展。旅游业的发展正是破解"富饶的贫困"这一悖论的重要途径，它可以充分发挥贫困地区的比较优势，开发、利用独特的自然生态资源、民族历史文化资源，将这些资源转化为一种资本，进而转化为当地经济发展的新引擎和新动力。具体来说，旅游业与扶贫的融合发展可以体现为以下五个方面。

---

① 黄渊基：《少数民族地区旅游扶贫研究》，湖南农业大学博士学位论文，2017，第 49 页。

第一，旅游扶贫正在成为贫困人口增收和脱贫的中坚力量。旅游业的发展意味着消费的增多，必然会带来旅游收入的增加以及贫困人口经营性收入、资产性收入和劳动工资收入的增长，进而使贫困人口的物质生活得到改善。近年来，西藏通过加强纳木措、巴松措、雅鲁藏布大峡谷、羊卓雍措、然乌湖、珠穆朗玛峰、神山圣湖等精品景区建设，让景区内群众通过景区门票收入分红直接受益，并通过发展藏家乐、农家乐、乡村旅游休闲度假农庄等多渠道增加农牧民群众的收入。2019 年，西藏通过发展乡村旅游帮助 2.2 万贫困人口脱贫，实现农牧民增收 6.14 亿元。①

第二，旅游作为一种综合性产业，对社会经济的发展具有较强的辐射带动作用。旅游集出行、住宿、餐饮、购物、体验等于一体，产业关联度较高，可以带动相关产业发展，调整和优化产业结构；另外旅游业及其相关产业具有就业容量大、就业面涉及广、就业门槛低等优势，可以为贫困人口提供更多、更直接、更广泛的就业机会，吸纳更多的贫困户参与进来，提升贫困人口的个人发展潜能，形成可持续发展能力。2019 年上半年，西藏全区旅游带动农牧民转移就业就达 4.47 万人、9.57 万人次，实现农牧民转移就业总收入 4.09 亿元。②

第三，旅游业的发展不仅能够促进贫困地区经济增长、增加贫困地区财政收入，还可以带动贫困地区投资增长。这些增加的收入可以用来提升贫困地区的社会保障水平，或者是通过转移支付为贫困地区的群众增加社会福利，为贫困地区的人口创造更多的享受公共服务、获得社会保障和提升社会福利的机会。2018 年，西藏自治区旅游发展厅落实投资 7.72 亿元，完成投资 5.21 亿元，其中统筹 2000 万元用于自治区脱贫攻坚工作、统筹 3357 万

---

① 李梅英：《打造乡村旅游升级版——西藏自治区发展乡村旅游助力脱贫攻坚综述》，西藏自治区旅游发展厅网，2019 年 5 月 14 日，http://lyfzt.xizang.gov.cn/zwgk_69/lytpgj/201905/t20190514_117634.html。
② 西藏自治区旅游发展厅：《不忘初心牢记命使命积极作为勇于创新　全面深入推进旅游精准脱贫工作》，西藏自治区旅游发展厅网，2019 年 8 月 23 日，http://lyfzt.xizang.gov.cn/zwgk_69/lytpgj/201908/t20190823_117637.html。

元用于自治区边境小康村建设工作,① 极大地改善了贫困地区的村容村貌,提高了贫困人口的社会福利水平。

第四,旅游业的发展为改善贫困地区的交通等基础设施提供了千载难逢的机遇。旅游扶贫以扶贫为导向,以旅游为手段,而旅游则是以要素的流动,尤其是人的流动为前提的,人的流动必须以便利的交通条件和配套的住宿餐饮为基础条件。因此,旅游扶贫战略的实施,其首要工作就是改善交通等基础设施;旅游扶贫的深入发展,势必会进一步改善当地的基础设施和公共服务设施。2016 ~ 2018 年,西藏自治区旅游发展厅共争取国家和自治区财政资金 1.1 亿元,② 用于乡村旅游基础设施和公共服务配套设施建设,绝大部分具备旅游发展条件的行政村实现了通油路、通电、通水、通宽带、通无线网络、有环卫设施、有公共服务设施,西藏地区的旅游服务能力进一步提升。

第五,旅游扶贫的发展可以改变贫困地区人口的精神面貌。旅游扶贫的发展可以促进不同地域间人流、物流、信息流等要素的流动,要素的流动实际上是不同文明的碰撞,打破了贫困地区较为封闭的状态,对贫困人口较为陈旧的思想意识、价值观念形成冲击,促进贫困人口思想观念和精神风貌的改变与提升。同时,为了更好地发展旅游业,西藏地区开展了大量的旅游从业人员实用技能培训。通过培训,西藏地区农牧民群众的见识进一步增长、眼界更加开阔,并且对本地区的经济发展有了新的认识和思考。

(二)内源型发展:旅游扶贫的本质特征

人类的经济活动总是嵌于特定的社会情境之中,经济活动中的社会、文化和区域结构与其所处的社会环境密不可分。不同地域其地理风貌、自然资

---

① 李梅英:《打造乡村旅游升级版——西藏自治区发展乡村旅游助力脱贫攻坚综述》,西藏自治区旅游发展厅网,2019 年 5 月 14 日,http://lyfzt. xizang. gov. cn/zwgk _ 69/lytpgj/201905/t20190514_ 117634. html。

② 西藏自治区旅游发展厅:《西藏自治区旅游发展厅旅游脱贫攻坚总结》,西藏自治区旅游发展厅网,2019 年 9 月 27 日,http://lyfzt. xizang. gov. cn/zwgk _ 69/lytpgj/201909/t20190927 _ 117638. html。

源、民族文化、风俗习惯等各不相同。少数民族地区无论是山川地貌等自然生态资源还是社会历史、民俗风情等都各具特色，富有鲜明的地区和民族特色。

西藏素有"世界屋脊"和"地球第三极"之称，是世界上海拔最高的地方，其风景秀丽、历史悠久、文化底蕴深厚、风俗民情独特，全区藏族、门巴族、珞巴族、纳西族等众多少数民族占总人口的91.83%。区内拥有丰富的包括民间文学、传统音乐、传统舞蹈、传统曲艺在内的民间艺术资源，工布"毕秀"制作、珞巴织布、易贡藏刀制作、木碗制作、藏香制作、藏纸制作、竹编制作、藏族特色服饰制作、糌粑桶制作等民间手工艺资源，工布新年、巴松措转湖节、转山节、赛马节、望果节、娘古拉苏、德木羌姆等民俗资源，藏医药资源，宗教文化资源，茶马古道、藏羌彝走廊驿站古道、唐蕃古道等古道文化资源，文化遗址、遗迹资源，以冲康庄园、阿沛管家庄园等为代表的庄园、古堡文化资源。同时，还拥有以布达拉宫、大昭寺为代表的文化旅游景点，雅鲁藏布文化旅游节、林芝桃花生态文化旅游节、纳木措、玛旁雍措、羊卓雍措等生态文化资源，以青稞酒、酥油、糌粑、牛羊肉为代表的饮食文化资源。这些丰富的民族文化资源所蕴藏的价值可以成为扶贫的新生动力、内源动力。

我们必须认识到，贫困人口的生存和发展空间"内嵌"在其生活的经济、文化、社会这一共同体之中，扶贫不能成为脱离当地价值体系之外的项目"孤岛"，而应该与当地社会的历史文化深层次结构相嵌合，引导贫困地区实现"内源型"发展。就西藏而言，依靠农业速度太慢、依靠搬迁难度太大、依靠兜底数量太多，而通过旅游扶贫的发展方式来解决贫困问题就有比较优势。通过发展旅游扶贫，可以提高当地民族文化资源的附加值，找到其发展的经济空间和方向。旅游扶贫不仅可以"内嵌"本地民族文化、生态资源等比较优势，使得旅游产业及其带动下的相关产业可以更好地在本地扎根，还能够促进民族地区的要素聚集与共生，进而培育当地社会经济发展的内生动力，增强"造血"功能，形成典型的内源型发展模式。

内源型发展是 20 世纪 70 年代欧洲面对全球化和自由资本主义带来的农村边缘化、衰竭化、空心化问题时，在对外源发展模式带来的负面效应进行反思的过程中被提出的，并广泛应用于欧洲农村发展的实践中。Muhlinghaus 和 Walty 指出内源型发展具有以下五个基本特征。一是内源潜能，即在有限的时空地域内其所拥有的发展机会总和，具体包括自然资源、技艺以及能力等。二是地域经济，即要坚持地方经济的开放性，强调地方经济的自主性以减少对外部因素的依赖，具体表现为区域内的协作，从产品和服务的输入转变为优质产品的输出。三是可持续发展，即内源型发展不局限于经济方面，而是包括经济、生态、社会在内的全方位发展。四是参与，即以地方需求为指向的自我决定过程，地方居民参与政治决策过程是内源型发展的基本特征。五是地方认同，即将居民凝聚起来，促进他们参与社区事务，进而使他们形成一种群体认同感，进一步加强地方居民的社区归属感以及相互间的沟通与合作。[1]

二 地方实践：西藏内源型旅游扶贫模式的案例解读

2016 年以来，西藏自治区党委、政府对旅游脱贫攻坚工作高度重视，成立扶贫领导小组，通过制定制度、印发工作要点、定期召开会议、加强目标管理等多种手段，精准施策，全面加强和推进旅游精准脱贫工作。如西藏自治区旅游发展厅组织编制了《西藏自治区"十三五"时期旅游精准脱贫规划》，印发了《西藏自治区深度贫困地区旅游精准扶贫行动方案（2018～2020）》，起草了《西藏自治区合力推进旅游精准脱贫工作的意见》，明确了旅游精准脱贫的指导思想、目标原则及具体措施等。大力开展科学编制旅游发展规划，加快旅游基础设施建设，建设乡村旅游示范

---

[1] 转引自张文明、章志敏《资源·参与·认同：乡村振兴的内生发展逻辑与路径选择》，《社会科学》2018 年第 11 期，第 75～85 页。

点，提升乡村旅游要素品质，加强旅游宣传促销推广，加强旅游人才培养等工作。

在强化对旅游扶贫组织领导的基础上，西藏自治区党委、政府紧紧依托政策优势、区位优势以及绿水青山、雪山草地、民族文化等资源优势，积极开展标准化规范化、优质全域全时和智慧乡村旅游建设，积极探索"旅行社带村""景区带村""能人带户""公司＋农户""合作社＋农户"等不同类型的旅游扶贫模式，积极发展乡村旅游、农业休闲度假等新业态，在旅游资源富集区域，大力发展以藏家乐、乡村旅游休闲度假农庄、特色文化村、文化创意园等为代表的乡村特色旅游产品和项目，通过提升旅游发展能力，带动农牧民群众脱贫、致富和增收。当前柳梧新区达东村、堆龙德庆区德吉藏家、巴宜区扎西岗村、米林县索松村、札达县扎不让村等已成为西藏自治区内外知名的乡村旅游点、乡村旅游示范村和旅游扶贫样板村，"拉萨人家"、"日喀则藏餐"、林芝"仁青家庭旅馆"、"巴青农庄"等藏家乐品牌闻名区内外。

（一）"党支部＋贫困户"的旅游扶贫模式：工布江达县帕朗莎藏家乐

工布江达县雪山林立、河流遍布，既有连片的繁茂植被，又有古老的人文气息，是西藏最重要的生态文化旅游目的地之一。工布江达县立足丰富的生态资源，围绕创建"全域旅游县"目标，在建成巴松措国家5A级旅游景区的基础上，大力推进乡村旅游建设，建成了太昭古城、巴嘎寺等一系列旅游景区，并且积极动员农牧民群众、贫困户参与其中，通过藏家乐的形式，带动贫困户脱贫。

为了带动当地农牧民群众脱贫致富，2019年初，达帕莎村党支部书记巴桑和村干部争取资金200万元建设了帕朗莎藏家乐。在发展藏家乐产业的基础上，巴桑结合当地民俗风情，精心设计了景区周边环境，种植了大量的李子树和苹果树，在夏秋两季为游客提供采摘服务。在帕朗莎藏家乐周边还设有帐篷和射箭场等休闲游乐场所，游客可以在其中品尝藏式美食、欣赏雪域高原的独特风景，体验藏族民俗。当前帕朗莎藏家乐已经发展成为一个集娱乐、美食、民俗体验于一体的藏式休闲场所。

帕朗莎藏家乐开办之后，吸引了大批前来观光游览的旅游消费者，提高了当地农牧民群众的经济收入。2019 年，帕朗莎藏家乐所在的达帕莎村贫困户已经全部脱贫，真正实现了旅游富民。①

（二）"公司＋农户"的旅游扶贫模式：江孜甲羌百马旅游公司助民脱贫

作为全国唯一的省级集中连片贫困地区中脱贫攻坚三大主战场的日喀则市，就如何激发脱贫致富的内生动力，如何打造全时全域旅游，使藏文化在保护中实现传承与发展进行了丰富的探索，形成了公司助力贫困户脱贫的旅游扶贫模式。

甲羌百马旅游公司以"聚焦精准，不落下景区一户贫困户"为原则，在开发卡若拉景区过程中，为贫困户投入 217 万余元，解决就业岗位 171 个，建设商铺无偿提供给贫困户，援助资金达 10.8 万元。该公司依托当地悠久的藏文化、历史记忆、地域特色、民族风俗等资源，实施和推进了"最美乡村、最美旅游、最美扶贫"，努力打造富有鲜明地域特色的 A 级景区，并且为了突出"加大扶贫投入，增强带动效应"，该公司在江孜县东郊至白居寺旅游观赏范围内，建设了江孜县独有的马车营地，吸纳了 50 余名贫困人口就业，穿着传统江孜服饰的车夫们，在景区形成一道独特的风景线。此外，江孜甲羌百马旅游公司开展旅游企业帮扶专项行动，为热龙乡夏雄村、罗布岗村 29 户贫困户送去了洗衣机、电饭锅、大米、小麦、砖茶、食用油等②。

---

① 西藏自治区旅游发展厅：《旅游经济托起致富梦》，西藏自治区旅游发展厅网，2019 年 12 月 4 日，http://lyfzt. xizang. gov. cn/zwgk_ 69/lytpgj/201912/t20191204_ 125384. html。
② 李梅英：《一道独特的风景线——西藏自治区江孜甲羌百马旅游公司助民脱贫记》，西藏自治区旅游发展厅网，2019 年 5 月 14 日，http://lyfzt. xizang. gov. cn/zwgk_ 69/lytpgj/201905/t20190514_ 117635. html。

（三）"党支部+能人+小组村民+贫困户"旅游扶贫模式：米林县索松村

索松村位于西藏自治区林芝市米林县派镇，雅鲁藏布大峡谷入口处，拥有世界最深的峡谷——雅鲁藏布大峡谷、中国最美的山峰——南迦巴瓦峰以及中国最美的野生桃花。"绿水青山就是金山银山、冰天雪地也是金山银山"，索松村被公认为是雪山、峡谷、桃花环绕的世外桃源。美丽的南迦巴瓦雪山、壮丽的大峡谷、漫山遍野的野生桃花、碧绿的草甸为索松村发展旅游业提供了得天独厚的优势资源。米林县委、县政府围绕"旅游兴县、实干立县、产业融合、富民强县"的发展战略，确立了旅游产业的龙头地位，按照"旅游发展带动扶贫开发，扶贫开发促进旅游发展"的工作总基调，坚持政府引导、科学规划、保护生态、市场运作、农牧民主体参与的原则，大力发展该村的旅游经济。雅鲁藏布大峡谷景区从 2008 年接待数千人到 2017 年突破 40 万人次，雅鲁藏布大峡谷景区从每张门票收入中抽出 20 元发放给景区所在的派镇农牧民，索松村村民每年每人可获得旅游惠民资金超过 3000 元。景区的开发和建设不仅提高了村民的经济收入，还带动了当地家庭旅馆的迅速发展。

2017 年，由吞白小组集体发起，本村致富能人带头，以"党支部+能人+小组村民（38 户）+贫困户（6 户 16 人）"入股模式带动 106 名妇女在吞白小组修建了公尊德庙农庄。该农庄占地 30 亩，集餐饮、住宿、娱乐、服务于一体，共有精品客房 73 间，床位 140 个。项目总投资 800 万元，其中：致富能人占股 30%，吞白小组集体占股 5%，吞白小组 44 户村民包括贫困户在内占股 65%。近年来，索松村乡村旅游规模不断发展壮大，全村共有 37 家家庭旅馆，其中星级家庭旅馆达 18 家，床位约 1000 个。2017 年，全村家庭旅馆接待游客超过 4 万人，收入近 730 万元，户均增收约 19.73 万元[①]。

---

① 西藏自治区旅游发展厅：《聚焦乡村游 带动群众增收致富 典型案例三：林芝市米林县派镇索松村全域全时发展旅游》，西藏自治区旅游发展厅网，2019 年 3 月 15 日，http://lyfzt.xizang.gov.cn/zwgk_ 69/lytpgj/201903/t20190315_ 117627. html。

（四）"政府＋企业＋合作社"的旅游扶贫模式：波玛村德吉藏家

拉萨德吉藏家项目。德吉藏家精品民宿位于香雄美朵生态旅游文化产业园区内，紧邻国道109线、青藏铁路，是前往纳木措、羊八井的必经之所。德吉藏家旅游扶贫可持续发展项目以乡村旅游为龙头，对堆龙德庆区波玛村易地搬迁扶贫安置点进行提升改造，促进当地观光农业和传统手工业发展，打造以藏家民宿为主，集特色餐饮、民俗体验、观光游览和休闲购物等功能于一体的旅游目的地。基于实现407名易地搬迁村民"稳得住、能致富"的目标，该村以乡村旅游为龙头，以脱贫致富为目标，以藏家民宿为主，依托香雄美朵生态旅游文化产业园，深入挖掘藏文化及香雄花海等自然资源，在产业上发挥功能互补作用，促进当地观光农业和传统手工业发展，打造共享经济下的新民宿。

项目由堆龙德庆区和美乡村民俗文化旅游有限公司（简称"堆龙和美乡村公司"）运营，项目运营管理采用"政府＋企业＋合作社（集体经济组织）"的股权结构。易地搬迁的安置村民以户为单位，共同组建合作社，与堆龙德庆区和美乡村民俗文化旅游有限公司共同合作，参与德吉藏家精品民宿经营管理。项目通过提供就业岗位、旅游收益分红让安置村民"搬得出，留得住"。项目实施过程由政府进行统筹协调，企业发挥运营管理的优势，合作社入股保障村民的可持续增收，形成了政府主导、企业运营、合作社参股、农牧民增收的产业扶贫模式。德吉藏家共分为两期，共有140个房间、231个床位。其中一期房间40个、床位70个，二期100个房间、161个床位。在2018年度上下半年的两次分红中，参与民宿经营的易地搬迁村民户均分红超过5000元。

同时，项目在建设与运营过程中，致力于多渠道促进农牧民群众的致富增收：通过吸收当地农牧民就业为其提供劳动性收入；鼓励和引导当地农牧民销售农副产品和开展其他经营活动（如经营杂货店、开设甜茶馆等）获得经营性收入；将当地农牧民的生活资料转化为生产资料，通过支付土地流转金、房屋租金和分红等方式为其创造财产性收入；将运营中所产生收入的

40%直接返还给提供房间的搬迁户；每月还会给本村工作人员支付 3000 元工资。经测算至 2021 年，德吉藏家住宿游客将达到 3.6 万人，游客接待量预计达到 6 万人。项目可实现易地搬迁的 400 余名村民年人均增收 8700 元，能够有效促进当地易地搬迁户脱贫巩固和持续发展。

德吉藏家的开发和建设充分利用了自身的比较优势——独特的藏族民俗、生态景观、藏族文化等，促进易地搬迁农牧民就业与旅游业融合发展，解决了当地村民就业问题，多渠道促进农牧民群众致富增收，实现了扶贫方式由"输血"向"造血"转变，有效促进并巩固了可持续稳定增收奔小康[①]。

（五）"能人引领"的旅游扶贫模式：扎囊县阿扎乡阿扎村

扎囊县阿扎乡阿扎村曾是国家级贫困乡中的贫困村，属于精准扶贫"最难啃的骨头"之一。该村物产较为匮乏，全村 180 户 790 多人中，人均耕地不到 1 亩，贫困面曾达 80%。这里拥有深厚的文化底蕴和壮美自然人文景观，该村拥有藏传佛教圣地扎央宗溶洞和宗贡布溶洞两大景区，整个区域均处于国家级风景名胜区的核心位置，且与山南唯一 4A 级景区桑耶寺毗邻，每年前来旅游、探险、朝圣的游客、学者络绎不绝，发展旅游因此成为该村走出困境的最佳选择。

该村采取大力培育能人经济，强化领头带路的旅游扶贫模式，兴建了一批以农（牧）家乐、家庭旅馆、特色民族手工业纪念品加工为主导的旅游产业，探索"能人经济"、"致富带头人"和"旅游经纪人"不同发展模式，将该村党支部书记纳入国家公务员管理，培养成副科级干部，借以提高党委、政府在旅游业发展中的引导能力；同时将有一定旅游从业经验和能力的退休干部培养成村级旅游产业经纪人，成立了山南首个农牧民旅游协会，将该村 19 名发展较好的农牧民群众以自愿形式吸纳到协会中来，实现合作化发展；将国家投资兴建的游客接待中心，交由当地旅游致富带头人承包经

---

① 西藏自治区旅游发展厅：《聚焦乡村旅游 带动群众增收致富 典型案例四："德吉藏家"旅游扶贫助力可持续发展》，西藏自治区旅游发展厅网，2019 年 3 月 15 日，http://lyfzt. xizang. gov. cn/zwgk_ 69/lytpgj/201903/t20190315_ 117628. html。

营，以解决群众就业问题，增加村集体经济收入。

通过发展乡村旅游，该村大部分农牧民群众都吃上"旅游饭"，发上"旅游财"。据统计，截至 2018 年，该村群众收入由 2002 年时人均不足 1000 元提升到 9800 元，50 户 200 余人的建档立卡贫困户在 2018 年基本实现全部脱贫。阿扎村也实现了从贫困村向富裕村的华丽转变①。

（六）"生态旅游"的扶贫模式：拉萨市柳梧新区达东村

达东村位于西藏自治区中南部、拉萨市西南部，地处拉萨柳梧乡，现托管于柳梧新区，总面积 5.1 平方公里，平均海拔 3640 米。达东村距离机场高速达东站出口约 3.2 公里，距离柳梧新区 13 公里，距离拉萨市区约 30 分钟车程。作为拉萨市柳梧新区重点特色乡镇开发项目之一，达东村于 2016 年被正式纳入柳梧新区重点扶贫开发项目。为响应中共中央及西藏自治区和拉萨市各级党委、政府的精准扶贫号召，和美布达拉在柳梧新区管委会的带领下，于 2016 年 4 月正式启动达东村村容村貌整治暨扶贫综合（旅游）开发项目。该项目参照乡村旅游建设标准，对达东村电力、排水、道路、通信、村落建筑空间布局、乡村厕所、垃圾分类等基础设施进行完善，并实施危旧房的改造、整治工作。

项目分为两期建设，一期主要是通过对达东村村容村貌的整治，改变村民的生产生活方式，调整达东村产业结构，带动村民踏上脱贫道路。二期项目的开展主要是以乡村旅游产业实现扶贫，在达东村自然风貌的基础上，丰富达东村乡村旅游产品，优化产业结构，带动经济结构的转型升级。2017 年初，达东村全面启动乡村旅游提升工程建设，完善达东林卡休闲区、自驾车营地、达东圣地雪桃林、温泉体验中心、真人 CS 户外拓展基地、仓央嘉措行宫遗址等景区项目，丰富达东村乡村旅游产品，优化产业结构，带动经济结

---

① 西藏自治区旅游发展厅：《聚焦乡村旅游 带动群众增收致富 典型案例六：咬定青山不放松 旅游铺开富民路 扎囊县阿扎乡阿扎村乡村旅游发展典型经验材料》，西藏旅游发展厅网，2019 年 3 月 15 日，http：//lyfzt.xizang.gov.cn/zwgk_69/lytpgj/201903/t20190315_117630.html。

构的转型升级，为达东村实施乡村旅游，带动精准扶贫创造可持续发展条件。

二期项目还将以雪山溪流景观轴为核心、五组团系统为架构、国际顶尖乡村旅游项目为元素，不断加大投资力度，展开达东集市及水系景观建设、湖泊区及林卡建设、乡村酒店修建及装修、庄园遗址修复及改造等多方面的整体建设，结合正在打造的高山滑雪场、房车营地、藏式民俗婚纱摄影基地等特色项目，将达东村建设成为最美休闲度假旅游村落，进而为带动精准扶贫创造可持续发展条件。

达东村紧扣"旅游＋农业""旅游＋生态"的现代化旅游发展思路，主动与其他产业融合，推动乡村旅游产业结构的调整和转型升级，深度探索旅游扶贫、旅游富民的乡村旅游发展模式。达东村 2016 年 7 月正式启动乡村旅游运营工作以来，通过为村民提供保安、保洁、服务员、行政后勤人员等岗位，直接解决当地村民就业 80 余人，其中建档立卡贫困户 20 人，人均月工资收入达 3000 元左右。同时，依托旅游资源，在村委会的引导下，组织村民提供帐篷出租、餐饮、休憩等服务，结合农家乐经营模式，对村域内农副产品进行统一收购，集中销售。2017 年达东村贫困人口人均收入已达到 8048 元，已实现了市定贫困人口人均纯收入"2016 年 3645 元、2017 年 4265 元"的脱贫目标。达东村也已于 2018 年完成脱贫摘帽验收考核，正式退出贫困村。2018 年随着达东村文旅特色产业的丰富和项目知名度、美誉度的不断提高，接待游客量达 40 万人次，旅游收入 607 万元。

截至目前，达东村通过发展乡村旅游先后获得了"中国美丽休闲乡村·历史古村""中国乡村旅游创客示范基地""第七批中国历史文化名镇名村""2016 美丽宜居村庄示范""2016 中国最美村镇生态奖""2017 年改善农村人居环境美丽乡村示范村""2017 中国最美村镇 50 强""2017 年度全国生态文化村""第五批中国传统村落"等国家级荣誉称号，还获得"西藏历史文化名村"等认定①。

---

① 西藏自治区旅游发展厅:《聚焦乡村旅游 带动群众增收致富 典型案例一: 拉萨市柳梧新区达东村树旅游扶贫标杆》，西藏旅游发展厅网，2019 年 3 月 15 日，http: // lyfzt. xizang. gov. cn/zwgk_ 69/lytpgj/201903/t20190315_ 117625. html。

三 效应分析：西藏内源型旅游扶贫的成效及问题

受西藏特殊的自然地理、区位、历史、文化等因素的影响，旅游扶贫成为其脱贫攻坚的最重要措施之一。旅游扶贫作为一种综合性的产业扶贫，其强"造血"、广参与和强带动的特点在扶贫领域一枝独秀，硕果丰厚。在具体阐释旅游扶贫成效之前，有必要对扶贫成效这个主题进行理论上的阐释，即在理论上澄清成效的界限和范围。中国的扶贫开发实践具有综合性、整体性和多措并举等特点①，也就意味着其成效也将是一个综合的和多维的图景，当从不同的视角去看扶贫实践的成效，会看到不同的景象，就如经济效益是短期内可被直观的成果，而扶贫实践带来的长期性、非显性、非结果性的成效并不一定都能被关注到，但又在扶贫实践中发挥着重要作用。比如扶贫对象在脱贫过程中获取的能力，既是扶贫措施的结果，又是扶贫能否取得成功的导向性因素。再如，综合性的扶贫实践在完成既定目标的同时，也会在实践过程中产生非预期的影响，也即扶贫措施的溢出效应，有负面的结果，也有正面的影响。基于此，我们力图以系统的视角从结果性成效、影响性成效和导向性成效三方面较为完整地呈现西藏旅游扶贫的贡献②。

（一）结果性成效

结果性成效主要集中于旅游扶贫的经济效益，因为经济成果是可被最直接观测的扶贫成效。随着西藏旅游业的迅速发展，以及与全区经济社会发展战略体系的深度融合，旅游业的战略地位实现了由支柱性产业向主导性产业的跨越，对全区经济的发展有着突出贡献。2019 年，西藏实现地区生产总

---

① 丁建彪：《中国农村扶贫措施成效评估指标选择与分析框架》，《江苏社会科学》2020 年第 2 期，第 89 ~ 98 + 242 页。

② 丁建彪：《中国农村扶贫措施成效评估指标选择与分析框架》，《江苏社会科学》2020 年第 2 期，第 89 ~ 98 + 242 页。

值（GDP）1697.82 亿元，按可比价计算，比上年增长 8.1%[①]。其中，第三产业增加值 924.01 亿元，增长 9.2%[②]，占当年 GDP 的 54.42%，以文化旅游业为主的第三产业已经成为西藏经济发展的主要增长点。同年，西藏实现了旅游总收入 559.28 亿元，占第三产业增加值的比重为 60.53%（见图 3 -1），旅游需求的收入弹性值为 1.11，旅游业成为主要经济增长点中的核心支撑力量。随着国民收入的增加，对旅游业的需求量也在扩大，旅游产业展现出发展优势，其能从社会获得支持性动力，也必将创造更大的动能。西藏旅游经济的发展与全区经济发展的依存关系越来越紧密，成为带动全区经济腾飞的中流砥柱。2019 年，西藏旅游总收入占的比重为 32.94%，旅游收入对西藏经济的贡献率为 31.40%（见表 1），旅游经济有较大的发展潜力。

图 3 - 1　旅游业对西藏地区经济发展的贡献

资料来源：根据《2019 年西藏自治区国民经济和社会发展统计公报》《西藏统计年鉴》（2019）相关数据计算而来。

---

① 西藏自治区人民政府：《2019 年西藏自治区国民经济和社会发展统计公报》，西藏自治区人民政府网，2020 年 4 月 14 日，http://xizang.gov.cn/zwgk/xxgk_424/zxxxgk/202004/t20200414_137222.html。

② 西藏自治区人民政府：《2019 年西藏自治区国民经济和社会发展统计公报》，西藏自治区人民政府网，2020 年 4 月 14 日，http://xizang.gov.cn/zwgk/xxgk_424/zxxxgk/202004/t20200414_137222.html。

表 3 – 1　西藏旅游业对经济增长推动作用指标

单位：%

年份	旅游收入依存度	旅游收入对西藏经济的贡献率	旅游收入拉动西藏经济增长率	西藏旅游需求的收入弹性
2006	9.53	19.91	2.65	2.87
2007	14.21	41.07	5.75	4.79
2008	5.72	-48.54	-4.90	-3.76
2009	12.69	71.81	8.90	14.15
2010	14.08	23.38	2.88	2.05
2011	16.01	25.96	3.30	2.00
2012	18.03	30.80	3.63	2.11
2013	20.23	33.68	4.08	2.08
2014	22.13	36.91	3.99	2.12
2015	27.44	73.72	8.11	4.07
2016	28.73	39.39	3.94	1.76
2017	28.94	30.48	3.08	1.27
2018	33.17	66.45	6.05	2.78
2019	32.94	31.40	2.54	1.11

资料来源：根据《2019 年西藏自治区国民经济和社会发展统计公报》《西藏统计年鉴》(2019) 相关数据计算而来。

另一方面，西藏旅游业形成规模经济效应，并逐步扩大影响。随着旅游经济产业链的逐渐完善和延伸，旅游产业经济的协同效应逐渐增强，体现在就业容纳、游客吸纳、旅游创收、旅游业态打造和旅游基础设施建设等多个方面。

旅游经济在农牧民转移就业方面的容纳能力和帮扶作用显著增强，扛起了西藏各民族脱贫致富的大旗。2015 年，农牧民旅游从业人员 9.7 万人[1]；2016 年，10 多万农牧民吃上"旅游饭"、走上致富路[2]；2017 年，农牧民旅

---

① 西藏自治区发改委：《西藏自治区"十三五"旅游业发展规划》，西藏自治区人民政府网，2018 年 11 月 22 日，http://xizang.gov.cn/zwgk/xxfb/ghjh_431/201902/t20190223_61964.html。

② 西藏自治区人民政府办公厅：《2017 年西藏自治区政府工作报告》，西藏自治区人民政府网，2017 年 2 月 13 日，http://www.xizang.gov.cn/zwgk/xxfb/zfgzbg/201902/t20190223_62067.html。

游从业人员为 12.5 万人，并通过旅游业完成了 313 个建档立卡村的脱贫摘帽任务，涉及约 2.9 万名建档立卡贫困人口①；2018 年，西藏农牧民旅游从业人员达 7 万人，共 3.2 万贫困人口脱贫②。四年以来共计帮助 39.2 万农牧民实现转移就业。

旅游业的游客吸纳能力和创收能力不断增强，有效发挥了旅游业强"造血"和强带动的作用，促进了旅游经济的快速增长，并成为经济发展的有效推力。2019 年，西藏全年累计接待国内外游客 4012.15 万人次，比上年增长 19.1%，实现旅游总收入 559.28 亿元，同比增长 14.1%③（见图 3-2），无论是游客总人数还是旅游总收入都超预期完成"十三五"时期

图 3-2 2006~2019 年旅游总人数与总收入的增长情况

资料来源：根据《2019 年西藏自治区国民经济和社会发展统计公报》《西藏统计年鉴》（2019）相关数据计算而来。

---

① 贾家华：《旅游扶贫正成为西藏扶贫攻坚的崭新生力军》，中国西藏网，2018 年 3 月 24 日，http://www.tibet.cn/cn/news/yc/201803/t20180324_5579030.html。

② 《西藏去年 3.2 万人得益于旅游产业脱贫》，新华网，2019 年 4 月 26 日，http://www.xinhuanet.com/2019-04/26/c_1124421153.htm。

③ 西藏自治区人民政府：《2019 年西藏自治区国民经济和社会发展统计公报》，西藏自治区人民政府网，2020 年 4 月 14 日，http://xizang.gov.cn/zwgk/xxgk_424/zxxxgk/202004/t20200414_137222.html。

旅游业主要发展目标，并呈现大幅度增长的趋势。"十三五"期间，截至2019 年末，旅游总人数为 12258.25 万人次，较"十二五"时期增长80.54%；旅游总收入为 1759.54 亿元，较"十二五"时期增长 101.17%（见表 2）。

表 3－2　西藏旅游总人数和总收入情况

时期	旅游总人数（万人次）	增长率（%）	年均增长率（%）	旅游总收入（亿元）	增长率（%）	年均增长率（%）
"十一五"时期	2125	—	30.64	226.24	—	29.85
"十二五"时期	6789.88	219.52	24.11	874.64	286.60	31.59
2016～2019 年	12258.25	80.54	18.75	1759.54	101.17	18.68

资料来源：根据《2019 年西藏自治区国民经济和社会发展统计公报》《西藏统计年鉴》（2019）相关数据计算而来。

旅游业态的数量和质量得到广泛提升，并呈现多元融合发展趋势，为旅游业的长足发展积累了丰富的资源和动力，保证了西藏旅游经济发展的可持续性。2018 年，西藏的文化旅游机构，包括艺术馆、博物馆、文化站和旅行社等共计 1481 家，其中星级饭店 85 家，实现 6938 人就业，营业收入 17亿元；共有 A 级景区 116 个、从业人员 2954 人，景区旅游总收入 5.63 亿元。[1] 同年，全区共有乡村旅游点超过 200 个，共接待 935 万人次，乡村旅游收入达 12 亿元；[2] 建成文化产业示范基地（园区）234 家，文化产业产值达 46 亿元。[3] 在旅游业态质量方面，围绕将西藏打造为世界重要旅游目的地和"地球第三极"的目标，西藏规划了"12345"旅游空间布局，即重点发展拉萨旅游中心，打造林芝国际生态旅游区和冈底斯国际旅游合

---

[1] 《中国文化和旅游统计年鉴（2019）》，国家图书馆出版社，2019，第 16、247 页。其中部分数据是依据相关数据计算而来。

[2] 《西藏去年 3.2 万人得益于旅游产业脱贫》，新华网，2019 年 4 月 26 日，http://www.xinhuanet.com/2019－04/26/c_1124421153.htm。

[3] 西藏自治区人民政府办公厅：《2019 年西藏自治区政府工作报告》，西藏自治区人民政府网，2019 年 6 月 27 日，http://www.xizang.gov.cn/zwgk/xxfb/zfgzbg/201911/t20191114_123622.html。

作区,构建茶马古道、唐竺古道和西昆仑廊道三条旅游廊道,创建四条精品旅游环线,建立珠峰生态文化圈、雅砻文化旅游圈、康巴特色文化旅游圈、羌塘草原文化旅游圈和象雄文化旅游圈等五大旅游圈。依托该布局,旅游业实施差异化发展,并融合多种"旅游 +"业态,例如,在建设拉萨国际化旅游文化城市中,推出都市休闲旅游、民族文化旅游、高原生态旅游、会展旅游、红色旅游、农业旅游、温泉旅游和体育旅游融合发展的旅游产品体系。

旅游基础设施建设继续加强,补齐旅游业发展的短板,激发旅游经济的内生动力,助力旅游业长远发展。旅游相关基础设施主要包括水、电、网、路和厕所。2019 年,西藏全面落实安全饮水项目,改造户用厕所 57850 座,建成公厕 1913 座,[①] 提升了旅游公共服务的品质。同年,加快建设湘河水利枢纽,瓦托、金桥水电站投产发电,拉洛水利枢纽下闸蓄水,加查、大古等水电站和金沙江上游水电基地建设顺利。在网络建设方面,2019 年,阿里与藏中电网联网工程开工建设,农网改造加快推进,主电网覆盖 66 个县(区),行政村的 4G 网络、光纤宽带网络覆盖率达 98%[②],同时开展实施 5G试点工程。在交通运输方面,同年,拉日高等级公路控制性工程和"3 + 1"机场科学试验工程等一系列重大项目开工建设,川藏铁路规划全面启动,青藏铁路格拉段扩能改造工程建成运营。与此同时,74 个县(区)实现油路全覆盖,新增 22 个乡镇 669 个行政村通了硬化路,[③] 对民生改善、旅游经济发展、城市功能提升有着重要意义。此外,2019 年,累计完成货物运输周转量 156.14 亿吨公里,旅客运输周转量 130.61 亿人公里,同比增长

---

① 西藏自治区人民政府办公厅:《2020 年西藏自治区政府工作报告》,西藏自治区人民政府网,
2020 年 3 月 2 日,http://www.xizang.gov.cn/zwgk/xxfb/zfgzbg/202003/t20200302_ 133323.html。
② 西藏自治区人民政府办公厅:《2020 年西藏自治区政府工作报告》,西藏自治区人民政府网,
2020 年 3 月 2 日,http://www.xizang.gov.cn/zwgk/xxfb/zfgzbg/202003/t20200302_ 133323.html。
③ 西藏自治区人民政府办公厅:《2020 年西藏自治区政府工作报告》,西藏自治区人民政府网,
2020 年 3 月 2 日,http://www.xizang.gov.cn/zwgk/xxfb/zfgzbg/202003/t20200302_ 133323.html。

4.40%；年末实现公路总通车里程 103951 公里，增加 6167 公里，增幅为 6.31%[①]，进一步消除旅游经济发展的障碍，助推旅游业顺利发展。

（二）影响性成效

影响性成效是旅游扶贫在实现既定目标过程中呈现的非预期成效，结合旅游业的特点，西藏旅游扶贫的影响性成效表现为如下两个方面。

一是促进了西藏民族民俗文化的传承，增强了群众的文化自信。依托自然资源和民族文化而发展起来的西藏旅游业，打造任何一种旅游模式，文化要素都会嵌入其中，成为其发展的灵魂和内生动力。因此，从这个角度来看，发展旅游业也是民族民俗文化发掘、保护、展现、交流和传承的过程。例如，西藏林芝深度挖掘地区民族文化，根据不同区域的文化特点，确立了包括工布文化区、塔布文化区、门洛文化区、波密文化区和察隅文化区在内的五大文化区。其中，通过对工布文化内涵的深度发掘，将其生产生活方式和地区景观相融合，建设了林芝非物质文化遗产示范基地；同时该地区积极对波密易贡将军楼、巴宜区工布第穆摩崖石刻等历史遗迹和文物进行维护，明确地区非物质文化遗产的保护名录、传承人和传承基地，并开展非物质文化遗产的普查，收集整理文字资料达 1000 万字、图片 2000 余张等。除此而外，通过林芝雅鲁藏布生态文化旅游节、林芝桃花节和工布转山节等文化节日及林芝镇、米林镇、布久乡等旅游小城镇的建设来进行民族文化的展示和交流，提升了西藏民族文化的影响力，实现了民族文化的传承，增强了藏族人民对自身文化的自豪感和自信。

二是加大了各地区和民族间文化的交流，实现了地区和民族间的团结融合。西藏旅游业是展示其民族文化的载体，也是促进不同地区和民族之间文化交流的平台。一方面，西藏旅游业的巨大吸纳能力，吸引着不同地区和民族的民众来到西藏，加深了其对西藏文化及人民的了解、欣赏和认

---

① 西藏自治区人民政府：《2019 年西藏自治区国民经济和社会发展统计公报》，西藏自治区人民政府网，2020 年 4 月 14 日，http://xizang. gov. cn/zwgk/xxgk ＿ 424/zxxxgk/202004/t20200414 ＿ 137222. html。

同，有利于民族和地区间的团结。另一方面，西藏开放式的旅游空间布局，加深了不同地区之间的沟通和交流。比如，茶马古道旅游文化廊道，不仅对接了四川境内成熟的旅游路线，打通茶马古道北线——川藏线，而且连通了云南丽江，盘活了茶马古道南线——滇藏线；西昆仑旅游廊道的构建则加深了西藏与新疆喀什、和田等地的旅游合作；在国际沟通合作方面，唐竺古道旅游文化廊道依托青藏铁路、中尼铁路，实现了中国西藏与南亚国家的旅游开发与合作。这种地区间旅游线路的衔接增加了廊道的吸引力，能够最大限度地发掘旅游资源，实现中国西藏和邻国及周边省份的共赢和融合。

（三）导向性成效

导向性成效重点关注对扶贫实践中某些关键性因素的评估，以显示扶贫实践长期性或非显性的成效，避免因偏向关注短期性、结果性成效而使扶贫实践陷于形式化、功利化的局面。在扶贫实践的成效评估中，关键性因素主要定位于扶贫对象的能力。就如我们通常会关注扶贫对象的精神扶贫状况，且肯定精神扶贫在个体脱贫致富过程中的重要作用。对于精神扶贫这样一个宏观的维度，在成效呈现中可以将其具体为能力的获得。结合西藏旅游业的特点，导向性成效主要表现为贫困群众的参与能力和信息获取能力的获得。

全域旅游模式的发展，极大增强了西藏地区贫困群体的参与能力和信息获取能力，不仅提升了当下脱贫的速度，而且成为巩固脱贫成果的支撑。全域旅游模式实现了将旅游业的门票经济转为产业经济，提倡整合各种旅游资源，融合旅游相关产业，延伸旅游链条，走开放式、全景式和全民参与的旅游发展路径。这也意味着，全域旅游模式下的旅游扶贫实践将全方位地包裹贫困群众，使其卷入其中，拓展其获取信息和参与扶贫实践的渠道，实现旅游致富。与此同时，依托民族民俗文化而形成的乡村旅游，将藏族的服饰特色、生产生活方式、习俗节日、村落景观和农事活动等打造为旅游吸引点，形成"生活即是景观，在景观中生活"的局面，推动贫困群众最大限度地参与扶贫实践，走可持续发展的脱贫道路。

通过实施旅游扶贫，西藏在经济发展、社会繁荣和文化建设等方面取得很多成果，为西藏的繁荣稳定和民族团结奠定了基础。然而，目前西藏旅游扶贫实践仍然需要注意以下几个方面的问题。其一是西藏生态环境的承载能力与旅游扶贫的发展协调问题，建立在生态环境基础上的旅游扶贫需要注重生态环境的保护，走可持续的发展道路。其二是基础设施的建设仍需要加强，基础设施的滞后将阻碍地区旅游业的形成与发展。其三是地区旅游业的特色发展和差异化发展问题，因地制宜地推出旅游产品，打造旅游亮点，是地区旅游业持续发展的核心竞争力。其四是旅游扶贫主体的培育，专业人才队伍的建立关系着旅游业发展的成效。其五是旅游扶贫中利益相关者利益失衡的问题，涉及贫困人口、旅游投资者、地方政府几个主体间真正扶贫受惠者的确定。

四　经验总结：西藏内源型旅游扶贫的启示及建议

（一）西藏内源型旅游扶贫的启示

1. 充分发挥自身比较优势，走内源型发展道路

特色是旅游扶贫的灵魂，没有特色，旅游的发展就没有持久的生命力。西藏旅游扶贫的实践经验表明，发展旅游扶贫要牢牢依托本地的特色资源，以获得比较竞争优势。西藏具备得天独厚的自然人文资源优势，藏族古老的文化底蕴和自然景观等都保存较为完整，既有文化内核，又有观赏性，它们可以通过旅游产品生产和文化展示转化为经济价值。换言之，通过整合各类优势资源，能够将之转化为旅游产品，延伸产业链条，进而获得更多的特色民族文化资源、生态资源的附加值。西藏在发展旅游扶贫的过程中立足本地特色民族资源禀赋，在保护的基础上对其进行开发与利用，不断提升其内涵品质，展示了其鲜明的民族个性特征，获得了可持续发展的生命力，实现了贫困地区的自我"造血功能"。同时，需要指出的

是，旅游扶贫的开发不只是产业扶贫带动，更为重要的是在旅游景区的打造过程中，通过标准化景区建设，同步改善了西藏贫困村交通、水电气、通信网络、住房条件等生活基础设施。也就是说，西藏旅游扶贫是以改善农村人居环境为前提的旅游开发，是推动一、二、三产业融合发展的一种有效模式。在这一过程中，西藏通过激活和整合本地优势资源，形成了贫困地区发展的内生动力。这也进一步证实了，贫困问题的解决，必须从本地区的实际情况出发，寻找本地区的比较优势，提高本地区及贫困群众的自我发展能力，走内源型发展道路。[①]

2. 坚持政企合作，共同助力旅游扶贫

一方面，旅游扶贫发展过程中必须发挥政府的主导作用，由政府严格把控建设方向，确保旅游扶贫工作一直沿着正确方向发展。西藏地区受特殊的地理位置、自然环境以及民族文化等因素的影响，市场经济发展并不充分，其发展在很大程度上依靠政府的各项政策扶持，也就是说，政府的政策导向和发展偏好对西藏地区的社会经济发展具有较大影响。政府既是发展旅游扶贫的政策制定者，又是旅游业发展、扶贫开发招商的引资者和市场营销推广者，还是旅游业和扶贫产业的经营者。[②] 政府为西藏旅游扶贫工作的开展提供了大量优惠政策支持，是推动精准扶贫工作发展的关键力量。

另一方面，要重视企业的作用，使企业参与旅游扶贫的建设与发展。企业的参与可以缓解政府旅游扶贫工作上的财政压力，保障示范工作资金链，确保精准扶贫工作的顺利开展。同时，企业加入运营，也为旅游景区带来了专业化的运营管理模式，在保护、传承、发扬当地民俗文化的基础上，融入乡村旅游的文化理念，并加大发展乡村旅游的力度，促进旅游扶贫深入开展。在西藏旅游扶贫的实施过程中，尤为重视企业的参与，西藏自治区旅游

---

① 刘小珉：《贫困的复杂图景与反贫困的多元路径》，社会科学文献出版社，2017；刘小珉：《多维贫困视角下的民族地区精准扶贫——基于 CHES2011 数据的分析》，《民族研究》2017 年第 1 期，第 36～46＋124 页。

② 黄渊基：《少数民族地区旅游扶贫研究》，湖南农业大学博士学位论文，2017，第 155 页。

发展厅结合西藏实际，于 2017 年制定《西藏自治区旅游企业"百企帮百村"帮扶专项行动方案》，2018 年又进一步出台了《全区深度贫困县旅游企业帮扶专项行动实施方案（2018～2000）》，动员 199 家区内旅游企业、协调 6 家区外旅游企业和协会，与 112 个贫困村开展结对帮扶。[①] 企业深入结对帮扶的乡村实地考察、捐赠款物、规划策划、发展产业或吸纳村民就业，采取多种方式帮助贫困人口创业就业、增收致富，以推进旅游扶贫的有效开展。

3. 重视贫困人口的参与，提升其自我发展能力

贫困人口的存在是发展旅游扶贫的重要原因，旅游扶贫的目的就是解决贫困人口的生存问题，提高其经济收入，帮助贫困人口脱贫致富。贫困人口的参与是旅游扶贫的重中之重。西藏在旅游扶贫工作的开展过程中，充分吸纳当地贫困群众参与，引导贫困群众通过开设家庭旅馆、藏式饭馆，售卖当地特色农产品和旅游纪念品等方式参与旅游业的发展，多渠道带动贫困人口致富增收。西藏阿里地区普兰县岗莎村利用神山独特的旅游资源优势，成立了牦牛运输队，将全村的牦牛集中管理，提供旅游运输服务，带动贫困群众近 200 人脱贫致富，人均增收 5000 元以上。林芝市扎西岗村依托鲁朗国际旅游小镇的区位优势，大力发展家庭旅馆 50 余家，床位超过 1000 张，人均年收入 30000 元以上。[②] 走"旅游路"、吃"旅游饭"、发"旅游财"已经成为西藏地区农牧民群众的自觉行为。

（二）未来西藏发展旅游扶贫的三点建议

1. 重视对民族文化的保护，实现在保护基础上的传承与利用

独具特色的生态自然景观与民族历史文化是西藏旅游扶贫的灵魂，也是

---

① 西藏自治区旅游发展厅：《企业结对帮扶　助力精准脱贫》，西藏自治区旅游发展厅网，2019年 3 月 15 日，http：//lyfzt. xizang. gov. cn/zwgk_ 69/lytpgj/201903/t20190315_ 117622. html。

② 西藏自治区旅游发展厅：《西藏自治区旅游发展厅旅游脱贫攻坚总结》，西藏自治区旅游发展厅网，2019 年 9 月 27 日，http：//lyfzt. xizang. gov. cn/zwgk_ 69/lytpgj/201909/t20190927_ 117638. html。

西藏发展旅游扶贫的比较优势。因此，就旅游扶贫可持续发展的角度而言，对民族文化的保护尤为重要。未来，西藏在发展旅游扶贫的过程中，必须科学合理地进行规划和建设，避免对文化资源、自然生态资源等的破坏性开发。在确定开展某一旅游项目之前，要进行科学的调研和评估，确保项目的合理性。同时，要在保护的基础上吸收和植入现代文化要素，不断创新民族文化，实现传统民族文化与现代文化的开放共存、互动共生。

2. 立足长远，融合发展，提升地区经济发展的整体效能

旅游扶贫的长远发展和快速发展要通过建设完整的产业链条来实现。游客在旅游景区所发生的吃、喝、住、行、娱活动等关联着当地社会经济的诸多行业，如餐饮、住宿、交通、旅游服务等，只有形成完整的产业链条，才能使旅游扶贫的效益最大化。就西藏地区而言，随着旅游业的进一步发展，已经具备了一些相应的基础设施，包括交通、通信等在内的基础设施状况得到了很大程度的改善，旅游业发展的前景较好。因此，未来在旅游产业的深入推进下，进一步完善以乡村旅游为主题的配套设施和产业链成为旅游扶贫获得更大利益的关键一步。

3. 加强旅游扶贫的人才建设，为旅游扶贫的开展提供充足的人才保障

旅游扶贫的发展需要专业人才的支撑，专业的人才资源可以确保产业发展的科学性、合理性和适当性。旅游扶贫的发展既需要懂旅游，擅长旅游产品及路线的设计、开发、包装、经营、销售与推广的人才，同时又需要扶贫工作领域的人才。因此，未来西藏旅游扶贫的实施应该坚持"请进来、走出去"相结合，一方面加大对人才的引进力度，吸引区外更多的优秀人才为西藏旅游扶贫的开展贡献力量；另一方面，必须完善人才培训机制，加大人才培养力度，着重培养与旅游业发展相关的科研人才、服务人才、企业经营管理人才以及其他各类创新型人才等，以扩大人才队伍，使旅游扶贫获得持续发展的动力。

第四章　林芝市产业扶贫模式、成效、问题与对策

产业扶贫可增强贫困地区和贫困农户的内生动力，实现扶贫由"输血型"向"造血型"转变，在脱贫攻坚中发挥着重要作用。林芝市把产业扶贫摆在脱贫攻坚工作的重要地位，基于自身的资源优势，大力培育和壮大以特色农牧业、生态旅游业、藏医藏药业、文化产业、民族手工业等产业为主的扶贫龙头企业，加强产业基地建设和经济合作组织建设，在扶贫实践中探索出适合自己的产业扶贫模式，取得了一定的成效。但在产业扶贫的过程中仍然面临一些挑战、存在一些问题。因此，林芝市在未来一段时期，应该在激发贫困人口内生动力、开展产业扶贫专项培训、重点打造规模化产业、规范产业发展、加强督导上下功夫，以进一步提高产业扶贫的成效。

一　林芝市产业扶贫模式

林芝市把产业扶贫作为精准扶贫的主攻方向，推进产业结构调整，引导企业发展高效农业，加快培育农民合作社、家庭农场等新型农业经营主体，充分利用了各县（区）的资源禀赋，探索出了多样化的产业扶贫模式和利益联动机制。本章将林芝市的产业扶贫模式归纳为"公司＋基地＋贫困户""合作社＋基地＋贫困户""互联网＋产业扶贫"三种类型。"公司＋基地＋贫困户"是通过引进龙头企业，发挥企业的技术和市场优势，使林芝的特色农产品"种得出来、卖得出去"，以此带动贫困户增收脱贫。"合作社＋基地＋贫困户"是指贫困户通过土地、资金入股及在基地务工等形式获得收益，形成了贫困户、致富能人、合作社和其他农户共同长期受益的产业扶贫方式。"互联网＋产业扶贫"模式通过开展电子商务进农村工作，培育和壮大贫困村电子商务经营主体，搭建覆盖全市农村的电子商务平台，加快农村电子商务支撑保障体系建设，以信息化促进产业发展，带动贫困户增收。

（一）"公司＋基地＋贫困户"模式

林芝市引进了一批信誉较好、有实力、带动力强的企业，同时培育壮大本地农牧业龙头企业，构建产、销、游一体化的特色产业链条，让广大农牧民群众融入产业发展，实现增收致富。"公司＋基地＋贫困户"的产业扶贫模式通过三种路径进行精准扶贫。一是贫困户将全部土地或部分土地的承包经营权流转给公司发展产业，获得土地流转金。农牧民以往的农牧业生产方式比较传统、粗放，效益较低，土地流转给企业后可大大提高利用率，提高产出值，企业和农牧民均可获益。二是公司提供就业岗位，直接雇佣贫困户到公司打工，贫困户可获得工资性收入。三是公司利用其自身的技术、市场等优势，为承包土地的贫困户提供种植、养殖技术培训，使其拥有农业适用技能，生产符合现代标准的农产品，等作物成熟、牲畜长大后公司直接回购这些特色农牧产品，既解决了贫困户"种（养）什么、怎么种（养）、卖得出"的问题，又解决了公司的原材料供给问题，达到双赢的效果。公司在产业链条上把贫困户纳入帮扶对象范围，实行订单式生产，全程提供技术指导，贫困户只管简单的种或养，收购、加工、销售环节全部由企业负责。

下面是"公司＋基地＋贫困户"的两个典型案例。

案例一：西藏可心农业发展有限公司

西藏可心农业发展有限公司成立于2017年6月，位于米林县羌纳乡巴嘎村，工程总占地面积127亩，预计总投资7000余万元。基地依托大峡谷旅游环线、特色农牧业发展基础坚实的优势，紧紧围绕全县"一带三区一基地"产业发展布局，按照新型主体推进、标准品牌创新、产业融合发展模式，推出特色酱油（松茸酱油、青稞酱油等）、特色青稞深加工系列产品（青稞面、青稞醋、青稞面条等）、苹果深加工系列产品（苹果醋、苹果汁、苹果干、苹果罐头等）以及松茸酱、藏香猪肉酱等。

可心公司计划从2019年起有步骤、有侧重地打开全国市场，按照"以本地销售为主，全国销售后行"的思路，预计年产值可达17000万元。可心公司为本地区增收致富，带动农牧民脱贫致富做出了突出贡献。其一，实施土地流转，增加村集体经济。可心公司通过土地流转的方式，每年为巴嘎村带来10余万元的土地租赁收入，公司二期工程预计需要流转112亩土地，还可继续增加村土地租赁收入。其二，多种举措，为村民拓宽增收渠道。目前，可心公司在村内招收临时工，并计划在公司正式投产后，与本村群众签订长期雇佣协议，既解决了部分村民的就业问题，也保障了公司有充足的用工。可心公司还与巴嘎村进行如下合作：租赁巴嘎村集体粮油加工厂；充分利用自身市场优势，收购当地的青稞、苹果作为原料，每年可为当地解决320万斤青稞和10000吨苹果的销售问题，使巴嘎村村民每户增收3000～5000元，让当地村民有了稳定的农业经营货币收入，公司本身有了稳定的高品质原料。其三，创新企业产品，提升核心竞争力。为确保企业做大做强，并惠及更多村民和乡村，可心公司与西藏农牧学院开展合作，研发高功效、高品质的当地特色新产品，形成当地特色的完整产业链。

——《西藏可心农业发展有限公司简介》，米林县产业局，2019 年 5 月 22 日

案例二：米林县红太阳家庭科技示范农场

米林县红太阳家庭科技示范农场位于米林镇雪卡村，创办于 2012 年 9 月，农场占地面积 160 亩，主要从事藏药材种苗培育、药材种植（天麻、玛卡、灵芝、藏木耳、七叶一枝花等）以及产品销售。该农场以藏药材生产加工特别是灵芝菌生产加工为突破口，通过扩大规模、提高产量和质量，带动相关产业发展，促进农村经济向更高层次迈进。创办至今，农场共投入资金 450 万元（其中政府扶持 31 万元，自筹资金 419 万元）。目前，农场有天麻育种温室 8 座（320 平方米/座）、天麻 3 亩、灵芝菌温室 20 座（320 平方米/座）、七叶一枝花 2 亩、当归 2 亩以及各类水果 50 亩。

农场负责人尼玛于 2009 年开始租赁帮仲村、热嘎村 20 亩土地种植天麻等藏药材，在积累了藏药材种植经验后，于 2012 年扩大种植规模，租赁雪卡村土地 160 亩发展藏药材种植。在西藏自治区、林芝市、米林县（农牧）科技部门的指导下，多次参加各级各类农业实用技术培训，通过学习和不断实践积累，现已拥有丰富的灵芝菌、天麻、玛卡等药材种苗培育和种植经验。

红太阳家庭科技示范农场通过"农场＋农户"的模式（也可以说是"公司＋基地＋贫困户"模式），于 2014 年设立了 3 个党员示范温室大棚，邀请周边农民到大棚学习天麻、灵芝菌等药材的种植技术，并通过提供免费灵芝菌菌袋和技术培训，带动周边村民 50 户 190 人参与创业，为这些村民增收约 260 万元。同时为米林镇的热嘎村、帮仲村、白定村、雪卡村、米林村、多卡村等 6 个村免费提供 70 万元天麻种子，带动农民增收 310 万元。2015 年，农场种植玛卡 60 亩、七叶一枝花 2 亩、灵芝菌 13 万袋、天麻 25 亩，总收入 185 万元。2016 年和 2017 年是米林县脱贫攻坚之年，红太阳家

庭农场积极响应政府号召，结对帮扶 15 户贫困户脱贫致富。农场为 15 户贫困户提供 3 座温室大棚、17100 袋灵芝菌菌包，总价值约 12 万元，并全程提供技术支持和监督管理，在灵芝收获后，按 100 元/斤的价格进行回收，初步估算，可为每户贫困户增收 36500 元，带动这 15 户顺利脱贫。2017 年米林县在羌纳乡、丹娘乡、米林镇进一步推广灵芝菌种植，由红太阳家庭农场提供菌包 75000 余袋，灵芝菌种植生产成熟后取得了良好的效益，供不应求。同时基地继续为建档立卡贫困户以 180 元/天（女工 150 元/天）的工资提供工作岗位，年底还拿出 3 万元给建档立卡户分红。2018 年红太阳家庭农场投入 160 万元用于白肉灵芝种植项目，通过该项目，推广白肉灵芝种植 30 亩，进一步扩大了米林县藏药材种植规模，带动了更多的村民增加了收入。

——《米林县红太阳家庭科技示范农场简介》，米林县农牧办，2019 年 5 月 23 日

从上面两个典型案例可以发现，"公司 + 基地 + 贫困户"的模式可实现公司与贫困户的共赢。一方面，企业可以为贫困户提供土地租金、就业和农业经营等多种获得收入的渠道，贫困户可根据自己家庭的实际情况参与其中一种或几种，获得实在的利益和稳定的就业机会。相对而言，贫困户增收渠道增多，经营风险降低。另一方面，公司可获得高品质、绿色优质的农牧产品，在市场上获得更高的利润，此外（加大对贫困户的扶持力度）可在税收、投资贷款方面获得政府支持。

（二）"合作社 + 基地 + 贫困户"模式

农牧民专业合作社是由能人、专业大户或村委会干部等人员组建的，通过吸纳包括贫困户在内的农户入社，实现农牧业产业化经营。"合作社 + 基地 + 贫困户"的产业扶贫模式对贫困户的扶持有三种利益联结机制。一是当地村委会组织贫困户参与，贫困户与村委会签订协议，将土地流转给合作社发展农牧基地、农家乐等产业获得土地流转资金。二是贫困户按照合作社

的要求从事特色农牧业种植（养殖）、加工、销售、服务等相关工作赚取工资。三是加入合作社的贫困户按照入股比例获取合作社的盈利分红。"合作社＋基地＋贫困户"的产业扶贫模式实现土地的集中使用，贫困户自食其力，村民共享发展成果。

下面是"合作社＋基地＋贫困户"的两个典型案例。

案例一：朗县苏卡药香厂

朗县拉多乡扎村的苏卡药香厂是典型的"合作社＋基地＋贫困户"模式，朗县拉多乡扎村，藏语意为莲花生大师初到的地方，是南派藏医始祖苏卡·娘尼多杰的出生地。由于水资源枯竭，2017 年在政府主导下，全村搬迁至 40 公里外的新址。新址位于朗县东南部，距离朗县县城 23 公里，紧邻306 省道，全村共有 39 户 126 人、4 个双联户组、草场 18000 多亩、耕地193.3 亩、牲畜 728 头，农业以种植青稞、小麦为主。该村区位优势明显，交通便利，又有藏医药文化资源优势，但也存在人均耕地少、土地质量不佳、多处于山坡地带、不便于耕作、投入产出比例低，发展农业、特色养殖业受限，群众增收门路少的问题。针对这些问题，扎村以组建专业合作社为突破口，积极探索"合作社＋基地＋贫困户"的发展模式，发展规模化经营，提高了农业生产效率，拓宽了群众增收渠道，2018 年实现了全村脱贫。

扎村利用其特有的藏医藏药历史文化资源优势，于 2014 年成立了拉多乡苏卡药香合作社，以集种植、推广、包装、销售于一体的经营管理模式，动员贫困群众参与。合作社的利益联结机制分为三种。其一，以"双联户"为单位，联户单位内的村民（包括贫困户）参与药香的制作生产，获得报酬。其二，收购村民种植的藏药材作为生产药香的原材料，为包括贫困户在内的村民提供了药材销售渠道。其三，每年年底根据合作社当年效益进行分红，参加合作社的村民（包括贫困户）都能得到分红收入。苏卡药香厂成立一年后，销售额达到 30 余万元，净利润 10 余万元。2017 年整合线上线下资源，开网店做线上营销，进一步拓宽了销路，扩大了市场，到 2018 年销售额达到 84 万元。建厂后，合作社先后发放村民工资共计 50 余万元，分红 20 余万元，让全村群众都感受到了产业发展带来的实惠。

在苏卡药香厂壮大发展后，苏卡药香合作社不仅带动本村脱贫攻坚，还辐射带动了周边搬迁村的困难村民，将附近搬迁村的贫困村民也吸收到药香厂里务工，先后为吉村、昌巴村 6 户 16 名贫困村民提供工作岗位，带领他们共同增收致富。

——《朗县拉多乡扎村党支部书记、拉多苏卡药香厂厂长拉巴次仁在"林芝市庆祝建党 97 周年暨'助力脱贫攻坚我为乡村振兴作贡献'表彰大会"上的交流发言材料》，林芝市委组织部，2019 年 5 月 21 日

案例二：公尊德姆农庄

公尊德姆农庄位于雅鲁藏布江北岸的索松村吞白村小组，雅鲁藏布大峡谷入口处，距米林县县城约 98 公里，周边有南迦巴瓦峰、雅鲁藏布江沙滩、桃花林等景观资源。近年来，通过村党支部带头不断推进文旅融合、农旅融合，吞白村的经济得到快速发展。其中，吞白村的公尊德姆农庄依托当地得天独厚的旅游资源，把藏族特色风俗文化融入旅游业服务中，形成了以"住农家屋、吃农家饭、干农家活、享农家乐"为内容的民俗风情旅游项目，带动包括贫困户在内的村民参与旅游业脱贫致富，是"合作社＋基地＋贫困户"模式的典型代表。

2017 年底，在吞白村小组集体的主导下，由致富能人德吉旺姆主要策划，在吞白村建设了一个占地 30 亩的公尊德姆农庄。农庄总筹资 960 万元，其中，德吉旺姆个人出资 240 万元，占股 25%；村集体以土地形式占股 15%；吞白村 36 户村民出资 520 万元，占股 60%。德吉旺姆为出不起钱的建档立卡户垫资入股，让贫困户的参与程度大大提高。为了支持农庄建设，米林县政府投资 200 万元进行了修路等基础设施建设。

公尊德姆农庄占地约 3900 平方米。目前建有集餐饮、住宿、娱乐、服务于一体的游客服务中心一处，其中小精品房 30 套，约 1155 平方米，可供自驾、结伴而行的朋友、夫妻住宿。在农庄边上的雅鲁藏布江沙滩上建有一处沙滩射箭场，村里的贫困户可以轮流到沙滩摆摊经营射箭活动，所得收入

直接归贫困户。同时，村民可以把自家生产的农牧产品、藏族特色手工艺品拿来卖，农庄不收取平台中介费。农庄为贫困户稳定增收提供了渠道，为村民提供了一个商业销售平台。村民不仅可以销售自家生产的农牧产品，还可经营一些旅游商品，活跃了吞白村的市场经济，实现了脱贫致富。

此外，在服务中心旁，由村集体义务投工投劳建设了一个 5 亩无公害绿色蔬菜种植基地，种植高原特色蔬菜供游客采摘。项目后续拟建养殖场一个，养犏奶牛 60 头，让游客感受或参与当地农牧民挤牛奶、制酥油、造奶渣等劳动过程，体验藏族乡村生活。农庄还计划建设响箭比赛场一处、骑马场一处，供游客玩乐；计划建藏民族演艺厅一座，让游客观看优美的藏族舞蹈，享受藏族歌谣。

公尊德姆农庄于 2018 年 3 月 27 日正式投入营业，截至 2018 年 6 月底已获得纯收入 57 万余元。农庄为吞白村群众提供了 12 个稳定工作岗位。其中服务员 4500 元/月、前台 6000 元/月、经理 10000 元/月、厨师 20000 元/月。在旅游旺季临时聘用当地村民 4～5 人，工资为每人每天 150 元；年底合作社根据农庄营收按社员所占股份比例分红。

——《西藏林芝市米林县派镇公尊德姆农庄简介》，林芝市农牧局，2019 年 5 月 21 日

从上面两个典型案例可以得出，"合作社＋基地＋贫困户"的模式与"公司＋基地＋贫困户"模式有一定的共性，均可实现合作社（或公司）与贫困户的共赢。相比而言，农牧民专业合作社是农户自愿联合、民主管理的互助性经济组织，合作社成员均为本村村民，彼此之间存在千丝万缕的关系，是亲戚、乡邻、同学、朋友等关系，因此合作社能够较大限度地实现农牧民利益。合作社依托自身的各种资源优势，能够有效调动困难村民的积极性，提高贫困户参与度，鼓励贫困户以土地承包经营权折价入股、流转土地、参与合作社经营，充分发挥新型农业经营主体的示范带领作用，让贫困户"跟着看，跟着干，共同富"，因此扶贫效果是比较好的。

（三）"互联网+产业扶贫"模式

林芝市积极探索发展"互联网+产业扶贫"模式，主要分为三方面的工作。一是大力建设互联网基础设施，打牢硬件基础。目前，实施完成316个AP点位硬件铺设，安装了覆盖20个旅游示范村、300个家庭旅馆及主要交通要道的智慧旅游公共Wi-Fi，为互联网信息化相关产业提供硬件基础。二是搭建网络平台，做好软件开发。林芝市在全自治区率先实施完成"智慧旅游·乡村旅游信息化"项目建设，已完成"醉美林芝"微信H5导览平台、家庭旅馆预订平台、农牧产品展销平台、智慧旅游大数据分析平台、旅游产业运行监测平台、视频汇总平台等软件开发工作。截至2018年底，共采集旅游全要素数据6500余条、商户数据465条，建设区农户对接林下资源粗加工、农副产品销售等信息400余次，为农牧民家庭旅馆吸引客源3.7万人次，实现旅游收入576.04万元，用户注册量已达4.4万人，总浏览量达到1838.8万次，进一步推动乡村旅游产品实现有效供给、差异化供给，促进了各类旅游要素在网络内的高效流通，初步实现了"一部手机游林芝"的目标。三是积极探索电子商务的运营推广，拓宽特色农牧产品的销售渠道。林芝市为向商户推广电商平台，组建了电子商务客服中心，完善了物流配送体系，对贫困户开展多次电商技能培训。在首批电子商务进农村综合示范县工布江达县着力打造了"互联网+扶贫"示范区，利用"藏货通天下""1688批发网"促成24个村级服务站开设工布江达特产网络店铺，挖掘60多户商家，上线30个品类商品，实现销售额1095万元，帮扶466户建档立卡贫困家庭。①

下面是"互联网+产业扶贫"的一个典型案例。

案例一：羌纳雅丰园

米林县羌纳乡位于林芝市米林县中东部，距米林县城36公里，全乡

---

① 《林芝市2018年度脱贫攻坚产业扶贫工作总结》，林芝市扶贫处，2019年5月21日。

面积约 240 平方公里，耕地面积相对较大，气候适宜。2017 年 4 月羌纳乡党委、政府围绕县委、县政府"产业融合、富民强县"发展思路，因地制宜，结合村庄特色，利用区位优势，转变群众思想观念，引导群众土地流转，打造集林果种植、水果采摘、旅游体验于一体的"米林产业发展链"。

羌纳乡充分利用互联网平台，引进游客，开拓外部市场，扩大农牧产品销路。做法一，羌纳乡与大型门户网站合作，推广旅游资源及特色农牧产品；做法二，自建网站并运营维护，为旅游者提供信息服务反馈平台，扩大项目品牌影响力；做法三，打造"羌纳雅丰园"电子商务平台，开展西藏土特产代购业务，销售当地农户、手工作坊加工的虫草、天麻、手掌参、松茸、藏画、藏族服饰、牦牛梳等手工艺品。通过运用互联网的传播效应，带动周边生态旅游景区发展，进一步促进产旅融合，带动周边旅游业全面发展，促进农户增收。

——《米林县羌纳乡"羌纳雅丰园"田园综合体建设项目简介》，米林县政府，2019 年 5 月 21 日

通过上述三种产业扶贫模式，林芝市基本实现了村村有集体经济，户户有持续增收的目标，实现了新型经营主体和贫困户的共赢，产业扶贫成效显著。

二　林芝市产业扶贫的成效

基于林芝市"十三五"产业精准扶贫规划，林芝市因地制宜发展精准扶贫产业，以产业发展带动精准扶贫，取得了显著成效。

（一）特色农牧产业培育壮大，为产业扶贫奠定坚实的基础

第一，林芝市把特色农牧业发展作为农牧业和农牧区经济结构调整的主攻方向，全面突出发展特色农牧业，结合产业发展规律和特点，不断发展现

代、高效、生态农牧业，把农牧业特色产业做大做强，进而带动农牧民增收。截至 2018 年底，林芝市新增藏猪养殖规模 5.57 万头，达到 41.17 万头；新增林果 0.36 万亩，达到 27.48 万亩；新增茶叶种植面积 0.8 万亩，达到 2.4 万亩；新增设施蔬菜种植面积 1750 亩，达到 1.2650 万亩；新增藏药材种植 0.383 万亩，达到 1.433 万亩。

第二，农牧产业化龙头企业进一步发展壮大。林芝市坚持把培育壮大龙头企业作为推进农牧业特色产业发展的关键，着力在扶持培育、提升企业带动力上下功夫。截至 2018 年底，认定的农牧业龙头企业共计 11 家，其中自治区级龙头企业 4 家、市级龙头企业 7 家，2019 年有意愿申报市级龙头企业的单位共 5 家。

第三，农牧民专业合作社组织化程度进一步提高。截至 2018 年底，林芝市农牧民合作社共有 878 家，包括种植业合作社 233 家、养殖业合作社 352 家、加工业合作社 99 家、旅游业合作社 44 家、运输业合作社 1 家、采石采砂业合作社 13 家、建筑业合作社 7 家、综合类合作社 13 家、其他合作社 116 家。合作社注册资金共 4.03 亿元，总资产 7.1 亿元，合作社成员人数为 25691 人，带动人数为 20707 人。通过评审和监测，在 878 家农牧民专业合作社中，全市已成功认定国家级农牧民专业合作社 8 家，另有市级 15 家、县级 40 家。同时，对多家经营不力的"空壳社"进行了规范和清理。[①]

（二）旅游业繁荣发展，旅游扶贫、旅游富民成效显著

基于秀美的自然风光与丰富多彩的民族文化，文化生态旅游业成为林芝市最具活力的产业，全域旅游不仅促进了林芝市经济的发展，也带动贫困县摘帽、贫困村出列、贫困人口脱贫。

以往，春、夏、秋三个季节是到包括林芝在内的西藏旅游的最好时节，西藏春、夏、秋季旅游产品也比较成熟。为了进一步发展西藏旅游业，西藏自治区党委、政府着眼于新时代旅游产业发展建设全局，做出开展实施

---

① 《林芝市 2018 年度脱贫攻坚产业扶贫工作总结》，林芝市扶贫处，2019 年 5 月 21 日。

"冬游西藏·共享地球第三极"活动的重大战略决策。林芝市按照"全市一盘棋，联动拓市场"的工作要求，制定实施计划、落实工作责任，将贯穿落实"冬游西藏·共享地球第三极"活动优惠政策与"惠民生、促旅游、稳市场"工作结合起来，与推进桃花旅游节各项工作结合起来，迅速在全市形成了全面推进"冬游西藏·共享地球第三极"活动的强大合力，冬季旅游市场实现了井喷式发展，旅游业发展更上一层楼。

同时，林芝市积极推动"旅游+全域融合发展"。林芝市各县（区）充分发挥"旅游+"和"+旅游"综合带动作用，进一步推动农牧业与旅游业、藏医药业与旅游业、文化产业与旅游业及其他产业与旅游业深度融合。找准农牧业、藏医药业、文化产业等与旅游业的结合点，统筹整合各类资源，做足做精农牧业特色产业观光体验文章，生产更多具有林芝特色的食品和纪念品，让观光农牧业成为新亮点；积极开发集休闲、养生、保健等于一体的藏医药旅游产品，向游客展示和提供更多的健康生活理念和自然生态养生方式；着力培育具有地域特色的参与性、娱乐性、互动性文化旅游项目，让文化作为旅游核心的价值充分体现，打造旅游全产业链，构建旅游产业新业态。例如，工布江达县强力打造巴河田园综合体项目，设计体验、观赏、采摘三大主题，将农业观光园建设成为集吃、住、行、游、购、娱于一体，与巴松措品牌相对应的特色农业园。米林县深入推进旅游产业融合，以"旅游+文化"打造独树一帜的文化旅游品牌。林芝市各县（区）因地制宜，积极推出具有当地民俗文化特色的旅游节庆和旅游产品。波密县通过"旅游+""+旅游"模式打造本地特色旅游产业，全面加快全域旅游示范县建设步伐。

在旅游业大发展的背景下，林芝市旅游扶贫、旅游富民成效显著。林芝市突出自身特色、因地制宜，推出了依托景区型、依托民俗文化型、依托节庆型、依托信息化型等多种发展乡村旅游业的经营模式，实现了区域资源联动，效果显著。依托自然资源禀赋，找准旅游发展与推进旅游扶贫富民的契合点，不断加大政策资金对农牧民参与旅游的扶持力度，积极推进米林县麦浪村、察隅县明期村、波密县古通村乡村旅游示范村建设。截至2018

年底，全市农牧民家庭旅馆总数达到 537 家，床位达 1 万余张；截至 2018 年 10 月林芝市家庭旅馆累计接待游客 53.51 万人次，同比增长 36.86%；累计实现接待总收入 8100.58 万元，同比增长 49.85%。全市参与旅游服务的农牧民群众达 1425 户 6605 人次，户均增收 5.68 万余元，人均增收 1.23 万元。①

（三）藏医药产业繁荣发展，促进农牧民就业、增收

基于丰富的藏医药资源，林芝市通过药企、各县（区）政府、农牧民专业合作社等多渠道多形式，加快藏药材规模化种植，建立天麻、灵芝等药材种植基地。通过"公司＋基地＋农户"、订单式收购等多种方式，带动林芝市农牧民剩余劳动力转移，促进就业，增加群众收入。全市以藏药材种植为依托，积极引进了西藏千金方生物医药有限公司从事藏药材精加工，开发了三种藏药保健产品。

米林县充分利用无污染的优质环境和高原净土优势，结合藏医药及保健品附加值高、带动就业、增收明显等特点，打造集药材种植、研发、生产、药膳、疗养、体验、观光、休闲、会展、培训及学术交流于一体的藏医药综合园区，规划面积达 1.6 平方公里。截至目前，园区已引进仁和集团、西藏灵芝生物科技有限公司、易能电力科技有限公司、西藏康芝实业有限公司、西藏林芝天赐生态蜂业科技有限公司等多家企业，协议资金达 6.7 亿元，到位资金 6193 万元。项目建成后，预计年缴税 1 亿元，财政增收 6000 万元，将全面带动藏药材种植业、医药业、休闲文化业全面发展，解决周边 500 名群众就业，实现人均增收 4 万元。②

（四）产业扶贫贫困人口全覆盖，产业扶贫效益已初显

林芝市脱贫攻坚产业工作始终按照市委、市政府制定的"1693"精准

---

① 《林芝市 2018 年度脱贫攻坚产业扶贫工作总结》，林芝市扶贫处，2019 年 5 月 21 日。
② 《米林县特色产业、产品基地培育建设情况汇报》，米林县产业办，2019 年 5 月 23 日。

扶贫工作总体思路（明确一个目标、完善六个机制、采取九项举措、严格三个要求）开展，以产业项目为重要抓手，以"一带四基地"和"乡村旅游"为主攻方向，把中长期项目与短平快项目相结合，把大项目与小项目相结合，把解决产业长远发展与贫困户持续增收相结合，实现产业扶贫贫困人口全覆盖，全市产业扶贫项目效益已初显。

自脱贫攻坚工作展开到 2018 年 11 月底，林芝市共实施产业扶贫项目 398 个，完工项目 250 个，实现到位投资共 26.48 亿元（含风险补偿金和未开工的到位资金），完成投资 18.54 亿元，占总投资的 70%。其中：2018 年新建产业扶贫项目 147 个，已有 29 个完工，总投资 4.79 亿元，完成投资 1.37 亿元；续建产业扶贫项目 73 个，已经完成 43 个，总投资 10.19 亿元，完成投资 9.77 亿元。产业扶贫让 20990 名贫困人口受益，并累计直接带动贫困户 2372 户 7261 人达到脱贫标准。截至 2018 年 10 月底，实现产业扶贫项目利润 948 万元（2016～2018 年完工项目直接分红收益），享受分红 5174 人（人均 1832 元），带动就业人数 203 人，建档立卡户受益人数 11225 人，贫困人口带动率为 47.9%。①

三 林芝市产业扶贫面临的困境

林芝市产业扶贫已经取得了一定的效果，但是长期以来，由于生态环境脆弱、基础条件差，人口密度小、贫困程度深，产业底子薄、投融资难度大、各种观念陈旧和市场开放程度不高，推进产业扶贫的过程中还面临一些困境与制约因素。

（一）贫困户脱贫的能力不足

1. 人口受教育水平较低

林芝地理位置偏远、交通不便、信息闭塞，少数民族地区整体的受

---

① 《林芝市 2018 年度脱贫攻坚产业扶贫工作总结》，林芝市扶贫处，2019 年 5 月 21 日。

教育水平偏低。这其中既有贫困导致落后的客观原因，也有当地人观念较为陈旧的主观原因。偏远农村地区离城市较远，村民不能及时接收到大城市中先进的文化知识，在经济、文化、思想各方面都较落后。贫困区域劳动力知识水平低，普遍缺乏就业技能，多数只能从事纯体力劳动，收入低，就业不稳定，增收渠道少。部分贫困群体还存在惜杀惜售的传统思想和小农意识，商品意识、竞争意识淡薄，靠天吃饭的现状没有根本扭转。

2. 贫困户主动脱贫积极性不高

贫困户的受教育水平和综合素质相对较低，多数农牧民"等、靠、要"思想依旧存在，主动就业意识和脱贫意识不强。甚至有部分贫困群体为了享受"贫困福利"而不愿意"脱贫"，严重影响了脱贫的进度。一方面，部分贫困户对政府转移支付的依赖度高，一旦抽离扶贫财政补贴，他们的生活可能很难维持。另一方面，经济发展缺乏动力会导致返贫可能性大，再加上自然灾害、重大疾病等因素使农户存在较大返贫风险，这些因素多有周期短、次数多的特征，都是脱贫的制约因素。

（二）就业培训条件较差，就业环境有待改善

目前，林芝市就业培训条件还比较差。第一，各级政府开展的职业技能培训层次水平还比较低，全市乃至全自治区无公办技工学校，市属的5家民办培训机构硬件条件和师资力量有限，绝大部分工种只能开展初级培训，而且培训的形式单一。第二，目前开展职业技能培训只有课堂的集中说教式，既缺乏一定的实践操作，又缺少跟踪培养，导致培训学而不熟、不精、不能致用。第三，对农牧民特别是边民劳务输出缺少组织引导、品牌打造等服务，大部分农牧民特别是边民参加培训后，没有及时有效享受到就业推荐、职业指导、有序组织转移就业等后续服务。

和内地相比，林芝市发展相对滞后，市场经济体制不十分完善，各类企业产业规模小，自我发展能力不强，吸纳就业的空间比较小。另外，低素质劳动力过剩与高素质劳动力短缺并存，用工市场供需矛盾日益突出，统一的

劳动力市场尚未形成。因此，加快人才引进、人才培养与员工在职培训已经成为燃眉之急。

（三）规模以上产业较少

林芝市扶植发展的主要是小规模产业，引进的规模以上大型企业数量比较少，产业链条较短，产业附加值较小，辐射带动作用较弱，对贫困群众增收脱贫的贡献还有待进一步加大。例如茶叶、水果等种植类扶贫产业项目投资成本较高，短期内产业资金效益回报率低，产业项目投入与产出不成正比，未形成有效"造血"机制，带动贫困群众增收能力不强。因此，产业扶贫工作中"小、散、弱、低"问题突出，支柱性产业和龙头企业较少，农牧特色产业和文化旅游产业仍停留在"初加工"阶段，多家农牧民合作社沦为"空壳"，群众利益联结机制和促进增收长效机制仍未形成。一些"短平快"扶贫产业趋同，导致市场供需失衡，也在一定程度上影响着扶贫产业项目效益发挥。

林芝市地处高原地区，生态环境较为脆弱，自我修复能力较弱，环境所能够承担发展的产业规模有限，降低了产业发展的效率，进而降低了产业扶贫的成效。全市的各类各级生态保护区、军事用地等对产业建设影响较大，环评、林评等行政审批手续办理相对烦琐，各类前置手续的办理导致产业项目时间成本、财务成本都很高。还有，环境因素也是很多产业无法扩大再生产、只能小规模经营的制约因素，如藏猪养殖业，扩大养殖规模对环境的压力非常大。

四　林芝市产业扶贫对策分析

林芝市委、市政府高度重视产业扶贫在脱贫攻坚中的作用，通过"合作社＋基地＋贫困户"、"公司＋基地＋贫困户"及"互联网＋产业扶贫"的模式开展产业扶贫工作，取得了一定的成效，但在产业扶贫的过程中依然暴露一些问题，针对这些问题，笔者提出以下建议。

（一）激发贫困人口脱贫的内生动力

贫困人口既是扶贫的对象，又是扶贫的主体，激发贫困人口脱贫的内生动力至关重要，也是避免脱贫人口返贫的重要前提。因此，必须想方设法转变贫困人口的思想观念，培育他们的脱贫主体意识，增强他们的发展意愿，推动贫困人口从"要我脱贫"向"我要脱贫"转变。具体说来，要做到以下几点。一是扶贫政策宣传要到位。要把党和国家的扶贫政策宣传到每一个贫困户，帮助贫困人口正确认识扶贫的真正内涵，既要帮助贫困人口摒弃自暴自弃、甘于贫困的消极思想，又要帮助贫困人口认识到国家的扶贫不能是简单地直接给钱给物，纠正贫困群众过度依赖政府的错误思想。二是要树立典型模范。在调查走访中，笔者发现部分群众通过解放思想、勤劳苦干已经实现了脱贫致富，说明在同等条件下，贫困人口只要努力奋斗就能实现脱贫致富。因此，要注重在贫困群众身边树立典型，用身边的榜样模范示范教育群众，增强贫困群众战胜贫困的信心和决心。三是优化外部氛围。要在贫困人口中大力倡导吃苦耐劳、积极向上、勤劳致富的风气，摒弃"等、靠、要"、"吃救济光荣"的不良风气，通过制定村规民约，营造人人向上、争先脱贫的良好氛围。四是充分发挥驻村工作队的宣传发动作用，开展"送智、扶志"活动，积极引导贫困人口转变思想观念，激发贫困人口崇尚文明生活，养成良好消费习惯，合理安排家庭生产生活，主动谋划脱贫致富路子，通过自身努力解决贫困问题的动能。五是增强贫困人口自身发展能力，着重智力扶持，加强对贫困人口的职业教育和培训，帮助他们获得市场需要的生产技能，提升人力资本水平。六是完善激发内生动力的制度安排，建立长效的扶贫机制，健全广泛参与机制，把全社会的资源整合起来，通过市场化方式解决贫困群众脱贫致富的问题。

（二）开展产业扶贫专项培训，加快人才培养

人才是产业发展中最活跃、最积极的因素，从业人员的素质高低，将直接影响产业的发展。在产业扶贫过程中，要提高组织化程度，培育村干部、

致富带头人的管理能力，培养专业能人。通过调研，我们发现一些比较成功的产业扶贫案例，其项目所在村的村两委干部的工作能力都比较强。他们有比较现代的思想观念，在项目动员、土地流转中都发挥着不可替代的作用。特别是对于"市场需求＋外地投资者"项目，存在农户对项目产品不熟悉和对投资者不信任的情况，需要村干部积极动员、说服，甚至带头参与、示范。另外，涉农资金整合最后的落脚点大多在合作社，因此，各个贫困村都成立了数量不等的合作社以承接产业扶贫项目资金。而这些合作社的负责人基本都是村两委的主要负责人，或者村里的经济能人。这些合作社的负责人通常作为贫困户的股东代表参与项目的直接经营管理或监管，他们在这种实际参与中锻造了日常的企业管理技巧和把握市场机会的能力。所以，产业扶贫不但要使贫困户脱贫，还要培养一批懂得现代企业经营管理、具备市场意识的"职业经理人"，为下一步乡村振兴做好人力资本储备。

（三）重点打造规模化产业

要提高产业扶贫的成效，必须积极培育产业扶贫龙头企业，或者一定规模的农民合作组织，形成"龙头企业＋基地＋贫困户""合作组织＋基地＋贫困户"的发展格局。要对一些以县、乡镇为单位的合作社等集体经济进行整合，形成联社。促进分散的、小的脱贫产业规模化、集聚化发展，以应对市场风险。要大力发展乡村集体经济，建立健全市场法人治理结构，提升产业发展的内生动力。

（四）规范产业发展，加强督导

为保证产业扶贫项目建设进度和建设质量，使项目早日产生效益，惠及贫困群众，必须围绕产业扶贫政策、产业发展、市场分析、项目建设、科技服务、产品营销等重点环节，开展好各种培训，把产业扶贫推进工作中遇到的问题解决好。同时，要督导各县（区）及各相关部门围绕产业扶贫工作，总结好的经验和做法，将先进典型案例通过各种媒体进行广泛宣传，营造产业扶贫的良好氛围。

产业扶贫是脱贫攻坚的一项重要内容，也是稳定增加贫困人口收入，实现自力更生发展的基础。产业扶贫既是经济扶贫，又是精神文化扶贫，是通过市场化的机制扶贫，是"造血式"扶贫，因此，林芝市还须在产业扶贫上进一步下功夫。

第五章 林芝市教育扶贫的经验及面临的困境和对策

本章基于林芝市教育扶贫的定位、工作的经验、面临的困难和建议几个方面展开讨论。首先，在脆弱的自然环境、厚重的历史文化包袱、家庭发展和教育发展局限等因素影响下，发挥教育对贫困的代际阻断作用必须以政府为责任主体，以农牧民家庭为主要的作用对象。其次，从工作经验上看，林芝市教育脱贫的三大经验在于构建了家庭教育的物质保障制度，减轻了农牧民的家庭教育负担；通过"控辍保学"巩固义务教育普及率，提升校园基础设施水平、师资队伍水平和教育质量，保障了农牧民子女受教育的权利；通过强化就业政策和推动经济社会快速发展，发挥了教育在促进就业、提升收入水平方面的关键作用，更新了林芝市农牧民家长的教育观念和认知。最后，林芝市教育脱贫依然面临认知不足、教师行政压力大影响教学、基础设施建设部分欠缺的问题，本章基于这些问题提出了针对性建议。

一　林芝市教育扶贫的定位

（一）林芝市教育脱贫面临的实际问题

第一，现代教育历史短，从历史角度纵向来看，林芝市教育取得了巨大进步，但是从区域比较和现代教育发展角度横向来看，林芝市的教育水平依然有很大的提升空间。造成教育水平和教育质量相对较低的因素复杂，这里面既有现代教育历史短、宗教文化的影响，还有教育系统内部教师短缺、科研力量弱等客观因素的作用。

第二，农牧民家庭的收入来源以农牧业为主，以打工为辅，但打工在家庭收入来源中扮演越来越重要的角色。消费最大的两个方面是子女教育和家庭日常开支。整体而言，藏区农牧民家庭财富积累能力弱，发展压力小，无婚嫁彩礼、进城买房的压力，[①] 教育作为家庭未来发展的撬动板，既是动力，也是压力，影响农牧民家庭教育积极性。

第三，西藏地广人稀，交通不便。教育服务的供给者以政府为主，基于教育资源的有限性和资源使用的效率，国家和当地政府在提供教育公共品时基本实行的是集中建校模式，形成了市设立高中、县设立初中、镇设立小学的学校分布格局，大部分的学生上学都需要住宿，学校基本上对学生实行的是封闭式管理。因学生上学路途遥远，家长与子女分开的时间较长，对学生的教育参与程度相对较低。公立学校是学生学习科学文化知识的主要场所，教师是主要的科学文化知识传授者。教育扶贫工作面临家庭、政府、学校等多方主体和历史、文化、教育系统等综合社会因素。

（二）教育脱贫的作用机制

教育脱贫的主要路径在于通过增进受教育者的劳动技能和提高其科学文

---

①　辛馨、张晓莉：《西藏社会主义新农村建设研究》，《西藏大学学报》（社会科学版）2017年第1期，第161~168页。

化水平来增强其就业能力。但教育作为人力资本投资，有典型的投资周期长、回报慢的特点。在广大的少数民族贫困地区，农民家庭收入低、就业机会少，因而在教育投资的长远回报与现下有限的家庭资源之间形成了一定的张力，学术界将其称为"因教致贫"，具体指个体由于接受正式的学校教育而导致家庭或其自身陷入贫困状态的现象。[1] 这种贫困是物质层面的经济贫困，而不是非物质层面的文化贫困、思想贫瘠等。[2] 故而发挥教育对脱贫的作用，不仅要遏制"因教致贫"的产生，还要保证教育的产出能够以就业能力的提升来实现。前者需要构建面向学生家庭的求学保障体系，后者不仅要提升当下的教育水平，增进受教育者的科学文化知识和劳动技能，还需要在促进就业上努力。

（三）教育脱贫工作责任界定、作用主体与工作内容

发挥教育对贫困的代际阻断作用必须以政府为责任主体，以农牧民家庭为主要的作用对象。第一，面对家庭，保障农牧民家庭接受教育的机会、资源与权利，改变农牧民家庭的教育意识和观念。第二，提升公共教育的质量和水平，其中既包括学校基础设施等硬件设施，也包括师资等软实力。切实增进学生的科学文化知识，提高劳动技能水平。第三，促进就业，发挥文凭和知识在获取就业机会和提升工资水平上的作用。

二　林芝市教育扶贫的经验总结

（一）构建家庭教育的物质保障制度，减轻农牧民的家庭教育负担

针对藏区农牧民家庭教育负担较重和就学条件薄弱，国家和地方政府主要通过普惠式的资源投入和保障政策来对藏区农牧民家庭的教育负担进行兜底。

---

① 余世华：《"因教致贫"问题研究》，华中师范大学硕士学位论文，2006。
② 杨小敏：《"教育致贫"的形成机制、原因和对策》，《复旦教育论坛》2007 年第 3 期。

1. 构建面向农牧民家庭教育负担的物质保障网

积极落实"三包"和营养改善计划政策，实现了从学前到高中 15 年免费教育全覆盖。2017 年，自治区共下达"三包"经费 10475.85 万元，惠及各级各类学生 3.1 万人。2012 年 3 月开始，自治区正式实施农牧区义务教育学生营养改善计划，2017 年共安排营养改善计划专项资金 1714.36 万元，惠及学生 1.48 万人。[①] 这几项面向所有藏区农牧民家庭子女的教育福利和保障政策减轻了家庭的教育成本和负担，相比于其他地区，西藏自治区学生教育机会保障政策的保障水平更高、覆盖面更广、解决农牧民的教育后顾之忧更为彻底。

2. 促进职业教育发展、帮扶贫困大学生

建立并完善了"奖、贷、助、勤、补、减、免"全方资助体系，林芝市 4062 名建档立卡在校贫困生得到精准资助，全市建档立卡贫困学生入学率 100%。2016 年林芝市教育系统投入扶贫资金 1124.44 万元，其中兑现普通高考统一招生考试奖励资金 345.6 万元；各县（区）财政投入教育扶贫资金 576.54 万元。[②] 全市共有 766 名建档立卡贫困大学生，大学生资助工作有序推进，兑现大学生奖励基金 741.6 万元、建档立卡大学生免费教育补助资金 830.27 万元。[③] 对标林芝产业发展科学调整职业学校专业设置，下力气引导学生转变就业观念，积极推进产教融合、校企合作，免费资助大学生并推动职教发展，增强学生的就业能力，阻断贫困代际传递。

（二）巩固义务教育普及率，加强校园基础设施建设和师资队伍建设，提升教育质量

1. 控辍保学：狠抓学生入学率，保证教育脱贫的基线

发挥教育扶贫作用的前提条件之一便是保证义务教育的普及率。2018

---

① 资料来源：《林芝市教育发展情况》，林芝市教育局，2019 年 5 月 30 日。
② 资料来源：《林芝市五年教育工作总结》，林芝市教育局，2019 年 5 月 30 日。
③ 资料来源：《教育脱贫攻坚工作座谈会上的汇报》，林芝市教育局，2019 年 5 月 30 日。

年林芝市义务教育巩固率为 96.12%，① 义务教育阶段保学率较高。但这份成就的取得是一个渐进的过程。在 2010 年前后，因为农牧民家庭薄弱的教育意识，保证学生的入学率成为当地教育治理的中心工作。有些家长追求季节性的虫草收益，将学生从学校接回去挖虫草，形成了季节性的学生流失。林芝市各级政府和教育战线通过各种办法保证了义务教育的巩固率。

（1）控辍保学的制度建设：目标责任制和动态监测制度。

目标责任制。实行"县领导包乡（镇），乡（镇）干部包村、村干部包户，学校领导包年级，班主任包班级，任课教师包学生"的控辍保学责任制。各级政府责任主体明确，市级政府牵头，县级政府制定方案并部署实施，基层干部执行具体的劝学保学工作。劝学工作组包含公安局、民政局、司法局、教育局、乡镇、村两委和学校的相关人员。教育局和学校负责学生人数的动态监察、汇报；公安局负责核对户籍确定是否因年龄问题无法正常入学；司法局宣传《教育法》《义务教育法》《未成年人保护法》，使家长明确让子女接受教育是义务和责任；民政局核对学生是否有残疾并宣传"三包"、15 年免费教育、营养餐等教育政策；县和乡镇做家长和学生的思想工作；村主任引导工作组入村并帮忙联系家长。以控辍保学为核心的目标责任制确定了所有相关责任主体的分工与合作。

动态监测制度，包括信息比对系统和四书制度。每个县的教育局都有 0～23 岁户籍人口数据库和在校生数据库，通过比对这两个数据库得出应入学人数及名单和辍学人数及名单，根据这两个名单，县教育局和学校分别发适龄人口入学通知书和在校生保学责任书。如果学生确实到校，则乡镇政府、学校与家长又要签订保学责任书，要求家长保证不辍学。针对辍学学生人数和名单，则在学生失学 7 天内下发限期复学通知书。劝学工作组会在限期复学通知书下发的同时上门入户做工作。如果劝学仍然不成功，则对家庭下发处罚决定书。

---

① 资料来源：《西藏自治区 2018/2019 学年初基础教育基本情况统计表》，林芝市教育局，2019 年 5 月 30 日。

（2）控辍保学的落实机制：全体动员、奖惩家长、劝学。

第一，全体教职工的动员机制。在"普九"的关键时期，班主任和任课教师每天向校长汇报学生人数，校长每周在上学和放假时向教育局局长汇报人数。一旦发现有学生超过一个星期不在学校则立马开始组织劝学工作组。劝学工作组一旦发现学生不在家，而是上山挖虫草，则必须与虫草办一起联合上山"抓学生"。

在学生挖虫草成风气的村庄，村主任和村民之间相互打掩护，一看到政府劝学的车子，便相互藏学生，我们经常在牛棚里、柜子里搜到学生，还有的家庭故意将学生锁在家里，不开门，有时候我们需要半夜等到牧民们点起灯、搭起帐篷时突击检查。我们找到学生后，将学生送到校长手上，让校长写一份接收名单，我们才算完成工作。

——来自对朗县 JYH 的座谈（座谈时间为 2019 年 5 月 29 日上午）

在每年虫草季节，从县到乡的虫草部门会从各个职能部门抽调人手组成清山队。清山队主要负责在虫草季管理虫草采集，解决虫草采集的各类纠纷，规范采集虫草的秩序。另外一个职责便是将适龄入学儿童从山上找出来，送还给学校。

——来自对林芝市 YL 的访谈（访谈时间为 2019 年 5 月 22 日上午）

从汇报辍学学生、进村找学生、上山抓学生到回校送学生完成保学任务，整个治学过程几乎是一场浩大的动员，表现为纵向动员了从县到乡到村的多级责任主体，横向联合了公安、司法、驻村工作队、民政多个部门，这种由上到下、全方位的基层动员方式及时地将学生送回了学校，保证了学生在校时间和学习时间。

第二，构建对家长重学的奖惩机制。对于克服困难送子女上学的困难家庭，林芝市每年选出 40 户给予 1000 元的奖励以表彰其重教精神。而对于让学生辍学的家庭，林芝市则进行惩罚。

第三，面向家长和学生的劝学机制。劝学的核心工作是做家长和学生的思想工作，让家长认识到教育对子女的重要性并主动送其上学，并让学生明白上学对人生的重要性，帮助其克服上学的畏难情绪。因家长是学生的第一责任人，所以劝学是围绕家长展开的，其工作技巧主要是从当事人利益出发。

> 格桑德吉自参加工作以来，服从领导安排积极投身教育事业，在极其艰苦的环境中，她坚持工作13年，在此期间，为了使学生都能上学、上好学，她进行了无数次的劝学工作，她记得一个叫卓玛的学生，父母以家里穷、缺乏劳动力为由不让卓玛继续上初中，她先后3次到卓玛家中给家长做思想工作，宽慰卓玛的父母，只要能够让孩子继续读书，她出钱资助卓玛上学，后来她成功把卓玛带回学校。卓玛回到学校努力学习并以优异成绩考入初中内地西藏班，顺利完成了大学学业。（2013年感动中国十大人物：格桑德吉）
>
> ——《格桑德吉基本情况表》，林芝市教育局，2019年5月30日
>
> 对学生，我们会以他自己本身的利益为出发点，国家政策这么好，现在当个老百姓也得有文化，你不识字手机微信都不会玩儿，为了自己以后在社会上立足，包括卖虫草，当个老板也得会算术啊，对家长则会说"为了挖虫草的几千块，你们把小孩都给耽误了"。
>
> ——来自对米林县LZR的访谈（访谈时间2019年5月24日下午）

林芝市控辍保学的核心是将学生从家庭采集经济中解放出来，让学生回到校园接受义务阶段的教育。它面临的主要挑战是农牧民家庭在追求家庭财富的动机下策略性地牺牲了子女的教育，在这种家庭财富追求和国家义务教育普及的强烈结构性冲突下，藏区农牧民家庭无法短时间转变教育观念，无法依靠农牧民观念的主动变革来完成普九的目标。在此关键时期，只能以国家和政府为主要力量强制性地将学生从家庭劳作中或者从生长虫草的草场里

"抓"回学校，这种治理方式具有明显的强制性、运动性和动员性，也有一定的不可持续性。但从少数民族教育发展的历史角度而言，这种辍学治理保证了后期农牧民教育观念自发转变的基本基础：大多数人都接受了基本的文化教育，村民的语言、文字、劳动技能在日益发展的经济社会中能够达到基本的标准。

2. 改善全体学生的教育条件，提升藏区学生的校园环境和教育质量

相关的三项核心政策是促进义务教育均衡发展、全面改善贫困地区义务教育薄弱学校基本办学条件和完成素质教育验收。林芝市于 2015 年和 2017 年分别完成了义务教育均衡发展和素质教育验收，全市每一所学校都有现代化的塑胶操场、宿舍和食堂，学生学习的环境得到了极大的改善。另外，全市已开办幼儿园 137 所，覆盖了 58% 的行政村，在园幼儿数 9193 人[①]。农牧民的孩子接受教育不是一种抽象的权利，而是获得了国家兜底所有教育成本的切实保障。

3. 扩充师资队伍，提升校园的软件水平

师资是提升教育质量的关键，林芝市 2016 年以来全面推进乡村计划，累计补充农村教师 1001 名，2018 年人才引进计划共招聘了 76 名老师。除了人才引进外，援藏工作队每年会通过对口单位实习和人才交流计划补充一批老师。以米林县为例，2019 年广东援藏工作队以"请进来、送出去，努力为米林县打造一支带不走的队伍"为目标，招募大学生及退休教师志愿者 4 批次 52 人赴米林县中小学支教，极大地缓解了各学校部分学科专业教师紧缺的问题[②]。援藏教师队伍对藏区教育发展的促进作用不仅表现在补充师资上，更表现为通过广泛地与本地教师交流，传播了发达地区先进的教育理念和教育观念，促进林芝市教育水平和质量的提升。

---

① 资料来源：《2019 年林芝市教育体育局工作报告 4》，林芝市教育局，2019 年 5 月 30 日。
② 资料来源：《米林县援藏工作总结》，米林县教育局，2019 年 5 月 23 日。

（三）推动经济社会快速发展，发挥教育在促进就业提升收入水平的关键作用

只有农牧民家庭实实在在感受到教育带来的经济回报，在教育观念、教育投资行为和教育回报之间构建比较完整的循环激励体系，脱贫才算完成。林芝市政府为了发挥教育对就业和劳动收入的促进作用，主要采取了两种路径。第一，实行短期的大学生强就业政策。2012年西藏自治区通过增加公职岗位使西藏籍应届高校毕业生基本实现了就业，往届高校毕业生也得到消化，基本实现了全就业。[①] 这批大学生也通过教育过上了稳定而又体面的体制内生活，这种示范效应在短时间内极大地提升了藏区农牧民家庭对教育的认可和期待。第二，努力促进经济发展，增加就业机会。近些年国家大力推动藏区经济社会发展，林芝市的旅游业、基础设施建设行业发展迅速，提供了大量的就业和务工机会，农牧民群众在务工时日渐意识到自己的文化和知识水平影响了自己的择业空间和收入水平。"很多建筑队的藏族工人不识汉字，看不了合同，每次签合同都要花2000元聘请一个专业的人来帮忙解读合同，我们就会说你看不读书，打工都赚得比别人少。"[②] 不断增加的就业机会和劳动技能对工资的决定作用，直接提升了农牧民对教育的渴求和认知。另外，随着林芝市经济社会的发展，在林芝市打工的外来人口也越来越多，林芝市本地的农牧民在经济生产活动中与外来人员交往增多，现代化的教育理念也在交流中得到了传播。

国家和政府作为教育脱贫攻坚的责任主体，从减轻家庭的教育负担、提升校园的整体教育环境和教育质量、保证学生入学率、促进大学生毕业等涉及农牧民家庭教育的方方面面着手，不仅构建了兜底农牧民家庭教育负担的物质保障网，使得因贫失学基本成为历史，还构建了农牧民家庭从投资到回报的循环激励体系。

---

① 吴斌、谢磊：《"全就业"还需转观念》，《西藏日报》2012年12月27日。
② 来自对米林县LZR的访谈（访谈时间为2019年5月24日下午）。

三 林芝市教育扶贫面临的困境和建议

（一）农牧民家庭的教育意识需要进一步提升

发挥教育对贫困的治理作用必须改变农牧民家庭对教育的观念，农牧民教育观念虽然有很大改观，尊师重教越来越深入人心，但符合社会主义市场经济的教育发展氛围还不浓厚，发展教育培养各级各类人才、更好服务当地经济社会意识还不强。转变观念、提高认识仍然是推进教育发展的一个重要着力点。[①]

现有问题表现在两个方面。一是家长对学生上学不强求，学生愿意上就上，不愿意上就不上，经常有学生因为调皮厌学就不上，家长也不干预，忽视了义务教育的强制性，在偏远交通不便的地区更为明显，出现了"家长遵循学生意愿上学"的情况。[②] 二是家长参与教育的能力有限，农村地区的家长普遍认为教育的主要责任在于学校，家长把学生送到学校即可。另外，因家长本身的文化素质有限，很多家长无法辅导或者参与学校课程和监督学生的学习。年轻的"80后""90后"家长参与能力高于"60后""70后"的父母。

建议加强家校之间的联系与合作，德育工作不仅要面向学生，也要面向家长展开。加大对家长的政策宣传力度，可以多组织家长会等校园活动。持续发展经济，增加就业岗位，提升学历水平在求职、报酬上的重要性。阻断贫困代际传递的最后关口是就业，唯有接受教育的人获得了更好的就业机会和报酬，人们才会在经济理性的驱使下逐渐重视教育。

（二）教师行政负担重，压力大，影响教学质量

笔者在林芝市调研时校长和教师反映的一个较为普遍的问题为行政事务

---

① 资料来源：《林芝市教育事业发展"十三五"规划》，林芝市教育局，2019年5月30日。
② 资料来源：《林芝市义务教育均衡发展情况汇报材料1》，林芝市教育局，2019年5月30日。

太多，分散了教师的精力。教师作为一线的教育工作人员，其工作压力和状态直接影响教育质量和课堂效率，影响教育脱贫的成效。林芝市教师行政负担重主要有以下几点原因。

第一，近几年林芝市教育发展任务重是教育工作繁忙的基础原因。随着国家近几年对教育投入的加大，各项资源和项目也落实到各地的学校和教育管理单位，以县域义务教育均衡验收和素质教育验收为例，项目从规划、实施、监督、检查到验收完成，都产生了不同于以往时期的工作量。从教育局各个条块部门到一线的学校教师，都需要围绕着学校的建设发展做工作。

第二，多管理部门对接一个学校，疲于应付。与校园管理相关的部门有消防、环保、疾控、司法、交通、地震气象。安全部门进校园安排工作比较频繁，比如消防来检查校园消防工作落实状况，环保来检查学生用水洁净状况，地震气象部门来搞地震演练和看学校的避雷针是否落实和安放到位，疾控中心来给学生做体检和普及卫生知识。除了这类安全检查工作，围绕普法的教育活动也较多，一般是公检法来开讲座。这些管理部门，每个部门每个学期来学校检查少则一次，多则两次。开学和学期结束时期检查较多，每来检查一次，都需要组织学生活动、材料等。并且这些部门都是分开来的，来之前通知准备检查，来之后要求上传材料，而学校的专职文职人员一般又比较少，只能抓代课的老师加班加点写材料。另外，"本来很多知识我们自己平时在课堂和学生校园生活中也教了，但是他们一来我们就得专门再教一次，有些讲座的重复性很大，又占时间"。①

第三，林芝市教师人手短缺加剧了教师的任务负担。除了市里少量不寄宿的学校，大部分县乡的学校都是寄宿制，在学校教师人手比较短缺的情况下，大部分学校老师除了要代课还要负责一定的行政事务，比如照管学生起居。学校教师本身任务比较重，行政事务的增多无疑增加了他们的责任。

建议：第一，补充师资；第二，尽量避免多层级政府和部门在学校重复落实工作，以各类检查和学习软件为典型，与教育教研主业无关的各类检

---

① 来自对朗县中学书记 YXZ 的访谈（访谈时间为 2019 年 5 月 28 日上午，地点为朗县中学）。

查，要精简更要注重质量；第三，学校相关管理部门要立足自己的职能定位，为学校服务；指导和检查工作要从实际出发，避免形式主义和推责。

（三）教育资源投入问题

教育资源投入问题主要表现为基础设施配套资金存在缺口，以项目制为主要方式的学校基础设施建设计划比如义务教育均衡化、"全面改薄"等项目基本上保证的是主体建筑和设施的财政资金，但是对于厕所、围墙、下水道等配套设施无法保障，对于特别偏远的财政困难的乡镇和县来说，配套设施的不完善影响了学校整体设施的水平。

建议：一是摸清楚藏区脱贫任务工作进展和项目建设底数，加强扶贫资助对象的跟踪管理，识别出真正需要教育扶贫的对象，并提升对其的帮扶水平；二是进一步完善中央、地方的财政分担机制，应该根据藏区实际加大对学校基础配套设施的投资，特别是偏远地区学校教师附属房、厕所、大门围栏等的建设，需要给予特殊的财政保障。

第六章　林芝市党建扶贫的实践与探索

脱贫攻坚战略实施以来，林芝市委、市政府始终把党建促脱贫攻坚工作摆在重要地位，深入贯彻习近平总书记关于扶贫开发的战略思想，充分发挥各级党组织的政治优势，推动基层党组织建设向脱贫攻坚聚焦、力量向脱贫攻坚集中、政策向脱贫攻坚倾斜，在脱贫攻坚的战场上彰显基层党组织的核心、引领和服务作用，积极寻找党建工作与精准扶贫、精准脱贫的结合点，通过党组织班子优化工程和骨干聚集工程，带领群众积极参与特色产业的创建发展，切实增强贫困群众脱贫致富奔小康的信心和决心，从而以党建优势助力脱贫攻坚。当前，党建扶贫已经嵌入林芝的政治、经济、文化、社会和生态发展中，为林芝扶贫工作的开展提供了全面的组织保障、力量支撑和资源支持。同时，林芝在扶贫工作的不断实践和探索过程中，也让新时代的党建工作获得新的思路和动力。林芝成功地以扎实的基层党建工作培育出了雪域高原上脱贫攻坚的"红色火种"，实现了扶贫模式从"输血"到"造血"的转变。

一 林芝党建与扶贫的联动机制类型与特点

林芝的党建扶贫工作充分发挥了各个县（区）基层党组织的自主能动性，涌现出了具有不同特点的"党建＋"扶贫模式。梳理分析各县（区）不同形态的"党建＋"扶贫模式，本章将林芝的党建引领扶贫模式分为"党员帮扶贫困户""党员创办合作社""党支部引领产业发展"三种类型。其中，"党员帮扶贫困户"指的是有帮扶能力的基层党员帮扶贫困户，发挥党员"传帮带"作用；"党员创办合作社"是让基层致富能手党员或干部带头创建合作社，从而辐射带动村民脱贫致富奔小康；"党支部引领产业发展"是指基层党组织依托乡镇、村的资源优势，打造适合本村发展的特色产业，带动贫困户脱贫致富。

（一）党员帮扶贫困户

林芝坚持把党建联系点和扶贫工作联系点有机整合，实行"领导挂点、部门包村、干部帮户"定点挂钩扶贫。市委班子成员带头建立联系点34个；各县（区）每名县级干部包抓1个乡（镇）、联系1至2个村（居）；市、县党群部门联软村，经济部门扶弱村，政法部门治乱村，科技部门帮产业村，不定期、不间断加强工作指导与推动，帮助解决基层党建和脱贫攻坚重点、难点问题。深入推进机关党员干部进社区报到服务、党员干部结对认亲交朋友、党员承诺践诺等活动常态化，发挥包村干部、第一书记、驻村工作队、大学生村官和村两委班子五支队伍宣传群众、组织群众、教育群众、发动群众的组织优势，进村入户，走到田间地头、草场牧户，逐一摸清贫困户致贫原因和家庭现状，帮助群众厘清思路、找到门路，最大限度激发和调动贫困群众脱贫致富的主观能动性。林芝全市1.4万余名党员干部"一对一、多对一"与贫困户结对子，帮助贫困群众"找穷根""换穷业""挪穷窝"，累计投入帮扶资金7260万元，帮带2576户8990人脱贫。① 朗县采取

---

① 资料来源：《铸党建引领之魂 壮脱贫攻坚之骨——林芝市2018年抓党建促脱贫攻坚工作总结》，林芝市委组织部，2019年5月21日。

"四对一"党员干部帮扶模式，以"两学一做"学习教育为契机，推进党员干部"走村入户结对认亲交朋友"常态化。2017年以来，自治区、市、县、乡四级党员干部379人结对帮扶困难群众563户1624人，党员干部利用元旦、藏汉新年看望慰问困难群众，投入物资折合人民币49万元。① 以提高建档立卡户内生动力和扶贫先扶智为帮扶重点，朗县的党员干部积极向结对认亲对象宣传扶贫政策并为其出谋划策，帮助贫困群众拓宽致富渠道和门路。此外，米林县1954名党员干部结对帮扶576户2163人。2019年以来，米林县结对党员深入村（居）开展帮扶活动累计近3000次，筹集资金、物资共计115万余元。米林县紧紧抓住村干部这个关键少数，依托"村干部＋合作社＋贫困户""村干部＋公司＋贫困户"的帮扶方式，累计为群众解决实际问题近200件，创造就业岗位43个，帮助贫困户年均增收0.9万元。②

（二）党员创办合作社

林芝坚持把村两委班子、包村干部、驻村工作队、第一书记、大学生村官五支队伍，作为脱贫攻坚骨干力量重点锻造，注重在致富能手、产业带头人、优秀"双联户"户长、自力更生脱贫致富的群众中发展党员，选拔150余名乡（镇）扶贫干事，选派1992名优秀干部进驻498个村（居），抽调498名村（居）第一书记、96名大学生村官开展驻村工作，切实把党的力量挺在脱贫攻坚最前沿。党员干部在政策宣传、观念引领、产业带动、技术推广等方面走在前列，做给群众看、带着群众干。林芝米林县南伊珞巴民族乡才召村的达波儿，不仅是党支部书记，还是当地的致富带头人。他依托才召村独特的珞巴民俗文化，充分发挥资源优势，积极谋划发展壮大村级集体经济。近年来，他多方争取资金433万元，建立了珞巴山庄、珞巴客栈、珞巴民俗农家乐等具有民族特色的精品客栈，为12户家庭提供了就业岗位，村集体经济每年增收10万余元。2014年，他积极筹措20万元组建才召村

---

① 资料来源：《坚持党建引领作用　强力助推脱贫攻坚——朗县抓党建促脱贫攻坚汇报材料》，朗县县委组织部，2019年5月27日。

② 资料来源：《党建促脱贫攻坚促乡村振兴工作报告》，米林县委组织部，2019年5月22日。

珞巴民族手工艺品农牧民专业合作社，引导 4 户家庭发展农家乐、开办旅游商店，带领 17 人做旅游纪念品深加工，人均增收 6000 元左右。截至 2016 年底，才召村 6 户 25 人全部实现脱贫。[①] 米林县邦仲村支部书记伍金次仁用实际行动去带动当地群众多渠道致富。2014 年他开办个人砂石厂，带动 7 名村民致富。2015 年砂石厂运输砂石 11 万多立方米，实现增收 20 余万元。[②]

（三）党支部引领产业发展

林芝始终把发展壮大村集体经济作为助推精准扶贫的重要举措，坚持强村与富民相结合，充分发挥市委、市政府每年 1500 万元扶持村集体经济政策资金的撬动作用，有效整合强基惠民"短平快"项目和扶贫项目资金，通过新建和联村共建等方式，积极探索"公司＋支部＋农户""支部＋协会＋党员＋贫困户"等集体经济的发展模式。米林县邦仲村充分发挥党支部的核心引领作用，团结带领全村群众致富奔小康，通过制定"235"产业发展总体思路，依托机场、219 国道和即将建成的川藏铁路"三位一体"的交通优势，成功引进了珠海华发集团和苏州天环集团投资 14.7 亿元建设机场商贸物流园区、珠海美光源科技和深圳登喜路集团投资 15 亿元建设江心岛生态农旅文化科技园项目。2018 年以来，全村农牧民人均纯收入达 24205.81 元，同比增长 40.3%；现金收入 23149.21 元，同比增长 54.1%；村集体经济共收入 1161.6 万元，[③] 真正实现了边境稳定与繁荣并举的新局面。朗县洞嘎镇卓村成立了"党员辣椒种植示范基地"，该基地采取"支部＋基地＋党员＋合作社＋农户"的发展模式，以朗敦红辣椒专业合作社为依托，以村党支部为龙头，在全村党员的示范引领下，2017 年成功种植无公害辣椒 224 亩，每亩收入达 8000 余元，形成了"党建引领促产业、产

---

① 资料来源：《珞巴人的骄傲——记米林县南伊珞巴民族乡才召村党支部书记村委会主任达波儿》，米林县委组织部，2019 年 5 月 23 日。

② 资料来源：《个人事迹材料——米林镇邦仲村党支部书记伍金次仁》，米林县委组织部，2019 年 5 月 23 日。

③ 资料来源：《个人事迹材料——米林镇邦仲村党支部书记伍金次仁》，米林县委组织部，2019 年 5 月 23 日。

业撑起致富路"的发展态势。朗县拉多乡扎村党支部充分挖掘南派藏医鼻祖苏卡·娘尼多杰医典文化优势，成立了苏卡药香合作社，积极探索"支部＋合作社＋农户（贫困户）"的发展模式，仅 2016 年就实现了销售额 61 万元的好业绩，纯利润突破了 20 余万元，帮助联户成员每户增收 2000 余元。[①]

基层党组织建设是打赢脱贫攻坚战的关键。在上述党建引领扶贫的三种类型中，林芝紧扣建立健全基层党组织体系，紧紧围绕"党建领航·先锋林芝"基层党建主题品牌，以提升组织力为重点，以基层党组织标准化建设为载体，大力构建林芝特色基层党建走廊，在边境一线、旅游环线和脱贫攻坚前线，建成 50 多个示范性、带动性强的党建示范点，为各级党组织抓党建、促脱贫攻坚提供示范，不断形成党建带动、组织靠前、党员在先、合力攻坚的良好局面，着力把基层党组织建设成为听党话、跟党走，善团结、会发展，能致富、保稳定，遇事不糊涂、关键时刻起作用的坚强战斗堡垒，全面提升基层党组织学习能力、服务能力、创新能力、引领能力、战斗能力，切实把贫困村（居）党支部建设成带领群众致富奔小康的坚强堡垒。

二　党建引领扶贫的典型案例

（一）米林镇邦仲村——以"双联共建"的党建工作模式打造"平安村"和"幸福村"

邦仲村隶属于米林县米林镇，位于 219 国道旁，与林芝机场一墙之隔，距米林县城 15 公里，距林芝市区 60 公里，海拔 2800 米。邦仲村下辖邦仲、雪卡、热嘎三个自然小组，截至 2018 年底，该村共有 166 户 606 人，其中，劳动力人口 283 人。该村属于藏族、汉族、珞巴族杂居村，是米林县远近闻

---

① 资料来源：《朗县拉多乡扎村党支部书记，拉多苏卡药香厂厂长拉巴次仁在"林芝市庆祝建党 97 周年暨'助力脱贫攻坚我为乡村振兴作贡献'表彰大会"上的交流发言材料》，林芝市委组织部，2019 年 5 月 21 日。

名的"边境村"、"文明村"、"平安村"和爱国主义教育基地。近年来,邦仲村以习近平新时代中国特色社会主义思想为指引,认真贯彻落实习近平总书记治边稳藏重要战略思想和给玉麦群众的回信精神,牢牢把握加快边疆发展,确保边疆稳定、边境安全这条主线,以实施"神圣国土守护者、幸福家园建设"战略为契机,大力开展基层党组织核心能力提升工程,以团结带领全体村民致富奔小康为目标,以边境地区繁荣稳定为宗旨,积极探索、创新实践"支部联党员,党员联群众,军民共建"的"双联共建"边境党建工作模式。

1. 支部联党员

邦仲村党支部通过联建模式,团结全村党员同志,抢抓发展机遇、凝聚发展共识、提升发展能力,为党员建立发挥先锋模范作用的平台。支部履行"五带头"的职责,即带头学习提高、带头服务群众、带头遵纪守法、带头弘扬正气、带头争创亮点,充分发挥支部在党员队伍中的"火车头"作用。近年来,在村集体经济发展、小康村建设、产业发展等方面,党员为支部建言献策 30 余条,为支部建设贡献重要力量。

2. 党员联群众

邦仲村实行"一对一、一对多"联建模式,党总支在每年 10 月底召开党员大会开展联建工作,经全村党员大会表决通过,采取自愿自选的原则进行联建,要求每名党员至少联系 2 户群众。党员主要负责宣传组织、教育引导群众团结在党的周围,积极向群众宣传新的发展理念,先进带后进,共同发展致富提升技能。通过双联的模式,充分发挥党员的先锋模范作用,不断增强基层党组织的凝聚力、号召力和战斗力,不断增强边境农牧民感党恩、听党话、跟党走的主动性和自觉性。

3. 军民共建

军民双方优势互补,以共建共赢、实现边境地区的繁荣稳定为目标,探索行之有效的共建模式。一方面部队为邦仲村进行多层次的帮扶和共建,开展扶贫帮困、治安巡防、环卫整治、公益服务等多种活动;另一方面,村民为部队提供餐饮、蔬菜等坚实的后勤保障。党支部每月组织支部党员与驻军党员至少开展一次主题党日、四讲四爱、国防教育等联谊活动，推动"心心相印，共荣共进"的军民关系更加深化。广大农牧民充分发挥在守边固边中的积极作用，2019 年以来累计协助驻地部队开展边境巡逻 2 次、物资运输 2 次，参与群众 36 人次。广大党员群众抵边耕种、抵边放牧、抵边采集、抵边作业，人人争当哨兵、家家都是哨所，以实际行动宣誓国家主权，不断筑牢守边固边钢铁长城。

在探索和创新党建工作模式的基础上，邦仲村全力推进基层党建与扶贫工作联建双推工作，坚持支部引路、党员带富、产业铺路原则，采取"创办一批经济实体、实施一批联村共建、盘活一批存量"等措施，发展壮大一批集体经济，着力构建边境产业新格局，努力激发边境农牧民在乡村振兴中强有力的推动作用。

邦仲村是广东省计划外援建的 8 个边境小康示范村之一，项目按人均 10 万元标准进行建设，总投资 6050 万元。邦仲村党支部牢牢抓住这个新机遇，主动配合，迅速召集村民开会商讨建设事宜，迎接小康村建设新挑战，项目于 2017 年 10 月动工，截至目前，已基本完成建设。在推进邦仲小康村建设的同时，邦仲村党支部充分发挥交通优势，加大招商引资力度，成功引进了机场商贸物流园区和江心岛生态农旅文化科技园项目。村党组织充分发挥组织动员、配合协调作用，为重点项目做好服务工作。当前，项目已经进入实质建设阶段，建成后将有效形成人流、物流、资金流的规模聚集效应，带动邦仲村建设和发展，促进村民充分就业创业，实现产业发展和村居建设的融合和互补，并促进村集体经济快速发展。此外，邦仲村党支部学习借鉴先进经验，积极探索集体土地入股、参与建设、工程承包、提供配套服务和培训就业等有效途径，构建固定分配和二次分配相结合的创新模式，实现了村居建设和产业发展的高度融合。在此推动下，邦仲村依托产业覆盖和产业带动，有效巩固了邦仲村全面脱贫成果，为全面决胜小康社会奠定了坚实的产业基础。通过实施边境小康示范村建设，邦仲村党支部的凝聚力明显增强，广大农牧民群众听党话、跟党走的主动性和自觉性明显提高。在党支部的带领下，据 2018 年年终统计，全村农牧民人均纯收入达 24205.81 元，同比增长 40.3%；现金收入达 23149.21 元，同比增长 54.1%。[①]

邦仲村党组织明确产业发展与村居发展建设高度融合的目标，以旅游、藏医药、高原现代农业、商贸物流四大产业体系为载体，以落户边境村的重大产业项目为龙头，通过产业发展不断带动村集体经济发展以及村民增收，使得原先生产方式较原始较落后的边境村迈入市场经济发展的轨道，有效提升了该村的自我造血、自我发展能力。邦仲村党组织在新形势下，不断提升能力，努力实现戍边与建设并重、安居与乐业并行，着力将邦仲村建设成为舒适、宜居，具有民族特色的美丽村庄，将之打造成为"药洲"米林的门户、林芝"航空商贸小镇"和"西藏江南第一村"。

（二）米林县南伊乡琼林村——红色屏障固边疆 四个前移促丰收

琼林村隶属于西藏自治区林芝市米林县南伊珞巴民族乡，位于南伊沟风景区核心位置。该村总面积为 18055.97 公顷，共有 50 户 207 人，其中，珞巴族 179 人、门巴族 14 人、藏族 13 人、汉族 1 人。党支部、村委会、村务监督委员会等"八大组织"健全。村两委 5 人、村务监督委员会 3 人，共 8 名村干部，其中女性干部 3 名。全村有中共党员 23 名，其中，珞巴族 22 人、藏族 1 人，设党小组 4 个。群众主要收入来源为畜牧、特色旅游、运输、林下资源采集。2018 年，琼林村人均纯收入为 19020.6 元，人均现金收入 18008.97 元。[②]

近年来，琼林村党支部在各级党委、政府的大力支持下，紧紧围绕西藏自治区党委、林芝市委和米林县委边境党建工作思路，按照"守土固边强堡垒、产业惠民聚人心"的村级发展目标，充分发挥基层党组织、共产党员在守土固边、脱贫攻坚、乡村振兴中的战斗堡垒和先锋模范作用，全村各项事业发展迅速，基础设施日益完善，群众守土固边意识不断增强，获得感、幸福感不断提升。

---

① 资料来源：《边境乡村振兴 助推全面小康——米林镇邦仲村乡村振兴典型材料》，米林县委组织部，2019 年 5 月 23 日。

② 资料来源：《守土固边强堡垒 产业惠民聚人心》，南伊珞巴民族乡琼林村，2019 年 5 月 23 日。

1. 抓边境党建，提升基层党组织的核心能力

党的十九大以来，琼林村紧紧围绕区党委提出的打造"边陲党建红色长廊"工程，坚持"旗帜、活动、阵地、服务"四个前移，积极吸纳兄弟乡镇抵边放牧党员群众，在原有"双联户"党小组基础上，成立4个"小牧屋"党小组，并制定、完善相关制度，在虫草采集点和放牧点，坚持党员在前、军民协同的生产生活模式。在各级党委关怀支持下，琼林村党支部充分发挥模范带头作用，以"小牧屋"为堡垒，把"小牧屋"打造成为凝聚群众、宣传群众、服务群众的前沿阵地，切实在边境一线构筑起"人人是哨兵、家家是哨所、村村是堡垒，生产是执勤、放牧是巡逻、处处有防范"的大联防格局，逐步探索出一条边境党建工作新路径。

（1）旗帜前移，稳定民心。琼林村在"小牧屋"门前安装不锈钢国旗杆，每周定期组织放牧群众开展"升国旗、唱国歌"活动，设置国旗发放回收点，让鲜艳的五星红旗高高飘扬在边境一线，把爱党、爱国、爱边的红色基因注入牧民灵魂深处。近年来，琼林村50户207名群众在自家房屋和活动室等地悬挂国旗、党旗；23名党员主动挂牌，佩戴党员徽章上"岗"，带领牧民把爱党、爱国、爱边思想转化为实际行动，展现党员风采。在实际控制线范围内，牧民党员群众主动将放牧生产与守土固边结合起来，抵边开展反分裂、反蚕食、反渗透的"三反"活动，用红色油漆和汉、藏、英三种文字模板，在边境一线醒目位置喷上"中国"字样的国家标记130余处，宣誓了国家主权，激发了牧民的国家意识。

（2）活动前移，贴近民心。利用"小牧屋"位于边境牧区的地理优势，将其打造成为历练牧民党员的"主战场"，为牧民们搭建学习知识、了解时事、交流思想、开展活动的平台，保证广大放牧群众随时学习了解习近平新时代中国特色社会主义思想和党的路线、方针、政策，让党的声音在雪山深处响起。2018年以来，琼林村党支部依托4个"小牧屋"，开展"党的十九大精神进万家""两学一做""四讲四爱""学玉麦、守边疆、讲奉献""感党恩教育"等主题教育62场次，严格落实"三会一课"制度，引导放牧群众树牢"四个意识"、坚定"四个自信"，坚决做到"两个维护"。结合支

部主题党日、无职党员"认岗认责"等活动,引导牧民党员主动认领"生态环境保护岗""守土固边模范岗"等 13 个岗位,引导群众自觉与达赖集团划清界限,旗帜鲜明反分裂。琼林村党支部积极发挥"小牧屋"干群连心室、调解室作用,帮助牧民解决实际困难 40 余件,切实增强牧民感党恩、听党话、跟党走的信心和决心。

(3)阵地前移,凝聚民心。利用牧区闲置的 13 个放牧点,按照活动场所标准化建设要求,投入党建资金 60 余万元,打造 1 个宣教点和 4 个"小牧屋"党小组。将本村及毗邻的米林村放牧点共 31 名党员群众编入党小组,邀请 5 名驻地部队官兵担任"小牧屋"党小组国防教育员。结合伟人领袖像进牧区、党旗国旗进牧区、党的路线方针政策进牧区的"三进"措施,健全党小组职责机制,实现牧民活动有保障、军民共建有阵地。驻地部队根据牧民群众放牧点分布情况,在"小牧屋"内统一设置并上墙军民共建联建流程图,建立服务长效机制,健全联席会议制度,联动分析研判边境动态。2019 年以来,担任琼林村党支部副书记的驻地军官带领国防教育员,组织牧民开展国防知识教育培训 3 次、处突应急演练 2 次,进一步提高了牧民巡逻放哨技能,激发了守边固边热情,为边境安全、边防稳定提供了坚实的群众基础。

(4)服务前移,温暖民心。在"小牧屋"配备了藏式桌椅、小药箱、矿泉水、电筒、雨衣、雨鞋等生产放牧必需品,建立健全党小组服务管理制度,完善物品使用登记台账,明确管理员工作职责,将"小牧屋"打造成为服务广大放牧群众"最后一公里"的驿站。2018 年,第一党小组发放牲畜疫病防治药品 140 余瓶、矿泉水 30 箱,解决生产生活实际困难 73 项。第三党小组结合南伊沟景区优势开设售卖亭 4 个,实现农牧民群众增收 70 余万元。结合牧民采集虫草、放牧巡逻比较分散的实际,在元旦、春节、藏历新年,驻地部队官兵结合"党员干部进村入户、结对认亲交朋友"开展军民联谊、送医送药活动,免费提供用电、理发等生产生活服务,让广大牧民群众安心放牧巡逻。县、乡扶贫、农牧、保险等部门工作人员,定期不定期开展党的惠农惠民政策、牲畜疫病防治、涉农保险等宣讲服务 46 场次,发放各类宣传资料200余册，切实增强牧民群众抵边生产、放牧巡逻的信心和动力。

2. 依托党建，以特色产业促增收

近年来，琼林村党支部围绕"一带三区一基地"产业布局，坚持"支部引路、党员带富、产业铺路"的富民兴边思路，探索"支部＋党员＋基地＋农户""党小组＋合作社＋农户"等模式，大力发展旅游经济、畜牧经济、交通运输、林下资源采集等，带领群众多渠道增收致富。村党支部依托旅游区域优势，因地制宜，分类施策，带领群众在旅游业上做文章、找出路、谋发展，在南伊沟景区设立了4个民族特色旅游商品售卖小组，成立以优秀党员、党员致富带头人为组长的4个党小组，带动群众增收致富。村党员技术能手在珞巴竹编、民族服饰、本地农产品资源方面加大帮教、制作力度，生产具有纪念性、艺术性、便携性、民族特色的珞巴族特色旅游商品，让全村老百姓都吃上"旅游饭"。目前，琼林村已经形成了优秀党员带头、贫困户参与的集体经济统筹合作机制，其中售卖所得收益的70%用于联户内群众平分，30%用于壮大村级集体经济。通过发展产业，原来迷茫的农牧民群众找到了发展集体经济的新路子。据统计，2018年4个旅游商品售卖小组为每户农牧民增收近2.7万元，旅游门票分红达65万余元。

同时，村两委注重养殖特色化发展，由支部党员充当致富能手，带领5户农户开展珞瑜地区特有的野猪品种养殖项目，2018年为每户增收5000余元。目前，琼林村共有牦牛202头、犏牛412头、黄牛190余头、猪500余头，平均每头犏牛产酥油35公斤，每斤售价60元。2018年156头犏牛为农牧民增收52万余元。在交通运输业方面，2018年由村致富带头人普布次仁带领19户农牧民成立运输队，积极参与各类工程建设，集体增收140.6万余元，平均每户增收7.4万余元。此外，琼林村借助自然优势资源，持续发展林下资源采集业，域内有野生灵芝、虫草、七叶一枝花、当归等名贵药材及多种野生菌类，通过采集和销售，2018年实现增收42万余元。[①]

---

① 资料来源：《守土固边强堡垒　产业惠民聚人心》，南伊珞巴民族乡琼林村，2019年5月23日。

（三）米林县派镇索松村——党建引领、能人带动、群众参与、旅游兴村

索松村位于雅鲁藏布江北岸，距离派镇镇政府 14 公里，共有 126 户 407 人，劳动力 277 人、党员 85 人、县级人大代表 1 名。2018 年，该村有建档立卡贫困户 20 户 46 人，已脱贫户 19 户 45 人，未脱贫户 1 户 1 人。2018 年，索松村全村人均纯收入为 18596.43 元，其中，建档立卡户人均收入为 4490 元。① 该村经济来源主要有经营家庭旅馆，虫草、松茸采集，劳务输出等。索松村紧邻南迦巴瓦峰，风景秀丽、物产丰富、交通便利、民风淳朴，具有较大的旅游发展潜力。

近年来，索松村两委班子按照党建引领、能人带动、群众参与、旅游兴村的发展思路，大力推动经济发展、社会稳定、民生改善、脱贫攻坚等工作，实现了索松村经济社会的健康持续发展。索松村党支部大力强化支部核心作用，落实"三会一课"制度，发挥党员干部示范帮扶作用，扎实推进"四对一"帮扶机制。在加强基层党组织建设的基础上，通过"旅游带动"推广"支部＋致富能人＋贫困户＋农户"脱贫模式，争取到扶贫资金 2000 万余元，用于建立村集体农家乐和个体农家乐，以带动贫困户产业发展。同时，通过发挥党员致富带头人示范作用，提升当地农牧民群众脱贫致富的本领。2018 年，村两委班子把 1 名致富带头人培养成党员，带动全村贫困户实现脱贫。

索松村两委班子依托南迦巴瓦峰最佳观赏点的优势认真谋划，制定了"村委发起＋能人带动＋集体入股"的发展模式，于 2017 年底创办了村集体农庄——公尊德姆农庄。公尊德姆农庄位于雅鲁藏布江北岸的吞白村，雅鲁藏布江大峡谷入口处，距县城约 98 公里。农庄共有精品客房 73 间，床位 140 张，项目总投资 800 万元。其中，致富能人占股 30％，吞白小组集体占

---

① 资料来源：《派镇索松村 2018 年脱贫攻坚工作总结》，米林县派镇政府办公室，2019 年 5 月 25 日。

股 5%，吞白小组 38 户村民包括贫困户占股 65%。2018 年 3 月 27 日，公尊德姆农庄正式投入营业，截至 2018 年 6 月底，已获得纯收入 57 万余元。该农庄为吞白村群众提供了 12 个稳定工作岗位，大大增加了当地村民的收入。目前，该农庄旅游配套设施主要有家庭旅馆、藏式餐饮等。近年来，吞白村越来越多的村民开上了家庭旅馆，将自家的田园和屋舍改造成为可供游客游玩的旅游休闲项目。[①]

吞白村党支部依托当地得天独厚的旅游资源，把党建、旅游与精准扶贫精准脱贫进行深度融合，形成了以"住农家屋、吃农家饭、干农家活、享农家乐"为内容的民俗风情旅游模式，成功发展出品牌优势明显、市场前景广阔的以党建为引领、以旅游促增收的发展项目。

（四）米林县扎西绕登乡雪巴村——党建推动　发展壮大集体经济

雪巴村隶属于米林县扎绕乡，是扎绕乡政府驻地，距米林县城 20 公里，由雪巴、江热和偏嘎 3 个村民小组组成，平均海拔 2950 米，属藏族聚居村，是高原半湿润性季风气候。全村 132 户 617 人，劳动力 244 人，五保户 5 户，党员 45 名（其中女党员 16 名，预备党员 7 名），村两委班子 6 名。牲畜存栏总数为 5097 头（匹、只），全村耕地面积 1777.1 亩，主要种植小麦、青稞、油菜、玉米等经济作物。该村的主要经济来源有传统农牧业、林下资源采集、雪巴砂石厂、白岗菜籽油加工厂等。在村两委班子的带领下，雪巴村的各项事业不断稳步发展，村集体经济屡创新高。截至 2016 年底，雪巴村村集体经济总收入 902.21 万元，收入也由 2013 年的人均纯收入 6932 元、现金收入 5335 元，发展到 2019 年的人均纯收入 10490 元、现金收入 8302 元。[②]

建设社会主义新农村，发展农村经济，群众是主体，支部是核心。近年来，雪巴村始终将选好配强发展型的村级两委班子作为基层工作的重中之重。结合 2014 年村级两委班子换届，扎绕乡党委坚持将"能够带头致富、

---

① 资料来源：《公尊德姆简介》，米林县派镇政府办公室，2019 年 5 月 25 日。

② 资料来源：《建强基层组织堡垒　促进集体经济腾飞——扎西绕登乡雪巴村发展壮大集体经济典型案例分析》，米林县扎绕乡雪巴村工作队，2019 年 5 月 25 日。

带领群众致富"的能人选入雪巴村"两委"队伍,在雪巴村配齐了以优秀村支部书记、第一书记江华同志为首的村"两委"队伍,配置好了"火车龙头"。同时,雪巴村以村(居)文化素质提升为着力点,以村(居)量化工程贯彻实施为抓手,继续落实"三个培养"计划,着重加强对"明白人、带头人"的培养,即两委班子和致富带头人的专项培育。通过运用年度党员学习计划、米林县委党校、组织专题学习交流和外出考察等平台,增长他们的见识,不断提升村干部的"明白度"和带头能力,充分发挥"明白人、带头人"带领群众增收致富的"领头雁"作用。"三个培养"活动开展以来,全村共培养出江华、格桑次仁等"明白人、带头人"8人,辐射带动农户86户,带动全村经济收入同比增长12%。

在建强配强班子的基础上,雪巴村党支部不断探索经济构架,创新经济发展模式。雪巴村党支部以"党建引领集体经济,集体经济提升党建"为根本思路,带领雪巴村全体党员群众心往一处想,劲往一处使,依托资源优势,盘活村集体资产,大力发展村域经济。其中,比较有代表性的集体经济有4家。

一是米林县白岗菜籽油加工合作社。2012年,时任雪巴村党支部书记兼村主任的江华和村民格桑平措自筹资金40余万元,以"支部+合作社+农户"的方式,成立白岗牌菜籽油加工合作社。2013年、2014年两年共争取国家资金80万元,进一步扩大和完善了合作社。截至目前,合作社年均纯收入15万余元,带动5户27人增收20000元。同时,雪巴村以"合作社+农户"的形式,与县内油菜种植户达成油菜籽收购意向协议,为进一步扩大粮油产值奠定了基础。

二是雪巴村尼布沟藏猪养殖扩繁基地。2018年6月,县委、县政府投资资金1500万元,建设尼布沟藏猪扩繁基地,其中包含保育猪舍、妊娠猪舍、公猪和母猪配种舍、产仔哺乳猪舍、宿舍、办公室、消毒间、兽医室、饲料厂库、饲料加工间、有机肥加工厂、隔离舍等配套辅助用房。该基地建成后将投放基础母猪1000头,预计年出栏10000头仔猪,提供给合作社、养殖大户及散养户进行饲养。

三是雪巴村水果种植基地。雪巴村党支部以市场需求为导向，以生产优质无公害苹果为目标，通过现代化生产技术和现代管理的方式，修建 370 亩露天苹果种植基地，其中种植红富士 10821 棵、黄香蕉 2100 棵，2018 年为村集体经济增收 5 万元。

四是米林县雪巴同富砂石有限公司。借助拉林铁路修建之机，雪巴村采取"支部+公司+农户"的方式，投资 600 万元，成立米林县雪巴同富砂石有限公司，由村两委班子成员负责监督和管理。截至目前，已盈利 1332 万余元，帮助 3 户 16 人全面脱贫。到 2018 年底，雪巴村 17 户 82 人已如期脱贫。[①]

（五）朗县拉多乡扎村——以党员为灯塔，以支部为靠山，带动群众多渠道增收

扎村距离乡政府驻地 29 公里，距离县城 23 公里，2017 年，全村共有 39 户 127 人，其中低保户 6 户 14 人。2017 年年末，农牧民总人口达 120 人，其中劳动力人口 67 人、正式党员 25 人、预备党员 1 人、入党积极分子 5 人。[②] 近年来，扎村党支部始终坚持抓好班子强队伍，开阔思路谋发展，树立形象聚民心，积极探索传统工艺与群众增收相结合的新路子。

扎村在 2007 年末整体搬迁到雅鲁藏布江北岸后，党支部带领全体党员、农牧民群众积极开垦新田，解决了部分粮食和蔬菜供给问题。但是耕地和草场资源的稀缺，严重限制了扎村未来的发展道路。对此，扎村党支部积极寻找合适的项目。考虑到扎村曾是藏医南派始祖苏卡·娘尼多吉种植药材的地方，有得天独厚的藏医藏药优势，党支部决定把藏医文化传承下来，把藏医药的发展优势展现出来，以发展藏医药为契机，带领群众脱贫致富奔小康。2014 年，扎村党支部争取到 23.3 万元的启动资金，正式成立了苏卡药香厂。药香厂建成后，厂子成立了党小组，工人中党员达到 90% 以上，药香

---

① 资料来源：《建强基层组织堡垒　促进集体经济腾飞——扎西绕登乡雪巴村发展壮大集体经济典型案例分析》，米林县扎绕乡雪巴村工作队，2019 年 5 月 25 日。

② 资料来源：《让党旗在战斗堡垒上方飘扬》，拉多乡扎村党支部，2019 年 5 月 27 日。

厂的大事、要事、急事都通过党小组会议集体商议，报村两委班子会议研究决定，各项工作都在党的领导下有序开展。为了加快推动贫困户的脱贫致富，党支部决定让本村更多的贫困户参与到苏卡药香厂的发展中，给他们提供更多的工作岗位、工作报酬。药香厂成立一年后，销售额达到 30 余万元，利润达 10 余万元。2016 年销售额达到 60 余万元，2017 年销售额达到 84 万元。截至 2018 年，先后发放群众工资共计 50 余万元，分红 20 余万元。截至 2018 年，苏卡药香厂的发展已经惠及扎村贫困户 9 户 22 人、昌巴村贫困户 4 户 12 人、吉村贫困户 2 户 4 人，2017 年实现户均增收 1 万元以上，不仅让扎村的农牧民群众，也让附近搬迁村的贫困群众深切感受到产业发展带来的实惠和变化。[①]

在扎村党支部认真谋划药香厂发展，积极争取项目资金支持的同时，支部班子成员带头开展山羊养殖项目。群众在看到山羊养殖项目产生收益后，积极申请加入山羊养殖合作社。山羊养殖合作社开办的第一年实现净收入 12 万元，合作社雇佣的"羊倌"每年收入达 5 万元，山羊养殖项目有效地带动了当地农牧民群众增收。目前，扎村党支部又争取到了优质牧草紫花苜蓿种植项目 1145 亩，投入资金达 400 多万元。[②]

如今的扎村发展势头强劲，群众致富奔小康的信心十足。面对新的历史机遇，扎村群众在村党支部的带领下，正在构建更加美好的蓝图。

（六）朗县仲达村——党建力量向脱贫攻坚聚合，建设乡风文明、村民富裕的新农村

仲达村位于仲达镇政府所在地，雅鲁藏布江、林邛公路穿境而过，距朗县县城 30 公里，海拔 3100 米左右。全村现有 204 户 676 人，其中党员 129 人。2017 年，该村人均纯收入 13983 元，现金收入 9928 元。全村有建档立卡贫困户 39 户 96 人；2016 年，该村 17 户 36 人实现脱贫，2017 年，建档

---

① 资料来源：《让党旗在战斗堡垒上方飘扬》，拉多乡扎村党支部，2019 年 5 月 27 日。
② 资料来源：《让党旗在战斗堡垒上方飘扬》，拉多乡扎村党支部，2019 年 5 月 27 日。

立卡贫困户人均纯收入达 5006 元,[①] 当年年底仲达村已实现全部脱贫。近年来,仲达村充分发挥党支部和党员作用,走出了一条听党信党、社会文明、村民富裕的路子,全村各项事业蓬勃发展,村容村貌焕然一新。

1. 加强阵地建设,夯实党建基础

村级活动场所是基层党支部联系、服务、凝聚群众的桥梁和纽带。仲达村党支部高度重视村级活动场所标准化建设,2016 年积极争取上级资金 149 万元(其中援藏资金 40 万元、财政转移支付资金 49 万元、县政府解决 60 万元)新建村级活动场所,面积达 473 平方米。村级活动场所功能多样,有村级会议室,会议室配备会议桌子 44 张、椅子 88 把,配备电视机、投影仪、音响设备等,可以基本满足村级日常会议、学习的需要。[②] 村中有村级便民服务站,服务站日常有 1 名驻村工作队队员和 1 名村两委班子成员值班,主要负责开具各项相关证明、相关政策咨询、话费充值、转账、网上购物等服务事项;有办公区,办公区主要分为村党支部办公室、村"两委"办公室、驻村工作队办公室、第一支部书记办公室、综治维稳办公室、村务监督委员会办公室等,处理日常村级党建、综治维稳、村级日常办公等事项;有广播站,广播站定期播放党的支农惠农系列政策、上级会议精神、新闻、生活常识、法律法规、红色歌曲等;有村级廉政教育基地,该基地主要发挥警示教育功能,以仲达村村级廉政示范基地为依托,起到辐射全镇的廉政教育作用,以进一步净化党内政治生活。2017 年,仲达村党支部积极争取上级资金 130 万元,在仲达村现有活动场所的基础上,开工建设面积为 294.6 平方米的仲达村文化室及附属设施,具体内容包括仲达村远程教育接收点、村医务室、驻村工作队宿舍、伙房以及文化室前的硬化、绿化、围墙、文化宣传长廊等。仲达村高标准推进村级组织活动场所标准化建设,为提升基层党组织建设水平打下坚实基础。

2. 支部引领产业发展,促进农牧民致富增收

为了拓宽群众增收渠道,加快农牧民脱贫致富的步伐,仲达村党支部积

---

① 《仲达镇仲达村党支部促脱贫典型案例》,仲达村党支部,2019 年 5 月 27 日。
② 《仲达镇仲达村党支部促脱贫典型案例》,仲达村党支部,2019 年 5 月 27 日。

极探索核桃套种项目，成立了核桃套种示范园。该示范园占地面积 150 亩，采用立体套种的方式种植核桃苗 6750 株，主要品种包括晋龙 1 号、薄壳香以及当地其他品种。示范园采取"分树到户、一户一管"的管理方式，核桃苗成活率达 95% 以上，挂果率达 87% 以上，已经初步实现规模化种植。2017 年，示范园分别实现经济收入 50 万元，户均增收 4760 元，人均增收 1075 元。[①] 仲达村核桃套种示范园真正成为该村农牧民群众的绿色银行。除了发展核桃套种项目，仲达村党支部积极探索多种种植项目，发展辣椒、经济林木种植，以帮助群众多渠道致富增收。2018 年，仲达村新建 16 座温室大棚用以种植辣椒新品种"红冠三号"，种植优质水果苗 10000 余株。[②] 辣椒和水果种植产业的快速发展不仅有效地拓宽了仲达村村民增收渠道，并且改善了当地的生态环境，促进了生态可持续发展，也进一步加快了仲达村脱贫致富奔小康的步伐。

3. 党建助力脱贫攻坚，推动集体经济发展

仲达村党支部始终坚持一手抓党建、一手抓扶贫，实现了党建、扶贫工作两手抓、两促进。在党支部的带领下，仲达村于 2009 年创办了砂石厂。项目初期由国家扶贫资金投入 60 万元，仲达村 176 户（不包括低保户、五保户）群众每户入股 1000 元，并购置小型碎石机、装载机及打砖机等设备加工预制品销售。针对后期砂石厂设备陈旧、管理体制不健全、销售渠道狭窄、利润低等问题，村党支部积极与仲达镇党委、政府和拉林铁路中铁二局项目部协商，通过召开党员大会、群众大会积极商讨对策，并借助党员致富能手的力量，对砂石厂采取了增股、改制、提升产能等措施，同年累计增股 200 余万元，并对砂石厂实行了企业化管理运作。目前，砂石厂与拉林铁路签订了长期供货合同，砂石厂收入从 2014 年的 26 万元，增加到 2017 年的 96 万元，每户入股户群众分红接近 3000 元，其中贫困户分红接近 6000 元。为了进一步增加农牧民收入，2016 年，村党支部积极争取扶贫产业扶持资

---

① 《仲达镇仲达村党支部促脱贫典型案例》，仲达村党支部，2019 年 5 月 27 日。
② 《仲达镇仲达村党支部促脱贫典型案例》，仲达村党支部，2019 年 5 月 27 日。

金 100 万元投入砂石厂，用于购买大型运输车 2 辆和装载机 1 辆，其收入作为仲达村建档立卡贫困户的脱贫资金。2018 年 2 月 5 日，村党支部举行了仲达镇扶贫产业项目仲达村砂石厂分红仪式，为贫困户发放了每户 6000 元的收益，共计 222000 元；为一般户发放分红资金 410500 元，每户约 3000 元；为 50 岁以上群众每人发放 500 元慰问金，共计 45000 元；为 38 名大学生（其中 3 名孤儿）发放每人 1000 元的教育鼓励金。①

三　林芝市党建扶贫的主要成效

（一）夯实了党的基层组织

林芝把建强贫困村基层党组织作为推进脱贫攻坚的"牛鼻子"，结合帮扶工作需要，打破常规设置模式，灵活采取多种方式建成联合党组织，以"两个覆盖"为基础，进一步把支部建在村民小组、驻村点、产业链、护边队上，把党小组细化到"双联户"单位、虫草采集点和边境放牧点、巡逻点，不断织密组织网络，有效延伸组织触角，把基层党组织建成了脱贫攻坚的"坚强堡垒"。

（二）密切了干群关系

党员干部对口帮扶建档立卡户制度，是密切联系群众、服务群众的桥梁和纽带。机关党员干部进社区报到服务、党员干部结对认亲交朋友、党员承诺践诺等活动的常态化，促进了党员干部与各族群众的交往交流交融，进一步密切了党群干群关系。通过党建带动精准扶贫，进一步解放了农牧民群众的思想，激发了农牧民群众自我发展的内生动力。农牧民群众感党恩、听党话、跟党走的意识明显提升，脱贫致富奔小康的意识显著增强。

---

① 《仲达镇仲达村党支部促脱贫典型案例》，仲达村党支部，2019 年 5 月 27 日。

（三）拓宽了群众的增收渠道

2018 年，林芝安排资金 2.48 亿元，围绕种植茶叶 10 万亩、养殖藏猪 100 万头的中长期产业发展规划，加快发展茶叶、藏猪等特色种植养殖和乡村旅游业，奠定贫困群众持续稳定增收基础。2018 年，新建米林县麦浪村、察隅县明期村、波密县古通村 3 个乡村旅游扶贫示范村，全市乡村旅游扶贫示范村达 21 个；新增茶叶种植 0.8 万亩、设施蔬菜 1750 亩、林果 0.36 万亩、藏药材 0.383 万亩，绿色有机茶叶、设施蔬菜、特色林果、藏药材种植规模分别达 27.48 万亩、2.44 万亩、1.26 万亩、1.43 万亩，藏猪养殖规模达到 41.17 万头。脱贫攻坚以来，全市发展生态旅游业带动 1694 户 5935 名贫困群众脱贫，发展特色农牧业带动 2372 户 7261 名贫困群众增收致富。通过产业发展、旅游惠民、提供生态岗位、边民补助、生态补偿、转移就业、土地流转、能人带动、入股分红、结对帮扶、致富能人创办合作社和开办农庄、在企业就业、村集体经济发展等方式，林芝构筑起建档立卡户多元化增收渠道，确保农牧民群众增收持续稳定。①

（四）改善了农牧民的思想观念和精神面貌

思想是行动的先导。如何从思想根源上激发群众脱贫致富的内生动力，一直是林芝市委、市政府思考和突破的首要问题。林芝的全体党员干部始终坚持正确处理外部帮扶和贫困群众自身努力的关系，坚持扶贫与扶志扶智相结合，加强对农牧民群众的实用技能培训，培养群众依靠自力更生实现脱贫致富意识，提升其自我发展能力，引导农牧民群众追求健康、文明、向上的生活方式。并且通过总结推广脱贫典型经验，强化脱贫光荣导向，引导农牧民群众把全部精力放到发展生产、改善生活上来，进一步树牢勤劳致富鲜明导向。

---

① 《铸党建引领之魂　壮脱贫攻坚之骨——林芝市 2018 年抓党建促脱贫攻坚工作总结》，林芝市委组织部，2019 年 5 月 21 日。

（五）壮大了集体经济

林芝坚持把党组织建在产业上、党员聚在产业里，走出了一条党建引领、组织掌舵、党员带动的集体经济发展路子。截至2018年，林芝已经成立农牧民专业合作社878家，吸引贫困群众参与集体经济建设，并将更多收益让利于贫困群众，实现贫困群众稳定脱贫、长期致富。目前，全市398个村（居）有稳定的集体经济，其余村（居）均有集体收入，带动2万余名贫困群众年人均增收2000余元，① 村（居）组织"造血"功能和服务能力极大提升。

（六）完善了基础设施建设

林芝市委、市政府着眼于边境偏远地区实际，把脱贫攻坚与大力实施以"神圣国土守护者、幸福家园建设者"为主题的乡村振兴战略相结合，针对边境偏远地区道路交通、水利基础设施、电力建设、通信网络等薄弱环节，强化政策、项目、资金倾斜，补齐短板弱项，缓解瓶颈制约，实现基本公共服务均等化、基础设施均衡化，逐步缩小边境偏远地区与腹心地区发展差距。

四　林芝党建扶贫的经验启示

（一）主动对接大势，把准党建扶贫方向

按照中央、西藏自治区扶贫开发战略部署，林芝市委始终把打赢脱贫攻坚战作为首要政治任务和最大民生工程，着眼于发挥党的政治优势、组织优势和联系群众优势，聚焦贫中之贫、艰中之艰，进一步细化《林芝市抓党

---

① 《铸党建引领之魂　壮脱贫攻坚之骨——林芝市2018年抓党建促脱贫攻坚工作总结》，林芝市委组织部，2019年5月21日。

建促脱贫攻坚工作实施意见》，明确党政主体责任、组织部门主导责任、基层党组织直接责任，绘制抓党建促脱贫攻坚工作时间表、责任书和路线图，引导各级党组织和党员主动投入脱贫攻坚战中，形成上下贯通、整体联动的攻坚合力，推动基层党建和脱贫攻坚"无缝对接"。把工作重心不断向扶贫攻坚一线转移，把优势资源进一步向扶贫开发一线聚集，形成县、乡、村一手抓扶贫攻坚，一手抓基层党建的良好格局，真正把抓党建的实效成功转化为服务扶贫攻坚的实效。

（二）依靠一线力量，凝聚党建扶贫合力

农村要想富，关键靠支部。基层党组织是带领群众脱贫致富的领导核心，党员是群众的"带头人""主心骨"，打赢脱贫攻坚战，尤其需要建强党组织的战斗堡垒，需要广大党员"做榜样""唱主角"。在扶贫过程中，林芝紧紧扭住基层党员干部这个"关键少数"，在推动政策落地、带动群众脱贫上持续发力。有不少农村青年党员成长为"致富领头雁"，受群众认可的村支部书记、村主任。林芝的党建扶贫实践进一步证明，要把党的扶贫政策和脱贫攻坚任务宣传落实到每家每户，必须建强基层党组织、做好一线工作、增强基本能力，必须发挥党员先锋模范作用，在观念引领、产业带动、技术推广等方面走在前、做表率，不断把党的组织优势转化为脱贫攻坚优势，推动基层党组织成为带领群众脱贫致富的"火车头"。

（三）充分整合资源，实现党建扶贫突破

扶贫攻坚自上而下的政策、项目、资金扶持较多，但在具体操作中因资源分散、制度条例等限制，造成基层普遍存在单打独斗的工作态势。林芝坚持统筹各方资源，在推进党建扶贫中树立地区"一盘棋"观念，充分发挥党的组织优势，注重项目、资金、人力、政策整合，集中攻坚，精准发力，切实保证扶贫攻坚效益最大化。

（四）健全体制机制，构建党建扶贫常态

林芝市制定了科学的保障机制、激励机制、责任机制、考评机制，促进各级党组织自觉履行政治责任，主动激发决战决胜内生动力，从而保证扶贫攻坚常态发力。经过不断探索与实践，林芝走出了一条"围绕脱贫抓党建、抓好党建促脱贫"的新路子，实现了党建与扶贫"双推进"，开创了新常态下"基层党建+精准扶贫"的新模式。组织强起来，党员干起来，群众动起来，大家富起来，取得了良好的政治、经济、社会和生态效益。

第七章　林芝市社会保障兜底反贫困
成效及面临的困境和对策

社会保障是全球社会消除贫困和促进社会公平的重要制度安排。我国的社会保障政策体系主要由社会救助、社会保险和社会福利三大部分构成，其中以最低生活保障制度为主要构成的社会救助制度是参与我国精准扶贫和脱贫攻坚工作最深的反贫困政策之一。在精准扶贫中，社会保障被列入西藏反贫困政策体系的重要组成部分，并对贫困人口的基本生活提供兜底性保障。在实践中，林芝市社会保障兜底反贫困取得了很好的效果，形成了一些经验，也面临一些问题。为提升新时代林芝市社会保障反贫困成效，建议从以下几个方面采取措施。第一，继续做好最低生活保障对象的动态管理和待遇水平的动态调整。第二，加强对低收入家庭的医疗救助、教育救助。第三，提升基层医疗卫生服务供给水平。第四，加大对农村"三留守人员"的福利服务和残疾人康复服务的供给力度。第五，加强社会保障政策与其他反贫困政策的衔接协同。

一 林芝市"社会保障兜底一批"的政策框架及反贫成效

（一）林芝市贫困状况简述

林芝市是我国的边疆民族地区，也是深度贫困地区脱贫攻坚的重要战场之一。得益于文化旅游资源的较早开发，林芝市的经济发展水平在西藏各个地市中处于前列，但是林芝市的贫困问题也十分突出。根据地理区位和产业发展的特点，林芝市的贫困区域类型可分为六种：高寒牧区、农牧结合区、农区、林区、边境地区、地方病高发区。在贫困原因方面，林芝市的贫困户主要是因灾致贫、因病返贫、因缺乏劳动力返贫、因缺少耕地致贫、因主观脱贫不积极而长期处于贫困状态。尤其是一些长期生活在边境一线地区的农牧民受各方面因素的制约，发展条件和自我发展能力受限，脱贫致富的难度依然不小。林芝市"十三五"时期脱贫攻坚规划显示，至2015年底，林芝市人均纯收入低于2010年2300元不变价的人口有6636户22803人，贫困发生率为16.26%，涉及全市54个乡489个行政村（见表7-1）。

表7-1 2015年林芝市建档立卡人口情况

单位：人，元，%

县（区）	乡村总人口	建档立卡人口	农牧民纯收入	贫困发生率
巴宜区	18128	1546	10449.24	8.53
工布江达县	28443	4065	9222	14.29
米林县	17685	2522	8746.99	14.26
墨脱县	10684	2615	6412.13	24.48
波密县	26049	3042	9794.18	11.68
察隅县	24900	6160	6960	24.74
朗县	14333	2853	8902	19.91
合 计	140222	22803	9522	16.26

数据来源：林芝市"十三五"时期脱贫攻坚规划。

依据 2015 年的数据分析发现，在建档立卡贫困户中，林芝市的一般贫困户占 58.0%，其余 42.0% 的贫困户属于社会保障兜底保障家庭，其中低保贫困户占 28.2%，五保贫困户占 13.8%。在 7 个县区中，米林县、墨脱县、波密县的低保贫困户占县内建档立卡贫困户的比重明显更高（见表 2），按户为计算单位，上述三县低保贫困户占建档立卡贫困户的比例分别为 35.7%、36.2% 和 41.7%。总体而言，2015 年林芝市低保贫困户为 3742 户 13340 人，五保贫困户为 1828 户 2026 人。

表 7-2　林芝市"十三五"时期各类贫困户占总贫困户的比例

单位：%

县区名	一般贫困户		低保贫困户		五保贫困户	
	户	人	户	人	户	人
巴宜区	41.5	53.0	28.2	34.9	30.2	12.1
工布江达县	67.4	75.8	20.0	19.5	12.6	4.6
米林县	41.4	50.6	35.7	41.4	22.9	8.0
墨脱县	52.8	62.5	36.2	34.7	10.9	2.8
波密县	45.2	51.6	41.7	44.2	12.8	4.2
察隅县	74.9	77.0	20.0	21.5	5.1	1.4
朗县	58.4	69.8	27.8	25.1	13.8	5.2
全市	58.0	66.3	28.2	29.3	13.8	4.4

资料来源：林芝市"十三五"时期脱贫攻坚规划。

调研分析发现，林芝市的建档立卡贫困户大致可以分为四种类型。第一种类型是五保贫困户。主要是鳏寡孤独人员，虽然实施了五保集中供养政策，但仍有一部分五保人口由于故土难离，不愿参加集中供养，需要政府、社会和亲戚邻居继续给予照顾。第二种类型是低保贫困户。林芝市的低保贫困户主要是指家庭成员在 2 人以上，但由于家庭成员没有劳动能力，甚至连从事简单的农牧业生产都很困难，家庭收入低于全区低保标准。第三种类型是扶贫低保贫困户，指家庭有劳动力，但人均纯收入低于全区低保标准的低保户。这一类型的贫困户能够享受农村最低生活保障制度和脱贫攻坚政策双重特殊政策。第四种类型是扶贫贫困型，指家庭人均纯收入高于全区低保标准但低于全区扶贫标准的农户，是脱贫攻坚增强发展能力的主要政策对象。第一种类型和第二种类型则是社会保障兜底的主要对象。

（二）林芝市社会保障兜底保障制度框架

2016 年，西藏自治区党委、政府出台了贯彻落实《中共中央国务院关于打赢脱贫攻坚战的决定》的实施意见。该实施意见提出，为加快西藏全区贫困人口摆脱绝对贫困步伐，全面提升贫困人口的保障水平和内生发展能力，在西藏贯彻落实"六个精准"（扶持对象精准、项目安排精准、资金使用精准、措施到户精准、因村派人精准、脱贫成效精准）和实施"五个一批"工程（发展生产脱贫一批、易地搬迁脱贫一批、生态补偿脱贫一批、发展教育脱贫一批、社会保障兜底一批）。"社会保障兜底一批"成为西藏反贫困政策体系的重要组成部分。围绕西藏自治区的指导意见，林芝市在2016 年制定的《林芝市"十三五"时期脱贫攻坚规划》中推出了"七个一批"的反贫困政策体系。"七个一批"，即通过发展产业脱贫一批、通过转移就业脱贫一批、通过易地搬迁脱贫一批、通过教育支持脱贫一批、通过健康救助脱贫一批、通过生态保护脱贫一批、通过兜底保障脱贫一批。为具体落实"七个一批"反贫困政策体系，林芝市在规划中提出了"1693"精准脱贫攻坚工作总体思路和"232"精准脱贫工作布局。林芝市"1693"精准脱贫攻坚工作思路中，"1"就是到 2018 年，在国家现行标准下全市农牧区2.28 万贫困人口如期脱贫，贫困县全部摘帽，解决区域性整体贫困，享有稳定的吃、穿、住、行、学、医、养保障，享有和谐的安居乐业环境，享有均衡的基本公共服务，享有较为完善的社会保障体系，享有充分的宗教信仰自由和宗教需求保障，确保林芝市率先全面建成小康社会，到 2020 年实现更高水平全面小康；"6"就是完善组织领导、分级负责、资源整合、创业激励、精准识别准入退出、监督考核等六个机制；"9"就是采取自主创业、产业扶持、转移就业、异地开发、行业帮扶、企业帮扶、对口帮扶、易地搬迁及设施完善、政府兜底等九项举措；"3"就是严格落实脱贫攻坚时间和质量、脱贫攻坚信息畅通、脱贫攻坚廉政等三项要求。"232"精准脱贫工作布局是指 2016 年巴宜区、米林县完成脱贫摘帽；2017 年工布江达县、波密县、朗县完成脱贫摘帽；2018 年墨脱县、察隅县完成脱贫摘帽。全市 7 个贫困县区脱贫摘帽后，在 2020 年要全面实现贫困人口"三不愁"（不愁吃、不愁穿、不愁住）、"三有"（有技能、有就业、有钱花）、"三保障"（义务教育、基本医疗和社会保障）和"五享有"（享有稳定的吃、穿、住、行、学、医、养保障，享有和谐的安居乐业环境，享有均衡的基本公共服务，享有较为完善的社会保障体系，享有充分的宗教信仰自由和宗教需求保障），解决区域性整体贫困，贫困地区农民人均可支配收入增幅不低于 16%，确保率先全面建成小康社会，确保到 2020 年实现更高水平全面小康。

林芝市"社会保障兜底脱贫一批"的主要政策内容是通过社会救助制度对处于绝对贫困的贫困人口给予救助，通过采取补贴或代缴社会缴费的方式帮助贫困人口参加社会保险，通过完善农村五保户供养、残疾人护理补贴、老年人高龄津贴和儿童福利等服务设施和资助方式，保障农村"五保"老人、残疾人和孤儿等群体的基本生活。此外，林芝市也加强了医疗卫生服务水平，提升了贫困人口对医疗服务资源的可及性。在这一思路下，贫困人口不仅可以得到法律规定的社会救助，还可以通过参加社会保险而享受医疗费用报销等。

根据林芝市的规划，林芝市的"社会保障兜底脱贫一批"的具体内容包括七点。第一，提高社会救助水平。将农村最低生活保障制度和精准扶贫政策衔接起来，对于低保标准低于全市贫困标准的贫困对象，通过提高补助水平，逐步使享受低保的群众收入水平不低于全市贫困标准。重点做好低保救助、医疗救助、临时救助工作。对遭遇突发事件、意外伤害、重大疾病或因其他特殊情况，导致基本生活陷入困境，而低保、医疗救助等其他社会救助制度暂时无法覆盖，或者救助之后其基本生活暂时仍有严重困难的社会保障兜底脱贫群众，实施临时救助兜底保障，给予应急性、过渡性的救助，切实保障他们的基本生活。

第二，推广"救急难"政策兜底。健全完善临时救助制度和重特大疾病医疗救助制度，做好临时救助与重特大疾病医疗救助的有效衔接。继续支持米林县"救急难"试点，建成社会救助制度体系，2016 年巴宜区在米林县试点的基础上推广"救急难"临时救助，2018 年在全市范围内普及"救急难"工作。建档立卡贫困人口中，因病致贫的农牧民患慢性病住院治疗和长期门诊治疗产生的规定范围内医疗费用，可由统筹地在基本医疗保险大病统筹基金中全额报销，门诊医疗费用与住院费用合并纳入年度统筹基金最高支付额度。对特殊个案可不受医疗救助制度封顶限制。

第三，资助特殊困难群体参加社会保险。资助农村低保对象、特困人员参加基本医疗保险，对社会保障的兜底人口参加基本医疗保险（新农合）的个人缴费部分给予补贴，资金由救助资金中支出。对城乡居民中一、二级重度残疾人、孤寡老人、低保对象等缴费困难群体，由政府为其代缴最低标准的养老保险费，并享受相应的政府补贴。

第四，逐步提高农村基本养老保险保障水平。坚持"广覆盖、多层次、保基本、可持续"的方针，逐步完善城乡居民养老保险制度，推进扩面征缴和待遇发放工作，推动城乡社会保障体系一体化。优化农村社会保障的财政支出结构，加大财政补助力度，不断提高保障标准和补助水平，重点加大城乡居民养老保险、新型合作医疗和最低保障方面的投入。自 2016 年开始实施"全民参保登记计划"，努力做到应保尽保，及时兑现养老保险待遇，使养老保险政策惠及全民。

第五，健全"三留守人员"和残疾人关爱保护体系。加快完成农村"三留守人员"摸底排查，健全信息报送，建立翔实完备、动态更新的农村留守儿童信息库。以推动建立家庭、政府、学校履职尽责和社会力量积极参与的农村留守儿童关爱保护体系。加快完成留守妇女、留守老人信息库，加强农村留守老年人关爱服务工作，促进城乡基本养老服务均等化。继续完善 80 周岁以上低收入老年人高龄津贴制度、经济困难老年人养老服务补贴制度和经济困难的失能老年人护理补贴制度。建档立卡贫困家庭中的无劳动能力人员、70 岁以上的老人，可在本人愿意的前提下，在五保集中供养机构可容纳范围内集中到敬老院供养；孤儿可安排到儿童福利院收养。提高贫困残疾人的医疗保障水平。在国家政策规定范围内，逐步提高残疾人康复医疗保障水平。

第六，鼓励贫困人口进城务工和贫困家庭大学毕业生创业就业，并给予社会保险方面的补贴。支持灵活就业进城务工的贫困劳动力，参加城镇基本医疗保险、城镇企业职工或城乡居民基本养老保险。依法推进各类用工单位参加工伤保险和失业保险，全面落实贫困劳动力工伤、失业保险待遇。对贫困家庭高校毕业生自主创业并缴纳社会保险费的，以及吸纳其就业并缴纳社会保险费的企业，由各级公共就业服务机构给予最长不超过 3 年的社会保险补贴。①

第七，建立发展成果共享机制，增加对贫困人口的定向补助。以年人均可支配收入 4100 元为标准，对建档立卡贫困人口、未纳入建档立卡的低保人口中无劳动能力的人员建立定向补助政策，补偿标准为当年贫困线与 4100 元之间的差额，所需资金通过草原生态保护补助奖励增量资金和中央财政民族地区转移支付资金安排。

第八，完善医疗救助制度。健全新型农村合作医疗制度，加强其与大病保险、医疗救助、慈善救助的有效衔接。

除了给低保贫困户和贫困人口、五保户等基本生活保障和将其纳入社会保险以外，林芝市还注重加强公共卫生服务水平的提升，切实提高贫困人口获取医疗服务资源的便利性。根据《林芝市"十三五"时期社会保障事业规划》，林芝市大力推进公共服务均等化，到 2020 年，努力实现每个乡镇都有卫生院、每个行政村有卫生室，实现每个贫困乡镇至少配备 1 名全科医生。

（三）林芝市社会保障兜底反贫困政策实践

自脱贫攻坚全面实施以来，林芝市把脱贫攻坚作为最大政治责任、最大民生工程、最大发展机遇，以"八个始终坚持"②推动整个反贫困政策体系的实施。"社会保障兜底脱贫一批"也在"始终坚持把落实社会兜底作为防

---

① 《西藏自治区人力资源和社会保障厅脱贫攻坚规划（2016～2020 年）》。
② "八个始终坚持"具体指，始终坚持把加强组织领导作为前提、始终坚持把完善政策体系作为保障、始终坚持把加大资金支持作为关键、始终坚持把发展扶贫产业作为动力、始终坚持把促进教育就业作为抓手、始终坚持把建设美丽林芝作为载体、始终坚持把凝聚社会力量作为支撑、始终坚持把落实社会兜底作为防线。

线"中得到加强和落实。

1. 完善社会保障扶贫政策体系

林芝市制订印发了《林芝市城乡最低生活保障政策执行专项整治工作方案》《林芝市医疗卫生健康扶贫实施方案》《林芝市精准扶贫对象医疗服务绿色通道工作方案（试行）》《林芝市关于加快推进残疾人小康进程的实施方案》等文件。同时，联合民政、卫计、人社、残联等成员单位，编制了《林芝市脱贫攻坚社会保障组兜底政策汇编》。

2. 适时提高农村最低生活保障制度的实际保障水平

2016 年以来，林芝市累计兑现农村低保金 2265 万元、受益 1.54 万人次。2018 年初，林芝市农村低保标准由每人每年 3311 元提高到 3840 元；补助方式由分类补助变为差额补助。2018 年 7 月 1 日起，农村低保标准再次提高。由 3840 元提高到 4450 元。截至 2018 年 11 月份，林芝市共计发放农村低保资金 721.4 万元，累计救助 34325 人次。

3. 有力扩展医疗救助制度保障范围和水平

在制度保障方面，制定出台了《林芝市促进医疗卫生事业发展激励办法（试行）》和《林芝市城乡医疗救助及重特大疾病医疗救助工作实施细则》。在财政支持方面，林芝市每年设立 300 万元的健康扶贫政府兜底资金，用于各县区医疗健康扶贫对象在市级及市以外医疗机构就医产生费用的兜底，各县区也分别设立 100 万~200 万元的健康扶贫医疗救治政府兜底资金，用于各县区精准扶贫对象在市级及市以外医疗机构就医的兜底资金，确保健康扶贫对象医疗费用超出农牧区医疗大病统筹、大病商业保险、民政救助金额的部分（含交通费、陪护补助费），全部得到政府兜底解决。据统计，2017 年，林芝市健康扶贫医疗救助 4459 人次（其中市级 701 人），救助资金 451.77 万元（其中市级救助资金 420.85 万元）。截至 2018 年 11 月，全市发放民政医疗救助资金 1225 万元，救助困难群众 2.23 万人次。[1] 在提高贫困户获取医疗服务

---

[1] 林芝市脱贫攻坚社会保障组：《林芝市脱贫攻坚社会保障 2018 年工作总结及 2019 年工作安排》，2018 年 11 月 15 日。

的便捷性方面，林芝市各县区与林芝市人民医院、市妇幼保健院、辖区卫生服务中心、藏医院建立绿色通道协议制度，签订《医疗服务合作协议书》《林芝市孕产妇救治绿色通道协议》等就诊绿色通道协议，保证了医疗健康扶贫对象医疗就诊方便快捷。在健康管理方面，林芝市的建档立卡贫困户家庭医生式服务签约率为100%，服务率为95.4%。①

4. 及时提高特困人员救助供养标准

根据《西藏自治区特困人员救助供养办法（试行）》的文件要求，2018年，林芝市提高了特困人员救助供养标准。其中，农村分散特困人员救助供养标准提高到每人每年5760元，集中供养和城市分散供养标准提高到每人每年11700元。截至2019年8月，林芝市累计发放五保供养金1652万元，受益3410人次。②

5. 加大残疾人社会保障兜底扶持力度

一是全面落实残疾人"两项补贴"制度，"两项补贴"由2017年的55元和110元分别提高至2018年的100元和200元。截至2018年11月，为全市困难残疾人5690人和重度残疾人2645人兑现残疾人"两项补贴"资金共计1317.6万元（其中建档立卡困难残疾人1878人、重度残疾人749人，兑现"两项补贴"资金共计405.1万元）。二是开展残疾人就业培训。大力实施"大众创业、万众创新"残疾人创业扶持计划。2018年扶持21名贫困残疾人共42万元自主创业创新扶持资金，通过试点探索帮助残疾人实现自主创业、自食其力、脱贫致富。下拨培训经费20.2万元开展残疾人职业技能和实用技术培训。三是大力实施残疾人康复脱贫。2018年为全市各县区发放辅助器具565辆（台、支、件），下拨康复资金15.2万元。截至2019年8月，林芝市1266名贫困残疾人主要通过产业扶持、易地搬迁、生态补偿、发展教育、政策兜底等措施实现脱贫。

---

① 林芝市脱贫攻坚社会保障组：《林芝市脱贫攻坚社会保障2018年工作总结及2019年工作安排》，2018年11月15日。

② 《西藏举行林芝市脱贫攻坚工作开展情况新闻发布会》，http://www.scio.gov.cn/xwfbh/gssxwfbh/xwfbh/xizang/Document/1662851/1662851.htm。

6. 落实资助贫困人口参加社会保险力度空前

对城乡居民中一、二级重度残疾人，孤寡老人，低保对象等缴费困难群体，由政府为其代缴最低标准（100元每人每年）的养老保险费，并提供相应的补贴。据统计，2018年林芝市政府代缴最低标准养老保险费人数为5139人，其中，中度残疾人、五保户和僧尼等1864人，重度残疾人、孤寡老人、低保对象等3276人，共拨付补贴资金51.39万元。①

7. 夯实边境地区基层公共卫生服务体系基础

一是建设好边境地区基层的乡镇卫生院并配备相应的设备。2017年以来，林芝市规划建设129个村卫生室（含改建），建筑面积5040平方米左右。二是加强村医能力建设。为每个村卫生室配备了两名村医并按照要求及时兑现村医奖励。为了提高村医技术服务水平，除了市县两级集中培训外，安排村医在乡镇卫生院进行轮流跟班学习和不定期选派乡镇医务人员到技术力量相对薄弱的村卫生室蹲点指导，帮助提升村卫生室能力。

二 社会保障兜底反贫困的经验及面临的挑战

随着林芝市"七个一批"反贫困政策体系的逐步落实，林芝市建档立卡贫困户的劳动技能、收入水平、生活水平、生活信心都有了显著提高，当地的基础设施和生产生活发展条件也有明显改善。在调研走访中，也发现很多村落面貌焕然一新，展现了勃勃生机。"通过兜底保障脱贫一批"作为"七个一批"中的安全网机制，与其他反贫困措施形成了有效衔接，解除了有劳动能力的贫困者积极就业的后顾之忧，同时也保障了无劳动能力的残疾人、孤儿、老年人等的基本生活。在帮助建档立卡户家庭和贫困者个人摆脱绝对贫困方面发挥了重要的"安全网"作用。梳理林芝市社会保障兜底反贫困的实践发现，林芝市的实践也具有自己的思路和特点。

---

① 《2018年林芝市城乡居民养老保险情况和社保扶贫工作汇报》，2019年5月21日。

（一）林芝市社会保障兜底反贫困的经验

1. 注重政策协同规划，形成了反贫困政策体系

不同于将社会保障兜底反贫困简单定义为提供农村最低生活保障，林芝市注重从社会保障体系的视角构建社会保障兜底反贫困政策体系内容，并且与其他反贫困政策内容协同规划，形成反贫困政策合力。林芝市的社会保障兜底反贫困政策内容包括社会救助、社会保险和社会福利三大方面。在社会救助措施中，具体包括实施农村最低生活保障制度及推动其与贫困标准的动态衔接，实施医疗救助和临时救助，动态调整保障人员待遇水平。在社会保险方面，资助符合条件的贫困人员参加城乡居民基本养老保险和城乡居民基本医疗保险，积极发挥社会保险互助共济的优势，保障贫困人员参与社会保险的基本权利。在社会福利方面，落实"三留守人员"和残疾人关爱保护工作。通过提供补贴和护理照顾服务等，让特殊贫困人员得到切切实实的关爱，体现了资金帮扶和服务帮扶并重的理念。此外，为落实贫困人口获取医疗服务的便利性，林芝市对就医和报销流程等方面也进行流程优化，提高了社会保障兜底政策内容的落实效率。

2. 夯实涉及社会保障的公共服务设施，提升贫困人口的获得感

社会保障反贫困效果的实现，需要依托一系列基础公共服务设施，例如基层完善的医疗服务、充足的养老院或儿童福利中心、健全的残疾人康复设施等。林芝市在发挥社会保障兜底反贫困作用方面，将资金补贴与服务供给并重，注重整合资源，提升农村的医疗资源配置水平和医疗服务供给水平。以调研的朗县为例，2016 年投入 70 万元对乡镇卫生院进行改扩建，2017 年投入 1596 万元用于乡镇卫生院改造和县级卫生服务中心功能改造、藏医院建设等项目，2018 年投入 215 万用于县妇幼保健院的建设。在完善医疗服务供给机构功能的同时，林芝市各基层医院还加大了棘球蚴病等地方病的治理、慢性病防治、送医送药下乡、儿童营养改善和孕妇优生健康免费体检等项目的实施力度，多渠道提升对贫困地区贫困人口医疗服务的供给水平，帮助贫困人口和家庭形成健康生活习惯，阻断贫困的代际传递。

3. 加大社会保障财政支持和资金整合力度，提升了转移资金资金的反贫困效果

社会保障反贫困效果的发挥，在很大程度上得益于政府财政转移资金的可持续支持。林芝市在加大财政支持力度和整合资金方面都做出了很多努力。以调研的朗县为例，朗县自 2017 年开始，政府财政对贫困户参加农牧区合作医疗制度的个人缴费部分予以全额补贴，补贴标准为每人每年 20 元。同时，朗县政府在 2017 年和 2018 年累计提供医疗救助资金 150 万元。此外，实现财政补助和个人缴费相结合，按照自治区的标准完成农牧区大病补充保险的筹资，减轻了贫困户个人的缴费负担。[①] 以米林县为例，2015 年以来，国家财政拨付的农牧区医疗保障资金逐年增加，大病统筹资金也稳步增加，并在 2018 年实现了翻番式增长。政府转移支付资金的增加，也使得贫困人口在报销医疗费用时能够获益更多。

表 7 - 3　2015～2018 年米林县农牧区医疗制度统计数据

单位：万元

年份	国家财政拨付资金	大病统筹基金	大病统筹报销资金
2015	731.56	636.41	650.99
2016	774.64	892.13	904.45
2017	811.92	635.59	637.44
2018	923.93	1969.95	1253.21

资料来源：米林县卫健委。

贫困人口社会保障待遇水平的提高，一方面来自政府转移支付资金的增加，另一方面则得益于自治区财政、本市扶贫、民政、社会保障等部门行业资金的整合高效使用，从而实现以多方筹资来集中保障贫困人口。

4. 探索积极社会保障政策理念，鼓励贫困家庭劳动力积极就业

社会保障反贫困成效除了表现在为无劳动能力的贫困人口提供基本生活

---

① 朗县社会保障组：《朗县近三年健康扶贫工作总结》，2018 年 11 月 3 日。

保障之外，还表现为鼓励有劳动能力的贫困人口积极就业。从可持续脱贫的视角出发，帮扶有劳动能力的贫困人口稳定就业才是根本的扶贫之策。林芝市尽管文旅产业十分繁荣，但是也要看到农牧业的发展周期性特点明显，农牧区富余劳动力问题、大学毕业生就业问题依然难以解决。为了帮扶建档立卡贫困户中的劳动力和贫困家庭的大学毕业生就业创业，林芝市采取加强参保监管等措施，支持进城务工和转移就业的劳动力依法参加社会保险，保障贫困户的劳动力能够及时享受社会保险权益。同时，为了鼓励大学毕业生就业创业，林芝市采取了给予社会保险缴费补贴的方式。林芝市采取以积极就业为导向的社会保险扶持措施，有助于提升劳动者的社会保险意识，并能够在一定程度上发挥社会保险制度反贫困的效果。

（二）林芝市社会保障兜底反贫困面临的挑战

1. 社会保障待遇水平的持续提高对财政的压力不容小觑

社会保障制度反贫困效果的力度大小，与政府投入的公共财政规模密切相关。近年来，为切实加强对建档立卡贫困户的社会保障兜底保障，中央财政、西藏自治区和林芝市等各级财政都加大了民政和社会保障与就业方面的财政支出。尤其是自深入开展深度贫困地区脱贫攻坚以来，林芝市以农村最低生活保障待遇为代表的一系列社会保障待遇水平均得到了飞速提高。这一方面确实增加了贫困户的政府转移收入，但是大规模且多领域的政府财政资金的投入，更多依赖于中央财政和西藏自治区财政的大力扶持。林芝市及各区县自身的地方财政能力十分薄弱。因此，在各县区完成脱贫摘帽之后，社会保障兜底反贫困待遇和各项补贴的持续增加，将对各级财政产生更多的压力。

2. 政府代缴养老保险费的措施反贫困效果依然有限

林芝市为确保贫困人口享有社会保险权益，采取了政府按最低档帮助贫困人口代缴养老保险费的措施。由于最低档缴费水平为 100 元，且养老保险的待遇兑付需要等退休之后，这一措施在当前时段的反贫困效果不易被受资助的贫困人口所认可，他们没有对这一措施给予高度评价。

3. 医疗服务和养老服务等基本公共服务水平依然偏低

精准扶贫的实施,加快了西藏农牧区乡镇一级卫生医疗机构硬件的改善,家庭医生签约制度的实施也加强了对农村居民的健康管理。纵向来看,林芝市各地农牧区老百姓的就医条件和获得的医疗服务有了显著改善。但是也应当看到,医疗卫生技术人员总量不足和技能的水平偏低,也依然对林芝市基层老百姓获取精准且高质量的医疗服务构成了制约。广东近年来通过医疗援藏等措施也加强了对本地医生和医疗机构管理机制的培训和改造,但是基本公共服务水平依然偏低,短期内培训和改造难以发挥出规模效应。很多老百姓依然难以获得有质量的医疗卫生服务或者养老护理服务。在医疗保险中,也存在部门衔接沟通不畅、资金报销流程长等难题。

4. 就业形态的新变化对转移就业劳动力稳定参保提出了挑战

林芝市将文旅产业定位为战略支柱性产业,以第三产业的发展带动第一产业和第二产业融合发展。从当前的经济增长贡献率来看,文旅产业的收入也确实构成了 GDP 的较大部分,并且增速也远超过 GDP 增速与财政收入增速。但是也应看到,文旅产业的发展使得林芝市的劳动力就业形态也发生了变化。一是就业岗位日趋多样化;二是就业状态越发灵活,越来越多的人加入第三产业,从事灵活就业而非传统意义上的稳定就业。就业岗位的变化使得贫困家庭劳动者就业中所面临的风险也更加多样,要落实贫困家庭劳动者参加完整的社会保险项目,包括养老、医疗、工伤和失业保险。另一方面,灵活就业状态会影响这些贫困家庭劳动力的持续在岗就业,进而影响到这些人缴纳社会保险费的连续性。因此,要充分重视林芝市文旅产业发展所引发的就业形态的趋势性变化和挑战。

三 强化林芝市社会保障兜底反贫困效果的对策建议

随着林芝市"七个一批"反贫困政策体系的深入落实,林芝市已经实现了全地区的脱贫摘帽。据统计,2016 年至 2019 年 8 月,林芝全市累计实现减贫 23467 人,贫困村退出 487 个,贫困发生率从 16.42% 降至 0.33%,

7县区全部如期实现脱贫摘帽。全市贫困群众人均纯收入由2016年约2855元增至6781元，平均增速达33%以上。① 越来越多的建档立卡贫困家庭摆脱绝对贫困，通过产业发展和转移就业实现了稳步增收，越来越多地区的生产生活发展基本条件也得到明显改善。得益于此，通过社会保障兜底来摆脱绝对贫困的人数也不断减少，社会保障兜底扶贫对象也越来越聚焦于无劳动力能力的特殊困难群体。在巩固脱贫攻坚成果的背景下，社会保障兜底反贫困效果依然需要加强，同时也要针对摆脱绝对贫困状态的低收入家庭的就业状况，对刚刚摆脱绝对贫困的低收入家庭给予必要的保障，以帮助他们解决因医疗、遭灾等产生的突发性、灾难性支出问题，尽可能减少返贫现象。

（一）继续做好最低生活保障对象的动态管理和待遇水平的动态调整

社会保障兜底反贫困效果依然主要依托社会救助制度作用的发挥，其中以农村最低生活保障制度最为重要。应当注意到，进入脱贫摘帽和全面建成小康社会的新阶段，依然要高度重视返贫现象的出现。这一方面要求最低生活保障制度继续做好保障对象的动态管理，真正做到应保尽保；另一方面也要主动对低保对象的生活状态进行动态评估，清理已经不符合低保保障范围的对象。在一段时期内，基层将反贫困的任务全部压在最低生活保障制度上，一些基层干部扩大了农村低保制度的适用范围，导致农村低保对象瞄准率不高。但是，随着精准扶贫力度的加大，现在林芝市很多农村老百姓获得的其他政府转移性收入显著增加，因此，要适时改变以前扩大农村低保救助范围的做法，使农村最低生活保障制度回到正常轨道。在待遇水平的动态调整方面，主要应当按照当地的饮食结构和物价水平等，合理设置农村最低生活保障标准。

---

① 李梅英：《林芝市7县（区）实现脱贫摘帽》，http：//www.xzbm.gov.cn/tt/201908/t20190829_2739051.html。

（二）加强对低收入家庭的医疗救助、教育救助

精准扶贫反贫困政策体系的实施，使林芝市一大批贫困家庭摆脱了绝对贫困，进入了低收入家庭序列，甚至有一小部分家庭转型为小康家庭。但是很多刚刚摆脱绝对贫困的家庭处于一种不稳定的脱贫状态，可持续的稳定生计还未形成，返贫概率依然很高。调查发现，这些已经摆脱了绝对贫困但又处于贫困线边缘的低收入家庭，往往会因为疾病、教育和灾害等面临大额灾难性支出，家庭也会因此重新跌入绝对贫困之中。为了在夺取全面建成小康社会伟大胜利的新时期巩固现有的反贫困成果，建议加大医疗救助、教育救助和灾害救助等专项救助的力度，扩大这些专项救助的对象范围，将低收入家庭纳入其中，减少因灾难性支出而产生的返贫现象。

（三）提升基层医疗卫生服务供给水平

相比资金补贴和援助，贫困家庭有效劳动力的形成，往往更依赖健康状况的改善。当前的社会保障兜底反贫困政策体系，资助贫困家庭参加医疗保险并给予较高的报销比例，在一定程度上减轻了贫困家庭的就医负担。而相比高额的医疗费报销，良好的健康状况对贫困家庭具有更加深远的影响。因此，在乡村振兴和全面建成小康社会阶段，要重视提升林芝市基层医疗卫生服务供给水平，包括医生人数和技能的提升、医务人员对患者健康服务需求响应能力的提升、远程医疗水平的提升等。

（四）加大对"三留守人员"福利服务和残疾人康复服务的供给力度

农村"三留守人员"和残疾人依然是社会保障兜底反贫困的长期政策对象，而且随着林芝市第三产业规模的扩大和跨区域务工人口的增加，农村"三留守人员"问题也会越来越突出。因此，建议进一步加大社会保障兜底反贫困政策体系中的福利服务供给力度。一是继续提升林芝市农村养老服务设施的建设水平和服务质量，让无法在家中养老和需要护理服务的老人能够

到专业的养老服务机构接受照顾。二是加大农村留守儿童照料中心服务供给力度，营造留守儿童健康成长的集体环境。三是注重做好残疾人康复工作，尽可能让能够参与劳动的残疾人回到生活自理状态并参与力所能及的劳动。

（五）加强社会保障政策与其他反贫困政策的衔接协同

社会保障政策反贫困效果的发挥，与当地的财政能力、就业状态和产业发展结构等密切相关，而且一大批涉农惠民资金和补贴、公益性岗位补贴等政府转移性收入已经逐步成为林芝市农牧区居民的重要收入来源。因此，为了提升和增强社会保障政策反贫困的效率和效果，要将保障对象核定、保障待遇确定等方面的政策与当地的其他反贫困政策协同衔接起来，形成反贫困的合力。

第八章　林芝市社会扶贫成效、经验及面临的困境和对策

广泛动员全社会力量参与扶贫工作一直是中国扶贫工作的一条重要方针。20世纪80年代以来，中国的社会扶贫工作已经初步形成了以定点扶贫、东西部扶贫协作、军队和武警部队参与扶贫为引领，民营企业、社会组织和个人广泛参与的工作体系。本章重点分析林芝市的定点扶贫、东西协作扶贫（援藏）以及军民共建、企业帮扶等其他社会帮扶情况。在实践中，社会扶贫工作为林芝市脱贫攻坚取得阶段性胜利做出了重要贡献，形成了一些经验，但也面临一些挑战。为提升林芝市社会扶贫成效，建议从四个方面加以改进。第一，深化对社会扶贫工作的认识，推动扶贫工作的立法协调工作；第二，逐步改进帮扶方式，促进市场化合作机制深入发展；第三，促进农牧民参与扶贫项目制定，实现援助与需求精准对接；第四，进一步启发民智，加大基础设施建设力度，增强社会扶贫后续发展动力。

一 西藏社会扶贫：林芝的经验文本

（一）脱贫的可行性条件分析

1. 自然资源提供脱贫基础

就西藏全区而言，林芝的自然生态条件较为优越。例如，林芝有丰富的林业、水利、矿产、自然风光等资源。这些丰富的自然资源给林芝脱贫提供了较强的发展基础。林芝市委、市政府积极推行商业强市战略，将自然资源与市场相结合，通过产业建设年、产业提升年，全市的生态旅游业、特色农牧业、水电能源业、藏医药业和文化产业得到快速发展，为农牧群众提供的就业和增收渠道日益宽广，截至 2015 年末，林芝市农牧民人均纯收入达到9522 元[①]，位居全区前列。

2. 政府政策提供脱贫保障

一直以来，党中央、国务院高度重视包括林芝在内的西藏发展，特别是党的十八大以来，出台各种政策支持西藏的脱贫攻坚。中央第六次西藏工作座谈会进一步明确提出了推进西藏跨越式发展和长治久安的目标、任务和工作重点。中央出台了一系列扶持西藏经济社会发展的特殊优惠政策和具体措施，完善了经济援藏、干部援藏、人才援藏和科技援藏的工作格局，建立了援藏资金稳定增长机制。经济发达的广东省作为对口支援林芝的重点省，更是给林芝带来充足的发展资源。这些都为林芝市脱贫提供了政策支持。

3. 干部群众合力脱贫攻坚

林芝市政府各部门将脱贫攻坚工作放在重要位置，不断创新工作方式方法，进一步建立和完善领导干部对口联系和定点帮扶机制。林芝市贫困人口也逐渐改变"等、靠、要"的思想，积极寻求脱贫路径。随着政府强

[①] 《林芝市"十三五"时期脱贫攻坚规划（2016~2020）》，林芝市扶贫办，2019 年 5 月 24 日。

基惠民工作的深入开展，林芝市经济社会发展呈现出蓬勃发展态势，致富奔小康已成为全市各族群众的共同愿望。这成为林芝脱贫攻坚的动力来源。

（二）林芝市社会扶贫具体做法

福利经济学派主张通过收入再分配解决财富在穷人和富人之间的不均衡分配问题，认为国家或社会要为消除贫困问题承担主要责任。因此，解决贫困人口的经济问题需要通过国家干预国民收入再分配，让优先发展起来的区域或群体通过投资、捐赠、消费、提供培训和就业机会等方式惠及贫困区域和阶层，帮助其摆脱贫困。林芝的定点扶贫和援藏扶贫就很好地呈现了国家干预分配的景象。下文主要分析林芝市的定点扶贫、东西协作扶贫（援藏）及军民共建、企业帮扶等其他社会帮扶情况。

1. 定点扶贫

定点扶贫是国家直属单位、党政机关和企事业单位的党员、干部通过结对帮扶、强基惠民驻村工作的帮扶帮助地方进行基层治理，实现脱贫的方式。[①] 2015 年 12 月 8 日，习近平总书记和李克强总理就新时期如何做好定点扶贫工作作出了重要指示，强调定点扶贫在打赢"十三五"脱贫攻坚战中具有重要地位，是中央单位积极参与扶贫、推动贫困地区加快发展的有力抓手，各单位、各部门要切实增强责任感、使命感、紧迫感，创新定点扶贫工作机制和举措，将帮扶主体的优势与贫困地区的实际相结合，不断提高定点扶贫成效。[②] 在林芝市，定点扶贫主要体现在强基惠民驻村工作上，即"四对一"党员干部帮扶——明确 2 名县直机关干部职工、1 名乡镇干部和 1 名村两委干部联合帮扶 1 户贫困户。[③]

---

① 李娜：《深入理解"三位一体"大扶贫格局的内涵》，《现代经济信息》2019 年第 12 期，第 4 页。
② 《习近平就机关企事业单位做好定点扶贫工作作出重要指示》，央视网，http://news.cntv.cn/2015/12/11/ARTI1449828791860377.shtml，访问时间：2019 年 7 月 30 日。
③ 《米林县强基办 2018 年"四对一"结对帮扶工作总结》，米林县强基办，2019 年 5 月 23 日。

在定点扶贫工作中，林芝市按照精准扶贫、精准脱贫的要求，以"贫困群众增收"为目的，组织广大党员深入脱贫一线开展工作，推动建立健全社会力量参与扶贫机制，从思想、物质资金、政策等方面进行精准帮扶到村、到户、到人，帮助困难户增强脱贫信心，使帮扶解困工作实现"四个转变"，即由帮生活向帮就业转变，从"输血"向"造血"转变，从建立短效机制向建立长效机制转变，从治标向治本转变，走出了一条符合当地实际的帮扶新路子。

例如：米林县驻村工作队充分利用脱贫帮困日和党员固定活动日等平台，组织广大党员深入贫困一线开展帮扶活动。他们走进建档立卡群众家中了解致贫原因，引导他们转变思想观念，为他们谋发展、出思路、想办法，进一步密切了党群干群关系。通过定点扶贫，群众的思想得以解放，群众脱贫致富奔小康的意识显著增强，米林县自我发展的内生动力得到极大地激发。调研结果显示：截至2018年6月，米林全县1617名党员干部结对帮扶577户2648人；开展帮扶慰问7042次，帮扶物资折合资金57.5164万元；落实项目6个，资金159.4万元。全县驻村工作队有67个268人，落实帮扶资金198.56万元，捐款物折合资金53.5万元。[①]

朗县驻村工作成果也很突出。自治区派驻的5个工作队共有20名队员，14个市派驻的工作队共有64名队员，33个县派驻的工作队共有132名队员，另有3名县级领导担任驻村领队组成的第四批驻村工作队，[②] 分布在朗县六个乡镇开展扶贫工作。各工作队以"三大节日"为契机，积极开展"走访慰问""共庆节日送温暖"活动，将慰问金和慰问品送到了老干部、老党员、低保户、贫困户、残疾人家中，将党和政府的关怀送到了农牧民群众心中，得到了群众的真心拥护与热情支持。截至2015年10月13日，各级工作队累计走访慰问群众1118人，发放慰问金和慰问品价值共计42.257万元。[③]

---

① 《米林县典型材料》，米林县商务局，2019年5月23日。

② 《朗县第四批驻村工作队总结》，林芝市委组织部，2019年5月26日。

③ 《朗县第四批驻村工作队总结》，林芝市委组织部，2019年5月26日。

此外，林芝市各级驻村工作队以"培训一人，脱贫一家，带动一片"为目标，积极协调人社、农牧等部门，采取订单式培训、定点培训、外出培训、送教下乡培训等方式组织各类培训，为群众创业增收致富提供支持。例如西藏农牧学院驻察瓦龙乡格布村工作队积极协调西藏农牧学院技能培训专家团队赴驻点村为村民开展果树管理技术培训。截至 2018 年末，林芝市各级驻村工作队共开展各类培训 980 余场次，帮助 2219 名农牧民外出就业，累计创收 570 余万元。①

以下两个案例可以具体说明林芝定点扶贫取得的明显成效。

案例一：米林县卧龙镇甲格村驻村工作队帮扶贫困农户

米林县卧龙镇甲格村的欧珠措姆、金珠次仁、多布杰、秋吉四户是该村的建档立卡贫困户。甲格村驻村工作队走访了解到致贫原因后，县里的县人大办、扎西罗布、致富能人和珠海对口支援有关领导分别于 2016 年、2017 年、2018 年对他们进行了"四对一"帮扶，给予了他们资金和物资的帮助。经帮扶，贫困户欧珠措姆由脱贫前人均纯收入 2230 元增加到脱贫后人均纯收入 4096.5 元；贫困户金珠次仁由脱贫前人均纯收入 2256 元增加到脱贫后人均纯收入 4133 元。五保户多布杰、秋吉均由政府兜底，在米林县集中供养。

——《甲格村脱贫简介》，甲格村村委会，2019 年 5 月 26 日

案例二：朗县洛龙村"四对一"帮扶贫困户

洛龙村是朗县的贫困村，最初识别贫困人口时甄别出建档立卡贫困人口 24 户 76 人。自深入开展"四对一"结对帮扶活动以来，按照"一户一档、一户一法"的原则逐户分析致贫原因，制定并落实帮扶措施，认真归档贫困户家庭档案，建立完善动态管理机制，实行贫困户家庭基本信息、帮扶内容、脱贫措施、政策落实等公示上墙，确保贫困户识别精准、

---

① 《林芝市驻村工作队让群众成为美丽乡村建设"主力军"》，人民网，http://xz. people. com. cn/GB/n2/2019/0124/c138901 - 32571154. html，访问时间：2019 年 7 月 2 日。

扶贫力量对接精准、扶贫措施落实精准、贫困对象收益精准。截至 2019 年 5 月 24 日，洛龙村累计落实帮扶资金达 6.6 万元，通过对帮扶对象进行思想引导和政策宣讲、帮其寻找致富门路等举措，实现外出务工就业 10 人次。

——《朗县创先争优强基惠民活动驻村工作队》，朗县扶贫办，2019 年 5 月 26 日

2. 东西协作扶贫（援藏扶贫）

东西协作扶贫在林芝主要表现为全国援藏工作。援藏制度是独特的制度环境的产物，谢伟民等人认为，在历史发展的进程中，"民族平等""民族团结"等关于民族关系的一套认知和价值体系，对建构援藏制度具有指导意义。

新中国成立初期，西藏经济居全国末位，中央本着"民族平等、团结互助"的方针开始对援藏工作作出新的部署和安排。

1952～1959 年，国家通过人民解放军进驻的形式，稳定西藏、建设西藏，以财政补助、基础设施建设等国有经济的有效帮扶形式对西藏进行帮扶。同时，毛泽东明确提出"进军西藏，不吃地方"、"一面进军，一面建设"的大政方针。1959 年国家选派 3000 多名援藏干部入藏工作。由于西藏人才极为匮乏，1963 年又补派了 392 名援藏干部进藏工作，这期间的一切费用均由中央政府统一拨付。1978 年，一则《关于抽调干部支援西藏和在藏干部内返问题的通知》发布，这一通知的发布标志着干部援藏机制初步形成。[①] 1979 年，"对口支援"在全国边防工作会议上被首次提出。[②] 1980 年第一次西藏工作座谈会在北京召开，此次会议首次将西藏整体作为支援的对象，但直到 1983 年才正式实施，仅有川、浙、津、沪四个省份参与。"建设边疆，巩固国防"战略思想的树立，开启了西藏发展建设的新时代。

---

① 占堆、李梦珂、毛改玲：《对口援藏政策变迁研究》，《西藏大学学报》（社会科学版）2018 年第 2 期，第 183 页。

② 杨明洪、刘建霞：《中央机关对口援藏制度研究》，《中国藏学》2016 年第 4 期，第 49 页。

1984 年，中共中央召开第二次西藏工作座谈会，会上党中央、国务院决定由北京、上海、天津、广东、四川、江苏、浙江、山东、福建等 9 省市和其他相关部门帮助建设西藏，共投资 4.8 亿元，共有 43 个亟需建设的中小型工程项目。① 这次会议标志着全国援藏工程工作的开始。1994 年 7 月，第三次西藏工作座谈会在北京召开，围绕西藏的"稳定和发展"两件大事提出了"分片负责、对口支援、定期轮换"的对口援藏方针。② 2001 年第四次西藏工作座谈会又决定将对口支援西藏工作在原定 10 年的基础上再延长 10 年，并对原本未在受援范围内的其余 29 个县按照实际情况，以不同的方式进行支援。③ 2010 年第五次西藏工作座谈会要求对西藏的特殊优惠政策保持不变，坚持分区定点帮扶，形成了干部、经济、人才和技术"四位一体"的援藏格局。④ 自此，援藏制度的基本框架得以确立。

经过以上梳理，我们可以看出，援藏工作大致经历了 1979～1985 年的资金援藏、1984～1994 年的项目援藏、1994～2010 年的干部援藏和 2010 年至今的全方位援藏。新时期面临新任务，习近平总书记在 2015 年 8 月中央召开的第六次西藏工作座谈会上指出"依法治藏、富民兴藏、长期建藏、凝聚人心、夯实基础"是新阶段西藏工作的指导原则。

自援藏工作启动以来，林芝市逐步形成了产业援藏、教育援藏、医疗援藏、人才援藏、就业援藏等援藏大格局。截至 2019 年 6 月 27 日，全国各支援省份累计组织 1.8 万多名干部和专业技术人员，开展"组团式"医疗人才援藏、项目援藏等，累计实施援藏项目 1 万多个、落实援藏资金超过 400

---

① 占堆、李梦珂、毛改玲：《对口援藏政策变迁研究》，《西藏大学学报》（社会科学版）2018 年第 2 期，第 182～186 页。

② 《中央第三次西藏工作座谈会》，中央统战部，http：//www.zytzb.gov.cn/tzb2010/tujie/201508/4007288cb64e46b2917330969dad590f.shtml，访问时间：2019 年 11 月 27 日。

③ 《中共中央国务院召开第四次西藏工作座谈会》，新闻频道，http：//www.cctv.com/news/china/20010630/65.html，访问时间：2019 年 11 月 27 日。

④ 《西藏各族各界学习贯彻中央第五次西藏工作座谈会精神》，人民网，http：//xz.people.com.cn/GB/139208/11239155.html，访问时间：2019 年 8 月 14 日。

亿元，有力支持了包括林芝在内的西藏的经济发展。^① 各位援藏干部和组团式援藏人才为林芝的经济社会发展做出了巨大贡献。林芝在经济、教育、医疗等各方面都有了较大发展。

（1）产业援藏。产业的成熟化是地区经济发展的关键，也是稳定增加贫困人口收入、实现自力更生发展的基础。因此，产业扶贫对于贫困地区脱贫来说至关重要。产业援藏正是基于国家的政策扶持，由援助地和受援地双方根据实际情况制定出的具有地方特色的产业发展策略，促进受援地经济快速发展。

"十三五"时期，林芝市按照《西藏自治区"十三五"时期脱贫攻坚规划》的指导意见，依据《西藏自治区贯彻〈关于创新机制扎实推进农村脱贫攻坚工作的意见〉的实施意见》和《林芝地区产业扶贫规划（2013～2020 年）》，根据林芝市的资源禀赋、经济水平、地理条件等实际情况，结合林芝产业布局和发展思路，把援藏省市和央企的市场、管理、人才、技术优势与本地的特色优势结合起来，推动林芝市产业发展。

下文以米林县为例来分析林芝市产业援藏情况。广东省第八批援藏工作队米林县工作组（以下简称工作组）在省援藏工作队和米林县委、县政府的领导下，以打造"内地游客进藏最佳适应地和旅游目的地，藏医药、藏东南土特产及内地进藏产品集散中心，以及集观光、体验、休闲和种养于一体的西藏民俗文化及现代农业基地"等四大产业为载体，以构建脱贫长效机制，努力使米林县成为精准脱贫、全面决胜小康社会的排头兵为目标，进行产业援藏。

一是支持县内旅游业发展。米林县耕地资源丰富、气候条件适宜，适合旅游业特别是集观光、休闲、体验、采摘及度假于一体的高原现代休闲农业发展。在米林县政府支持下，援藏工作组于 2017 年援建的县城民俗文化改

---

① 《西藏扶贫发展状况》，人民网，https://new.qq.com/omn/20190627/20190627A093YN00，访问时间：2019 年 8 月 14 日。

造工程基本完成。工作组积极引进深圳登喜路集团和珠海美光源科技共同投资建设江心岛田园综合体，积极打造可以展现西藏风情的多元一体的现代高原农业园区。为配合县内旅游业发展，工作组帮助米林县引进北京易能控股投资 6 亿元在才召村建设一家高端空气疗养主体酒店，引进广东新美源公司投资 1 亿元在米林县城建设米林小院，引进成都山泽居公司投资 1.8 亿元建设覆盖米林全县的汽车营地，引进松赞林精品酒店连锁企业投资 3000 万元在达林村建设一家精品特色酒店。这些项目的有效实施，极大地完善了米林旅游体系，促进了米林旅游业的快速发展，为米林实现精准脱贫、全面决胜小康社会提供雄厚的经济保障。[①]

二是支持县内藏医药发展。依托当地丰富的藏药材资源条件，结合藏医药及保健品附加值高、产业链条短、产业配套要求低等特点，援藏工作组协助米林县引进一批医药实力雄厚的企业，以藏药为核心进行药品及保健品的研发、生产、销售，并配合开发集文化传承、体验和观光于一体的藏医药文化和产业园区，以此带动南伊药洲特色小镇的建设，打响药洲品牌，使米林藏医药的文化传承和核心价值通过产业发展得到充分展现。2018 年下半年，工作组帮助引进深圳年富实业和北京荟俊医药投资 3 亿元，依托藏医药博物馆建设的集药洲文化、蜂疗体验、医疗器械、中药饮片和保健品于一体的产业园区已动工建设。在工作组的积极推动下，县政府统筹全县贫困户以藏医药博物馆作价入股该产业园区 20% 的股份。按照固定分配和二次分配相结合的模式，从 2018 年起，全县的贫困户每年可以享受 250 万元以上的投资分配。2018 年，工作组又协调引进了天津中医药大学、天津大学智能研究中心、航天五院和航天生物科技公司等单位在米林建立藏（中）医药国家重点实验室。随着藏（中）医药国家重点实验室的建立，米林必将迎来藏（中）医药产业的高速发展，并成为西藏最重要的藏（中）医药产业基地。[②]

---

① 《米林县工作组产业援藏带动脱贫工作亮点》，米林县扶贫办，2019 年 5 月 30 日。
② 《米林县工作组产业援藏带动脱贫工作亮点》，米林县扶贫办，2019 年 5 月 30 日。

三是支持县内商贸物流发展。为充分发挥米林县有航空港、进出西藏快捷便利的优势，援藏工作组和米林县政府推动建设以藏东南地区新鲜土特产交易为主、以内地高端名优产品进入西藏为补充的产品集散中心，并大力推动航空商贸小镇建设。2017年5月，工作组成功引进了珠海华发集团旗下的华发商贸控股有限公司投资14.4亿元建设机场商贸物流园区，该物流园区凭借华发公司的运营经验和优势，未来完全有可能建设成为全西藏最具影响力的藏东南土特产及内地进藏名优产品集散中心。同时，春播网、玺尔网络、深山果农网等一批农副产品电商企业也将陆续进入，将引领米林乃至整个林芝商贸物流领域的巨大变革，推动米林经济更快发展和航空商贸小镇形成，有效实现产业发展和村居建设的有机融合，带动机场周边乃至全县超过1500户以上的群众走向富裕。①

（2）就业援藏。就业乃民生之本。于国家，就业能够创造物质财富，促进社会生产，维系社会稳定；于个人，就业能够实现个体社会价值，促进人的全面发展。所以，就业援藏对于西藏的社会发展和劳动者自身发展都具有极其重要的意义。

广东省人社厅、广东省第八批援藏工作队在与林芝市人社局的沟通和对接下，将林芝市高校毕业就业创业工作纳入就业援藏的重点，推动了大批就业援藏项目的落实，带动援藏工作不断取得新突破。以下是林芝市就业援藏具体工作情况。②

一是在林芝市开展3D打印技术培训。援藏工作队投入资金300余万元购置了14台3D打印设备，由广东省人社厅指定广东省机械技师学院援助，分别在广东和林芝举办了3期培训班，共培训60名林芝籍未就业的贫困高校毕业生。有3名学员组建了3D打印公司开始3D打印创业。3D打印项目既是林芝市精准扶贫的重要举措，也是推进旅游产业化的重要环节，更是广

---

① 《米林县工作组产业援藏带动脱贫工作亮点》，米林县扶贫办，2019年5月30日。

② 《林芝市人力资源和社会保障局关于"十三五"援藏项目进展情况的报告》，林芝市人力资源和社会保障局，2019年5月27日。

大青年创新创业的重要平台。

二是在林芝市开展电子商务创业培训。援藏工作队协调广东省人社厅在"十三五"期间帮扶林芝市在全西藏率先举办电子商务创业孵化培训班。从2015年11月起，先后举办4期培训班，共培训学员331人，积极帮扶当地城乡劳动力就近就地就业创业，实现精准脱贫。

三是在林芝市开展漆画工艺与室内装饰培训。为弘扬民族文化和传承民族工艺，提升藏式装饰从业人员的漆画工艺与室内装饰知识技能，走出一条符合自身实际的就业创业新路子。援藏工作组帮助引进广东省城市建设学院优秀师资力量，率先在全西藏开展漆画工艺与室内装饰培训。截至2019年1月已在广东、林芝开展了两期培训班，共培训学员39人。

四是举办广东对口林芝就业援藏专场招聘会。为进一步拓宽林芝籍高校毕业生的就业渠道和范围，广东省人社厅和援藏工作组在林芝市人社局要求下，在林芝举办就业援藏专场招聘会。"十三五"以来，林芝市人社局在工作组的帮助下，先后举办3场广东省面向林芝籍高校毕业生专场招聘会、扶贫援藏专场招聘会，组织广东159家用人单位，提供岗位4421个，现场达成赴粤就业意向418人。

五是建立高校毕业生区外见习帮扶机制。2018年11月20日，在援藏工作组的协调下，林芝市人社局首次组织17名未就业高校毕业生、1名工作人员赴广东省技工院校开展为期两个月的见习活动和跟班学习，学习广东省技工教育的先进经验和做法，为林芝市技工学校投入使用提前储备师资力量。

六是推动建立广东省事业单位定向招录林芝籍高校毕业生长效机制。为进一步提升林芝高校毕业生就业工作成效，2018年8月，林芝市委副书记、常务副市长许典辉同志率队赴广东省开展就业援藏回访工作，成功协调广东省人社厅为西藏籍高校毕业生优选20个公务员岗位（其中针对林芝籍高校毕业生不少于10个）、32个事业单位岗位（全部用于吸纳林芝籍高校毕业生）、600个以上专业匹配度较高的企业岗位。截至2018年12月，首批广东省事业单位公开招聘西藏籍少数民族高校毕业生工作已顺利结束，录用林芝籍高校毕业生 10 人。

（3）人才援藏。人才是现代社会竞争和发展的重要生产力。习近平总书记指出"国家发展靠人才，民族振兴靠人才，人才是兴国之本、富民之基、发展之源。综合国力竞争说到底是人才竞争。要树立强烈的人才意识，真诚关心人才、爱护人才、成就人才，激励广大人才为实现'两个一百年'奋斗目标、实现中华民族伟大复兴的中国梦贡献力量"。[①] 可见，做好人才援藏工作对于包括林芝在内的西藏发展有着重要意义。

在林芝市积极协调下，对口援藏的广东省选派优秀干部到林芝挂职扶贫，努力做到县区、乡镇至少派一名援藏扶贫专家，包括选派对应的扶贫专业技术人才、经济管理人才。援藏扶贫专家还负责对贫困村两委成员、致富带头人、复转军人等群体进行职业技能培训和实用技术培训。在第八批援藏工作队援藏期间，还有 312 名专业技术干部到林芝开展柔性援藏，极大地改善了林芝市专业技术人才队伍结构。

2019 年 7 月 29 日，第九批援藏人才抵达西藏。与上一批选派情况相比，新一批干部人才的总体规模进一步扩大，共有 2006 名干部人才；结构功能不断优化，专业技术人才比重提高了 12.5 个百分点；综合素质进一步提高，大学本科以上学历达到 97%，大多年富力强，能够胜任西藏地区工作要求。[②] 新一批援藏工作的开始定会给西藏的发展注入新的活力。

（4）教育援藏。要想打赢民族贫困地区的脱贫攻坚战就必须抓住教育这一"阻断贫困代际传递的治本之策"。[③] 教育援藏的方针早在 1954 年就首次实施，中央选派 1500 名教师进藏。[④] 随着援藏的不断深入，教育援藏开

---

① 《人才的重要性》，人民网，http://sh.people.com.cn/n2/2018/0403/c375987 - 31420690. html，访问时间：2019 年 8 月 14 日。

② 《第九批援藏和第四批援青干部人才赴西藏青海工作》，中华人民共和国中央人民政府网，http://www.gov.cn/xinwen/2019 - 07/29/content_ 5416400.htm，访问时间：2019 年 8 月 14 日。

③ 《习近平在中央扶贫开发工作会议上的讲话》，中国共产党新闻网，http://theory. people.com.cn/n1/2017/0627/c40555 -29364876.html，访问时间：2019 年 8 月 14 日。

④ 赵明刚：《中国特色对口支援模式研究》，《社会主义研究》2011 年第 2 期。

始转型，2016 年"组团式"教育人才援藏工作启动。"组团式"教育人才援藏以集中力量选派内地优质教育人才援藏为手段，带动和培训当地教师，加强西藏教师队伍建设，提高西藏学校教育教学管理水平。据统计，自 1995 年对口教育援藏以来，广东教育援藏投入资金和物资合计 4.65 亿元，其中 2016 年第八批"组团式"教育援藏共投入 10186 万元。"组团式"教育援藏项目包括：2016 年初，广东省教育厅派出 10 名教育援藏干部分赴林芝市、各县教体局和市直学校任职；2016 年 8 月，又派出加上轮岗教师在内的 93 名教育人才入藏支教；2017 年的"校地共建"项目带动 11 所高校先后选派 498 名优秀学生赴林芝进行支教实习；2018 年启动"万名教师援藏计划"，广东选派 20 名教师进藏；选派广东内地西藏班跟岗教师 78 名。2016～2019 年，广东组团援藏干部教师共 699 名。[①] 教育援藏促进林芝整体教育实现内涵式发展。

例如，朗县在受援后教育质量显著提升。2016 年 7 月以来，在朗县援藏工作组的关心支持和惠州市教育局两位援藏干部的积极推进下，惠州市教育局出台了《关于做好对口支援西藏朗县教育援藏工作的指导意见》，以开展教育"结对帮扶"为主要抓手，通过结对帮扶、师资培训、交往交流、爱心捐赠、志愿支教等方式，助推朗县教育事业迈上新台阶。

一是强化政策指导，推进教育帮扶。2016 年 11 月至 2019 年，在惠州市教育局大力支持下，朗县援藏工作组积极协调惠州市 11 所优质中小学（幼儿园）与朗县 9 所中小学（幼儿园）建立结对帮扶关系，全面开展结对帮扶工作。截至 2019 年初，惠州市各结对帮扶学校派出了 11 批次共 57 名优秀教师到朗县中小学（幼儿园）等开展帮扶支教；朗县 84 名教师赴惠州跟岗研修；朗县各中小学（幼儿园）收到的捐赠资金、图书资料、办公设备、校园文化建设设施及生活用品等合计约 186 万元。通过惠朗两地学校结对"认亲"，朗县受援学校进一步完善了校园文化建设等硬软件基础设施，

---

① 《广东省教育援藏：六千里外最深情的爱》，米林县政府官网，http://www.xzml.gov.cn/dzyw/201906/t20190628_2672650.html，访问时间：2019 年 8 月 1 日。

提升了学校师资队伍整体素质，提高了教育教学质量和整体办学水平。

二是加大创新力度提升教育质量。惠州市选派的教育援藏干部于2016年7月进藏后，推动朗县教育系统积极借鉴和推广惠州等广东沿海教育先进地区的理念，打造具有朗县特色的"一三三"教研模式，构建各具学科特点的高效课堂教学模式。教育援藏干部还指导学校以活动为依托，推进素质教育工作，开展丰富多样的教学活动和特色课程——如金东乡中心小学开展各类兴趣小组课外活动，登木乡中心小学和朗镇中心小学开展游园活动，仲达镇中心小学举办足球比赛，洞嘎镇中心小学举行汉字听写大赛等，多措并举激发学生自主学习的兴趣。2017年11月9日，朗县高分通过国家义务教育均衡发展终极督导验收。2018年底在林芝市义务教育质量检测中，朗县小学阶段成绩由原来的林芝市第四名上升为林芝市第一名，中学的名次提升了两位。图8-1表达的是朗县朗镇小学、朗县完小、洞嘎小学等小学2017年一年级时语文、藏文、数学各科的均分和2018年升到二年级时各科的均分。从图8-1可以看出，由于"组团式"援藏教师的帮助，2018年时朗县各小学各科的均分比2017年各科的均分有所提高。

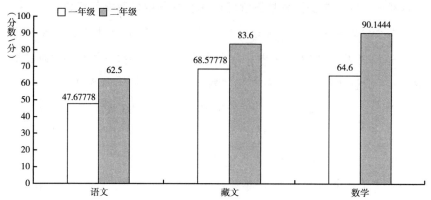

图8-1 朗县部分小学2017年一年级时均分和2018年二年级时均分比较

数据来源：《2017~2018年统考各科全县排名》，朗县教育局，2019年5月28日。

三是开展专题培训，提升队伍素质。自第八批教育援藏工作开启以来，惠州市教育局和援藏工作队全额出资组织教育管理干部进行专题培训，并积极引进名师专家入朗进行专题讲座报告。"跟岗"和"委托培训"都在有条不紊地进行中。惠朗两地学校的结对"认亲",密集的调研考察、交流培训、跟岗学习活动,使朗县受援学校进一步完善了校园基础设施,提升了教师队伍的整体素质,提高了教育教学质量和整体办学水平。

四是推动倾情捐赠助力发展。2017 年 9 月 6 日,朗县援藏工作组积极争取惠州市财政每年出资 43.49 万元设立"鹅翔"教育奖励基金,对朗县籍新考取的大学生、考入内地西藏班学生、教育教学质量优秀的学校和个人进行奖励,对困难教师和困难学生进行慰问帮扶。至 2019 年 5 月 4 日,已奖励学生 303 人、教师 99 人、教学质量优秀学校 9 所,慰问贫困学生 20 人、教师 854 人,发放奖教学金 86.98 万元。[①]

五是打造朗县实习基地,巩固共建成果。朗县校地共建教育实习基地的建立,加强了惠朗两地的交流,增进了惠朗两地友谊,推动了朗县教育教学事业的发展。经过惠州市教育援藏工作组的努力,朗县教育事业发展取得了新的成就。[②] 以下两个案例具体体现了林芝市教育援藏取得的显著成果。

案例一:林芝市受援学校巴宜区中学和八一中学取得可喜成绩

由广东省教育援藏团队援建的巴宜区中学,2017 年中考总平均分比上一年提高 57.7 分,2018 年中考夺得全市藏文班第一名,内地西藏班上线人数 36 人,居全市之首。由教育部"组团式"援藏团队援建的八一中学,2018 年中考成绩再创新纪录,总分 500 分以上人数 89 人,居全市第一。林芝二高 2018 年高考升学率由 2016 年的 63.7% 跃升到 2019 年的 94.7%。种种令人惊喜的成绩不断展示着教育援藏的丰硕成果。

——《林芝市组团式教育援藏结硕果》,搜狐网,http://www.sohu.com/a/257638817_ 266317,访问时间:2019 年 11 月 23 日

[①] 《广东省第八批援藏工作队朗县工作组援藏工作总结》,林芝市卫健委,2019 年 5 月 26 日。
[②] 《惠州市对口西藏林芝市朗县教育援藏工作总结》,朗县教育局,2019 年 5 月 28 日。

案例二：朗县与惠州学院签订大学生思想政治教育实践基地协议

为推动教育援藏成果的进一步巩固，惠州援藏工作组积极协调校地共建教育实习基地。2017年7月15日，惠州学院与西藏林芝市朗县政府签订共建大学生思想政治教育实践基地项目协议，结成了粤藏校地共建教育援藏帮扶对子。2017年9月惠州学院首批12名优秀大学生到朗县开展一学期的志愿支教实习活动。2017~2019年，惠州学院共选派四批共58名优秀大学生，在朗县开展每批为期一个学期的志愿支教实习活动。校地共建教育实习基地的建立，加强了惠朗两地的交流、交融，增进了惠朗两地友谊，为朗县教育教学事业的发展贡献了一定的力量。

——《惠州市对口西藏林芝市朗县教育援藏工作总结》，朗县教育局，2019年5月28日

（5）医疗援藏。"人民健康是民族昌盛和国家富强的重要标志"。① 习近平总书记在党的十九大上指出"要完善国民健康政策，深化医疗卫生体制改革，健全现代医院管理制度，加强基层医疗卫生服务体系和全科医生队伍建设，全面建立中国特色基本医疗卫生制度、医疗保障制度和优质高效的医疗卫生服务体系。"② 可见，医疗卫生保障体系的完善在实现我国全面建成小康社会中起着关键作用。

西藏位于我国西南边陲，平均海拔在3000米以上，被世界卫生组织称为医学高原。由于特殊的地理位置、气候条件和历史因素，医疗卫生事业发展一直处于全国较低水平。为贯彻落实中央第六次西藏工作座谈会精神和党中央、国务院西藏工作部署要求，2015年8月开始，中组部、国家卫生健康委决定组织开展医疗人才"组团式"援藏工作，从北京协和医院和北京大学第

---

① 《习近平在中国共产党第十九次全国代表大会上的报告》，人民网，http：//cpc. people. com. cn/n1/2017/1028/c64094 – 29613660 – 10. html，访问时间：2019年8月14日。

② 《习近平在中国共产党第十九次全国代表大会上的报告》，人民网，http：//cpc. people. com. cn/n1/2017/1028/c64094 – 29613660 – 10. html，访问时间：2019年8月14日。

一医院、北京大学人民医院、北京大学第三医院以及北京、辽宁、上海、安徽、广东、重庆、陕西7省市三甲医院中精心选派①医疗专家组成援藏医疗队对口支援西藏自治区人民医院和包括林芝市在内的西藏7家地市人民医院。援藏医疗队采取"以院包科"方式，内地65家包科医院与西藏"1+7"医院建立重点学科建设对接机制，大力推进各医院体制改革。以提升医院内涵建设为抓手，制定大、中病目录清单，将群众医疗具体化，引导各单位不断填补业务空白。

2018年第一季度"1+7"医院医疗人才"组团式"援藏工作就取得了令人瞩目的成就。2018年第一季度"1+7"医院总门诊量达342053人次，总住院人数达21666人次，共开展手术7601台次，其中三、四级手术2711台次。门诊量（见图8-2）、住院量（见图8-3）、手术量（见图8-4）比2017年同期均有大幅增长。抢救危重病人1980人次，危重病人抢救成功率88.29%；讨论疑难危重和死亡病例708次，组团专家会诊6258人次，医院教学查房1466次；孕产妇住院分娩数2752人，孕产妇死亡数0例，新生儿活产数2928人。

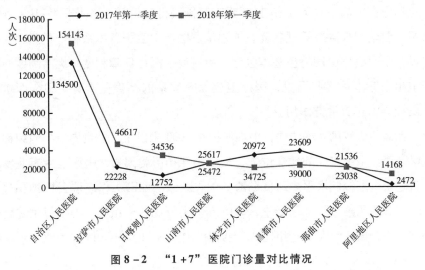

图8-2 "1+7"医院门诊量对比情况

资料来源：《2018年第一季度"1+7"医院医疗人才组团式援藏工作情况分析》，西藏自治区卫生健康委员会，http://www.xzwjw.gov.cn/gzdt/11204.jhtml，访问时间：2019年8月15日。

---

① 2015年8月，第一批143名医疗专家进藏；2016年8月，第二批181名医疗专家进藏；2017年8月，第三批195名医疗专家进藏。

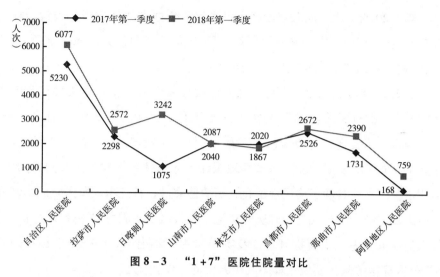

图 8 – 3　"1 + 7"医院住院量对比

资料来源：《2018 年第一季度"1 + 7"医院医疗人才组团式援藏工作情况分析》，西藏自治区卫生健康委员会，http：//www. xzwjw. gov. cn/gzdt/11204. jhtml，访问时间：2019 年 8 月 15 日。

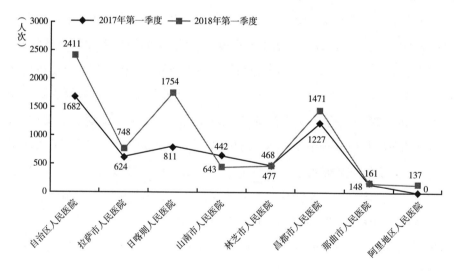

图 8 – 4　"1 + 7"医院手术量对比

资料来源：《2018 年第一季度"1 + 7"医院医疗人才组团式援藏工作情况分析》，西藏自治区卫生健康委员会，http：//www. xzwjw. gov. cn/gzdt/11204. jhtml，访问时间：2019 年 8 月 15 日。

截至 2018 年底，西藏自治区人民医院不断推进"强三甲"建设，林芝等 6 个地市全部创办一家三甲医院，阿里地区顺利创办一家三乙医院，① "组团式"援藏带动西藏医疗服务能力显著提升。

自 2015 年 8 月以来，医疗人才组团式援藏作为"体现中央关怀、惠及各族群众、促进民族团结"的重大政治工程、民生工程、民族团结工作，把"合理、可实现、可持续、可评价"总体要求贯穿始终，推动"组团式"援藏工作向纵深发展。在广东省援藏医疗人才与林芝本地医生共同努力下，林芝市医疗水平实现了格局性变化、历史性突破，林芝市人民医院成功创成三甲医院，稳步向现代化管理医院迈进，各县区卫生服务水平持续上升，医技人员业务能力大幅度提升，逐步实现"中病不出市、小病不出县"的目标。② 医疗援藏队主要做了如下几个方面的工作。

其一，补短板、填空白，提高了林芝医疗服务水平。在林芝市政府先后派出 3 批党政代表团赴广东省沟通医疗人才"组团式"援受工作的情况下，广东省人民医院等 6 家医院与林芝市人民医院建立了友好医院关系。广东省划拨 8000 万元专项资金，选派 4 批援藏工作队 69 名医疗人才到林芝援藏，以"中病不出市、小病不出县"为目标，将林芝市人民医院 24 个业务科室细化为 52 个专业科室，增设 6 个专家门诊，填补了林芝无痛分娩、脑肿瘤手术等 26 个领域空白，成功创建三甲综合医院。在医疗援藏队的支援下，林芝市的医疗科研从无到有实现历史性突破，一大批本地医生实现"从不会到会、从会到熟练掌握、从熟练掌握到主动挑战新领域新技术"三级跳，完成了从初学者到专家型医疗骨干的转变，有力提振了全社会对市级医疗服务的信心。据统计，2018 年与 2014 年相比，林芝市人民医院门诊人数增长 187%，住院量增长 49%，手术量增长 60%，患者平均住院天数下降 25.7%。③

---

① 《图解医疗援藏》，中国西藏网，http://www.tibet.cn/cn/index/data/201812/t20181225_6467771.html，访问时间：2019 年 8 月 2 日。
② 《医疗人才组团式援藏》，林芝市委组织部，2019 年 5 月 22 日。
③ 《医疗人才组团式援藏》，林芝市委组织部，2019 年 5 月 22 日。

其二，借助师徒制育骨干，加大人才培养力度。为了加强林芝市人民医院全科医学培训基地，援藏医疗专家依托其自身的技术优势和后方力量，采取"团队带团队、专家带骨干、师傅带徒弟"方式，先后培训林芝本地医护人才1024人次，与本地医疗骨干结成帮扶对子146对。截至2019年5月，在援藏医疗专家"传、帮、带"的努力下，林芝市人民医院本地医疗骨干达到147名，14名本地医生可独立完成三、四级妇科腹腔镜等手术，妇科肿瘤手术、脑肿瘤手术等5个领域实现"零"的突破，真正培养了一支带不走、高水平的本地医疗人才队伍，极大地改善了全市医疗卫生领域人才队伍结构。①

其三，多种资源支持，助力建设健康林芝。自医疗人才"组团式"援藏工作开启以来，广东省将优质医疗资源以人、财、物、技等形式源源不断输入林芝，为建设健康林芝打下了坚实的基础。截至2019年5月，林芝市免费体检、有病就医、地方病免费救治已实现全覆盖，孕产妇死亡率由2014年的每10万人39.98人下降到2018年的每10万人0人，婴幼儿死亡率由2014年的15.59‰下降到2018年的13.98‰，住院分娩率由2014年的81.41%提升至2018年的95.92%，"两降一升"目标稳步实现。②

下面两个案例具体体现医疗援藏工作内容。

案例一：林芝市举办医务人员技能培训班

为促进林芝医务人员系统化提升医疗和管理水平，在国家卫计委医政医管局、广东省卫计委、林芝市卫计委的支持下，2016年9月21日，林芝市医疗人才"组团式"援藏队在林芝市人民医院举办了人才培训班开班仪式。此次培训班为西藏首次培训，开创了医疗人才"组团式"援藏的培训新模式，其首批学员为在林芝市人民医院及林芝市各县区医疗机构工作5年以上还未取得执业助理医师资格证等相关上岗证的医护人员（32人），而师资力

---

① 《医疗人才组团式援藏》，林芝市委组织部，2019年5月22日。
② 《医疗人才组团式援藏》，林芝市委组织部，2019年5月22日。

量全部来自广东省第二批医疗人才"组团式"援藏队。为期3个月的脱产培训过程中，学员们学习外科、内科、妇产科、儿科、影像科等临床学科课程及相关基础医学知识，教学方法多种多样，通过理论大课、PBL教学、临床见习带教等方式提高学员水平。学习结束后，经过考核，合格的学员获得执业助理医师资格上岗证，在自治区内合法执业。

——《林芝市医疗人才组团式援藏队举办医务人员技能系统化培训班》，中国西藏网，http：//www.tibet.cn/aid-tibet/news/1477961552187.shtml，访问时间：2019年8月2日

案例二：惠州市的"光明朗县行"公益活动

为了增强藏区人民的医疗体验，2018年9月，惠州市红十字会组织医疗队到朗县开展"光明朗县行"人道复明行动。2019年4月，深圳狮子会、惠州市第三人民医院和惠州市第二妇幼保健院到朗县开展第二次"光明朗县行"——"深圳狮爱·心系高原"公益活动。两次公益活动共为前来就诊的886名眼疾患者进行了义诊，并对确诊的78名白内障患者和翼状胬肉患者免费实施了复明手术。朗县卫生服务中心诊疗水平的大幅度提高以及惠州医疗援藏力度的不断加大，不仅打响了"惠州医疗援藏"的金字招牌，还不断吸引山南加查县等周边县区患者前来就诊。

——《"深圳狮爱 心系高原"2019年光明行公益活动走进朗县》，中国西藏林芝网，http：//www.linzhinews.com/sitesources/xzlzw/page_pc/dfsy/yz/articleaa4f805f683d446994377ef9c87f07f7.html，访问时间：2019年8月2日

（6）消费援藏。消费援藏是新时期新形式的援藏促脱贫模式，这一模式的实施有效地促进西藏本地特产的外销，打开了新的市场，带来了更多的收入。

林芝市在消费援藏中收获颇丰。例如，在2019年广东—西藏（林芝）"消费援藏"暨招商推介交流活动中，林芝市组织米林县4家优秀的农民专业合作社（米林县红太阳药材及林下资源种植专业合作社、米林县羌纳乡

西嘎村童螺嘎布藏纸加工农民专业合作社、米林县卧龙镇日村雅江藏香农民专业合作社、米林县塘崩巴村雪域木碗手工艺农民专业合作社）及4家企业赴广州、深圳参加本次展销会，该活动突出了"山水米林、花谷药洲"主题，介绍了米林县的六大优势及特色。最终，可心农业、布瑞吉祥、藏药合作社展示效果明显，在会场期间对接洽谈合作企业21家，成功对接形成意向6家，其中现场确定16.8万元订单（布瑞吉祥蜂蜜）。[①] 此次活动发挥了广东消费市场优势，拓宽了米林产品的销售渠道，提升了产品的影响力，把米林的资源优势、生态优势、区位优势转化为经济优势，促进米林发展壮大优势特色产业。

3. 企业帮扶、军队帮扶等其他社会帮扶

社会扶贫中除了定点帮扶、东西协作扶贫以外，还有其他各种帮扶形式，如军队帮扶、企业帮扶、社会组织及社会各界人士帮扶。各种各样的帮扶措施在有力地促使着包括林芝在内的西藏摆脱贫困。

（1）企业帮扶。企业帮扶是动员社会中的企业积极参与到帮扶贫困地区的行动中来。在援藏扶贫实践中，"百企帮百村"企业帮扶活动在林芝做得有声有色。有一些市场主体到林芝市及各县扶贫和投资兴业；一些民营企业通过投资兴办企业，开发结对村资源，发展特色产业，提高生产力、提升附加值，带动贫困村经济发展；一些民营企业基于自己的市场开拓能力及渠道和信息优势，通过采购、代销、委托加工、"农企直通车"等形式，帮扶结对村对接外部市场，带动农户增收；有些企业通过捐款捐物、助学、助老、助残、助医等形式，改善结对村群众的生产生活条件。当然，林芝市也一直在积极为民营企业参与脱贫攻坚提供财政、税收、金融、土地、用工等政策支持，为企业帮扶营造良好的外部环境。[②] 以下案例可具体体现企业帮扶的措施及成效。

---

① 《米林县供销合作社典型材料》，米林县商务局，2019年5月23日。

② 《西藏自治区"十三五"规划》，西藏自治区人民政府网站，http://www.xizang.gov.cn/zwgk/ghjh/201811/t20181123_171759.html，访问时间：2019年8月2日。

案例：成都山泽居汽车营地项目带动当地居民增收

山泽居汽车营地由成都山泽居文化旅游开发有限公司投资建设，总共投资1.8亿元，占地107亩，项目位于扎西绕登乡萨玉村。公司规划建设汽车营地和轻奢酒店两大类产品。截至2019年初，项目已进入全面施工阶段，一期建设的汽车营地已于2018年10月底试营业；二期建设的轻奢酒店及婚纱摄影基地于2019年年底试营业。在项目建设过程中，最大限度地雇佣当地施工人员和租赁当地机械设备，购买当地建筑材料，至2019年底累计支付直接费用超过2000万元，同时有效带动新增投资，预计超过1亿元。项目运营后，年营业额超过2000万元，税收近200万元，提供就业岗位100余个。该项目建成运营后，有效解决了当地村民就业问题，并带动发掘当地丰富的旅游资源，最大化实现民众增收，每年直接创收1000万元以上。

——《米林县典型材料》，米林县扶贫办，2019年5月30日

（2）军队帮扶。作为我国的边疆地区，西藏自治区的地理位置极其重要，自新中国成立起，就有中国人民解放军援建西藏的传统。米林县拥有军民共融的优势，驻地部队与地方各级党组织沟通联系，健全和落实好军地联席会议制度，探寻军地共建渠道，积极开展健康向上、丰富多彩的军地联谊活动，做到守土有责、守土负责、守土尽责，努力形成固边守土、互助脱贫的大格局。

例如邦仲村的军民共建做得有声有色。邦仲村隶属米林县米林镇，位于219国道旁，海拔2800米。邦仲村下辖邦仲、雪卡、热嘎三个自然小组。该村属于藏族、汉族、珞巴族杂居村，是米林县远近闻名的"边境村""文明村""平安村"和爱国主义教育基地。近年来，驻村部队与邦仲村以习近平新时代中国特色社会主义思想为指引，认真实施"神圣国土守护者、幸福家园建设"战略目标，探索出军民共建的社会扶贫的新形式，军队帮扶取得一定成效。一方面，部队对邦仲村进行了多层次的帮扶和共建，开展了扶贫帮困、治安巡防、环卫整治、公益服

务等多种活动，另一方面，村民为部队提供餐饮、蔬菜等坚强的后勤保障。[1]

二 林芝市社会扶贫取得的成效和经验总结

综上所述，社会扶贫在林芝市打赢脱贫攻坚战中起到了重要的作用，促进了林芝市经济社会的发展和贫困群体的脱贫。

（一）社会扶贫成效

林芝市的社会扶贫工作将定点扶贫、东西协作扶贫与强基惠民活动有机结合，组织全市党政机关、人民团体、企事业单位、驻藏部队大力开展"四对一"定点帮扶，坚持不脱贫不脱钩，最终有力促进了全市经济社会发展。

定点扶贫提供基础保障。一是开展主题教育。2017 年末，林芝市各级驻村工作队结合"两学一做"学习教育和"四讲四爱"主题教育展开学习宣讲活动 8479 场次，入户宣传 18538 次，开辟专栏 2325 期，受教育群众达 26 万余人次，有力地加强了爱党爱国和民族团结宣传教育。二是整理思路、制定计划、发展经济。2017 年末，林芝各级驻村工作队帮助所驻村厘清发展思路 1404 条，找准发展路子 913 条，制定、完善、实施经济发展规划 927 项；帮助村发展集体经济实体 112 个、合作经济实体 67 个，组织群众开展劳务输出 9659 人，共增加现金收入 282 万余元；落实项目 355 个，涉及资金 182 余万元。[2] 三是关注热点难点，解决民生实际困难。2017 年末，林芝各驻村工作队建立民情档案 19745 份，撰写民情日记 42505 篇，解决民生方

---

[1] 《边境小康村建设助推人民小康（邦仲村乡村振兴典型材料）》，米林县委组织部，2019 年 5 月 23 日。

[2] 麦正伟、史金茹：《西藏林芝第六批干部驻村工作：合心合力惠民富民》，人民网，http://xz.people.com.cn/n2/2017/1129/c138901 - 30976143.html，访问时间：2019 年 11 月 30 日。

面的突出问题 648 个，为群众办实事好事 2758 件，帮助实现就业、再就业 344 人。各驻村工作队投入资金 421 万元，慰问困难群众 17647 人次，发放慰问金（慰问品）价值 33 万元。

东西协作扶贫（援藏）提供重要外力。"十三五"期间，广东省第八批援藏工作队在教育、医疗、就业、基建方面为西藏提供了巨大帮助。教育方面，工作队促成 11 所高校与林芝建立对口帮扶机制，帮助林芝教育水平显著提升。就业方面，工作队积极实施毕业生赴粤就业"三支一扶"工程，为林芝本地劳动力举办各种类型就业培训会，先后落实各类援藏资金累计达 3516.6 万元。① 医疗方面，工作队积极争取 8000 万元专项资金支持林芝人民医院创三甲，推动广东医院采取"以院包科"模式支援林芝人民医院各个科室。除此之外，还有其他各类帮扶措施。例如工作队组织广东省有关县区、街道与林芝市各乡镇、村居建立对口帮扶机制，积极争取广东省计划外增加资金 3.04 亿元，支援林芝市实施 8 个边境小康示范村建设，并自筹资金 800 万元设立"扶贫济困专项基金"，重点用于扶贫助学及林芝市儿童福利院建设。②

企业帮扶、军民共建等提供社会合力。企业帮扶为林芝本地劳动力提供就业岗位，并激发林芝本地市场活力，推动林芝走出西藏，走向全国。军民共建为林芝经济社会发展提供了稳定的社会环境。

（二）经验总结

1. 坚持中国共产党领导是开展好社会扶贫的重要保障

一直以来，党中央高度重视包括林芝在内的西藏经济社会发展和脱贫工作。针对西藏问题，党中央制定了一系列指导和支持西藏经济社会发展的大

---

① 《林芝市人力资源和社会保障局关于"十三五"援藏项目进展情况的报告》，林芝市人社局，2019 年 5 月 27 日。
② 陈振东：《广东省第八批援藏工作队——多举措提升林芝群众幸福感获得感》，中国藏族网通，https://www.tibet3.com/news/zangqu/xz/2018-06-02/79073.html，2019 年 11 月 30 日。

政方针和政策。例如，林芝市将政府定点扶贫与强基惠民活动有机结合。2018年以来，林芝市各级强基办和498个驻村工作队坚持党的思想领导，严格按照自治区党委的决策部署，在林芝市委、市政府的坚强领导下，紧扣新时代干部驻村"建强基层组织，维护社会稳定，寻找致富门路，深入感恩教育、做实事好事、加强政策宣讲、推进脱贫攻坚"七项重点任务，完善"四对一"帮扶制度，创新举措，实现了全市贫困村定点扶贫的全覆盖，为林芝市扶贫工作提供了重要保障。

2. 凝聚社会力量是开展好社会扶贫的重要条件

社会扶贫主体多元化和社会扶贫方式的多元化使得社会扶贫过程中资源投入呈现出分散化。为保证扶贫效果，我国当前的扶贫是政府、市场和社会各方力量共同参与，将社会扶贫资源进行整合。比如广东省在林芝展开的全方位、多层次、宽领域援藏工作；林芝建立光彩事业基金和产业帮扶基金，推动"百企帮百村"行动；林芝积极推广政府和社会资本合作（PPP）模式，引导社会力量组织到户项目实施；林芝发挥军队和武警部队的作用，坚持把地方扶贫开发所需与部队所能结合起来。这些都高度体现了社会扶贫中政府资源、市场资源和社会资源高度凝合在一起后的显著效果。

3. 激发内生动力是开展好社会扶贫的基础

外援是贫困地区发展的外部助力，但是贫困地区要想真正的脱贫致富，其根源在于自身内生动力的激发。要靠贫困地区干部、社会力量和群众的团结努力，提高贫困地区自我发展能力，实现脱贫致富奔小康的目标。思想转变是第一要务，林芝市驻村干部同村两委班子，以"两学一做""四讲四爱"主题教育活动以及深入学习党的十九大精神为契机，组织民众学习扶贫相关政策，对帮扶对象进行思想脱贫引导性教育，转变其"等、靠、要"的思想，由"要我脱贫"向"我要脱贫"方向改进。产业开发是基础，林芝市不断发掘自身资源优势，充分利用国家提供的扶贫政策和资源，将自身优质资源与市场发展相结合，不断给本市民众创造致富新路径，提升其自我发展能力，增强其自我发展动力，不断推进林芝市内民众的反贫困实践。

三 林芝社会扶贫的困境和对策

（一）困境

1. 社会扶贫工作具有被动性，制度建设有待加强

社会扶贫是国家政策指导下的一种无偿援助方式，这使得扶贫工作容易出现被动性和非制度性。首先，在定点扶贫过程中，林芝各定点扶贫单位针对驻村点及贫困户制定的扶持方案，贫困户一般都是被动接受，鲜有主动申请适合其情况的扶贫措施的现象，从而很难从根本上解决贫困户的惰性问题。其次，援藏扶贫过程中，援藏省市及单位一般是被动地遵守中央指示以完成扶贫任务，主动援藏的还不多；很多时候，林芝市被动地从广东及援藏单位获得技术和财政援助，而这些技术不一定是林芝急需的。最后，定点扶贫和东西协作扶贫只是受到国家行政命令的指导，国家并没有针对此出台法规性文件，没有制定一套标准化的方法，帮扶过程和效果很难得到完全保障。

2. 社会扶贫办公室具有非常设性

东西协作扶贫是由国务院牵头的，国务院成立了专门的东西协作扶贫办公室，各级地方政府也成立了东西协作扶贫办公室来执行工作任务。但是调研中了解到，包括林芝市在内的各地东西协作扶贫办公室（受援办）只是临时性机构，办公室工作人员也是从各部门借调而来的，国家并没有从法律上对其进行规定，在脱贫工作完成后可能会出现解散情况，这也使得协作扶贫工作双方没有法律保障，援受双方责任的履行具有较大的随机性，无法保障效果。

3. 社会扶贫项目与农牧民实际需求存在一定错位

扶贫项目的主要目的是满足当地农牧民需求，然而在实际调研中了解到，一些援建项目与农牧民需求总是存在偏差。原因在于援藏干部在确定项目时，主要根据当地乡镇干部和村委的意见，而农牧民很少有机会真正表达

自己的需求。这导致项目目标和实际需求目标不一致，进而造成资源浪费、建设效率的低下等问题。

4. 社会扶贫脱贫基础仍显薄弱

（1）林芝基础设施建设不足。林芝公共基础设施薄弱，有些乡村的水、电、通信等供应还不完全正常，垃圾、污水等处理设施严重不足，信息化、智慧化建设还处于初级阶段，医疗设施、救援设施、信息获取等公共服务体系还不完善，影响了林芝社会扶贫的进一步发展。

（2）林芝本地产业高质量发展难度大。西藏独有的自然、历史、政治、经济和社会环境，加大了西藏社会扶贫的成本和难度。例如林芝市地处高寒地带，自然条件较内地恶劣，导致大多数援藏人员出现高原反应，甚至高原性疾病，这给社会扶贫工作带来极大的挑战。在特殊的历史背景和自然条件下，农牧区群众普遍思想比较保守，"等、靠、要"思想转变艰难。人口分散居住不利于林芝人力资本的培育，劳动力素质低进一步导致林芝人才总量不足。林芝市内市场容量小，大部分企业的产业层次不高、规模小、初级产品多、附加值低，企业效率低，吸纳就业能力有限。

（二）对策

1. 深化对社会扶贫工作的认识，加强扶贫工作的立法协调工作

社会扶贫是精准扶贫的一支重要力量。各级党委、政府要不断深化对社会扶贫工作的认识，将社会扶贫作为政治使命，认真、扎实做好相关工作。同时援受双方要结合自身实际情况制定适合的工作方案。此外，我国关于社会扶贫协作的法律制度体系内部存在不协调性，严重制约我国社会扶贫相关政策的实施。所以，建立协调一致的扶贫工作制度特别是东西协作扶贫（包括援藏扶贫）的法律制度是我国扶贫工作需要着重解决的一个问题。

2. 逐步改进帮扶方式，促进市场化合作机制的深入发展

我国社会扶贫工作特别是东西协作扶贫（援藏扶贫）工作一直是无偿性的帮扶。援助方无偿提供财力、物资、技术等给受援方，长此以往，援助方会疲于这种无任何回报的帮助，失去帮扶的积极性，受援方也习惯于这种零成本（或零付出）的获得，失去了奋斗的激情。为调动援受双方的积极性，在政府发挥强引导力的同时，市场化协作机制应广泛应用于援助工作中，构筑"政府搭台，企业唱戏"、"援受双方合作共赢"的平台。在一些领域，在充分考虑东西部地区双方优势互补的前提下，建立起若干个援受地区的经济技术协作区，实现跨地区企业之间的联合、扩张和生产要素的流动。这一点，在林芝企业援助中开始有所体现，但目前来看，发展规模还很小，还未建立起全面的市场化合作机制。

3. 促进农牧民参与扶贫项目制定，实现援助与需求精准对接

援助的目的是满足当地农牧民的真正需求，帮助农牧民尽快脱贫。促进受援方农牧民参与社会扶贫项目的方案讨论与实施过程，有助于援助方对受援方农牧民实际需求的快速、精准把握，有助于切实利用好援助资金、技术，实现援助与需求的精准对接。在项目实施过程中，也可以考虑让当地农牧民更多参与其中，增加其收入的同时也提高项目资源的利用率。

4. 进一步启发民智，加大基础设施建设力度，增强社会扶贫后续发展动力

开放包容、积极向上的思想观念是发展的前提，完善的基础设施是贫困地区发展的基础，高质量劳动力是贫困地区发展的后续活力。群众思想保守、劳动力素质低、基础设施和公共服务供给不足阻碍了林芝市的经济社会发展。因此，林芝下一步工作应在以下方面进一步努力：首先，林芝应利用各种方式进一步启发民智，改变贫困群体"等、靠、要"思想，并加强对包括贫困群体在内的农牧民劳动技能及农牧业适用技能的培训，以保证各种扶贫项目开展后续动力充足；其次，林芝应进一步加大基础设施和公共服务建设力度，充分利用国家、援藏省市和援藏单位的资金、人才、技术，借用外力为自身发展打基础。

第九章　改革促脱贫：改则县贫困
治理的经验和启示

改则县是被喻为"世界屋脊上的屋脊"西藏阿里地区的一个是典型的高寒纯牧业县，平均海拔超过 4500 米，是西藏自治区的深度贫困县。作为典型牧区，改则县贫困有别于农区贫困，不仅表现为贫困面广、自然生态环境脆弱、基础设施和公共服务不足，还表现出"双重非典型二元结构"制约下的经济收入型贫困与精神贫困并存，且条件性、收入性、精神性贫困高度叠加的综合性贫困特征。在贫困治理实践中，改则县采取产业扶持、就业扶持、教育扶持、生态扶持、易地搬迁、社会保障等措施，并取得脱贫攻坚决定性胜利，2019 年底实现了所有贫困村出列，全县整体脱贫。可以说，改则县贫困治理取得的成就，是中国特色贫困治理巨大成就的组成部分，体现了改则贫困治理的智慧和经验，其成功经验值得研究并供其他类似地区借鉴。

一 改则县基本情况、贫困特征

（一）改则县基本情况

西藏是目前国家层面唯一被整体划为深度贫困地区的地区，2017 年之前是全国贫困发生率最高的地区。改则县地处西藏自治区最西端，受自然条件、地理位置和历史因素的影响，改则县是阿里地区欠发达的县，是整体深度贫困的西藏自治区经济社会发展滞后的县。

改则县总面积 13.56 万平方公里，是阿里地区面积最大的一个县，占阿里地区土地总面积的 31.6%。全县草场总面积 1.18 亿亩，其中可利用草场面积 0.93 亿亩，占草场总面积的 78.8%，是阿里地区以及西藏的牧业大县。改则县下辖 6 个乡 1 个镇、47 个行政村、2 个居委会。①

改则县经济社会欠发达，2017 年，改则县生产总值为 5.86 亿元，人均生产总值为 25208 元，相当于西藏自治区平均水平的 64.2%，相当于全国平均水平的 42.3%。农村居民人均可支配收入为 10182 元，为西藏自治区平均水平的 98.6%，为全国平均水平的 75.8%。改则县城镇化率很低，2016 年末，全县常住人口 25349 人，其中城镇人口占比为 11.36%，农牧民人口占比为 88.64%。改则县藏族人口为 25169 人，占全县总人数的 99.3%。②

（二）改则县贫困特征及贫困致因

近几年，由于自然地理条件制约、生态环境恶劣、历史发展起点较低、语言文化限制等因素的综合作用，全国的牧区贫困问题逐渐凸显，相对于贫

---

① 本来只有一个居委会，2017 年易地扶贫搬迁安置点"圆梦新居"成立了一个新居委会。
② 根据《中国统计年鉴》（2018）、《西藏统计年鉴》（2018）、《改则年鉴》（2017）及《改则县 2017 年国民经济和社会发展计划执行情况与 2018 年国民经济和社会发展计划草案》相关数据计算、整理。

困农区，牧区呈现出更贫困的状态。① 改则县是西藏自治区的一个牧业大县，是中国的一个特殊区域，它集高海拔地区、羌塘自然保护区的重要核心区、少数民族地区、集中连片特困地区于一体。通过调研，我们认为，与其他地区相比，改则县贫困问题有其特殊性。

1. 贫困面广、贫困程度深、脱贫难度大

2017 年，改则县农村贫困人口为 6327 人，贫困发生率为 27.59%，比同年西藏自治区的平均水平高出约 20 个百分点，比同年全国平均水平高出约 25 个百分点。2018 年底，西藏自治区 74 个县（区）中，只有 14 个县（区）未达到脱贫摘帽条件，占全自治区县（区）总数的 18.9%，改则县就是这 14 个未达到脱贫摘帽县（区）之一。阿里地区 7 个县中，只有改则县、革吉县、措勤县 3 个县未达到脱贫摘帽条件。② 这些无疑都凸显改则县贫困面广、贫困程度深、脱贫难度大。

2. 地理位置偏远，自然生态环境恶劣

改则县地理位置偏远，县城距离阿里地区狮泉河镇 497 公里，距离西藏自治区首府拉萨市 1175 公里。改则县的六个乡远离经济社会活动中心（大城市），接受大城市辐射带动作用能力较弱。最远的古姆乡距离改则县城 220 公里，距离狮泉河镇 718 公里，距离拉萨市 1310 公里；最近的物玛乡距离改则县城也有 50 公里，距离狮泉河镇 448 公里，距离拉萨市 1230 公里。

改则县属南羌塘高原湖盆区，为高山河谷地带。全县平均海拔 4500 米，年平均气温 -0.2℃，年均降雨量 189.6 毫米（且集中在 6 ~ 9 月），但年平均蒸发量 2341.6 毫米，年均日照时数 3168 小时，年平均风速 4.3 米/秒，年出现 8 级（17 米/秒以上）大风日数 146 天，年降雪日 60 天左

---

① 王艳：《中国牧区扶贫开发问题研究》，吉林大学博士学位论文，2014。
② 《一目了然！西藏 7 市地脱贫摘帽情况统计，快来为你的家乡助力》，《西藏日报》2018 年 12 月 30 日。

198 │ 破解全域深度贫困：西藏的内源型发展道路

右，冰雹、积雪、干旱、风沙、雷暴等自然灾害极为频繁。[①] 另外，由于地处班公湖—怒江缝合带上，地震频发。总之，改则县空气稀薄，干旱少雨，自然灾害频繁，属于典型的非平衡生态系统。受特殊的草地类型、牧草种类和畜种的不可替代性制约，畜牧业生产方式仍停留在自然放牧阶段。虽然草场面积大，但由于以往超载过牧，面临水土流失、鼠虫病害、毒草等的侵扰和威胁，目前全县 1/8 的草场出现不同程度的退化。例如，2003～2005 年，全县因广布的毒草醉马草中毒而死亡的牲畜总数超过 10 万头（只、匹），直接经济损失超过两千万元，许多牧户因此成为绝畜户、困难户。[②] 各种灾害每年都给牧业生产带来不同程度的损失，灾害是改则县建档立卡贫困户陷入贫困的主要原因之一（见图 9-1）。

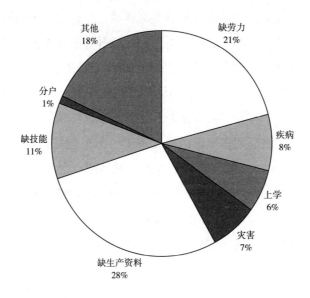

图 9-1　改则县 2015 年建档立卡人口致贫原因分布

资料来源：改则县扶贫办《改则县建档立卡贫困户致贫原因及脱贫措施》。

① 《西藏自治区阿里地区改则县易地搬迁脱贫规划（2016～2020）》，改则县精准扶贫领导小组，2016 年 5 月。
② 《西藏自治区阿里地区改则县产业扶贫规划（2013～2020）》，改则县产业扶贫规划编制工作领导小组，2013 年 5 月。

3. 基础设施短缺，公共服务资源不足

改革开放以来，特别是脱贫攻坚以来，在党中央国务院的大力支持下，西藏高度重视基础设施和公共服务建设，改则县的基础设施、公共服务取得了翻天覆地的变化。但迄今为止，改则县基础设施、公共服务仍处于供给不足状况，基础设施和公共服务水平，仍落后于西藏其他地区，更落后于其他省份。这主要可从道路、电力、通水、通信等基础设施和教育卫生等社会事业建设方面来论证。

（1）改则县的道路交通虽然最近几年有很大的发展，但一直属于西藏较落后的水平。我们调研的时候，改则县离退休干部及一些在职的年龄较大的干部告诉我们，就算是乘车或骑马，他们曾经也要在路上花费半个月甚至更长的时间，才能从阿里地委行署到改则县城。经过几十年的努力，特别是近几年脱贫攻坚的大力推动，改则县交通状况得到显著改善。目前已形成以隆仁为中心的交通运输网络，安狮公路贯穿改则县境，2017 年全县各种公路里程达 2722 公里。但是道路交通仍是制约改则县经济社会发展的最大瓶颈之一。由于通车里程长、路况复杂，目前从改则县城到拉萨乘车仍需要两天时间，从改则县城到阿里地区的狮泉河镇，乘车也需要差不多一天时间。截至 2018 年上半年，改则县的先遣乡仍不通油路（见表 1）。49 个行政村（居委会）虽然都通路了，但还有 37 个行政村不通油路（或水泥路），只有等级较低的四级砂石路，通行能力差，通畅率不足 50%，塌方、水毁等灾害频繁，维护成本比较高。如果遇到雪灾，道路被冰雪覆盖，牧区就会与世隔绝。正是由于恶劣的自然生态环境以及交通的闭塞，历史上的改则县基本上是一个封闭的"高原孤岛"。即使是目前，道路交通的短板仍然阻碍了农牧民的出行，不利于降低运输成本，阻碍了改则牧区与外部资源、市场、人才等方面的交流和连接，严重制约了改则县经济社会的发展。

（2）改则县的电力建设在西藏各县域中同样属于较落后的。2010 年，改则县建成第一个"小水电站"（洞措乡曲阿扎水电站），结束了全县没有电力供应的历史。目前该水电站已经并入电网，实现了电压稳定状态。但是，该水电站装机容量为 2000 千瓦，只能覆盖县政府所在地改则镇及附近

的村庄。2018 年上半年，全县 7 个乡镇中，只有 3 个乡镇通了电网（见表 1），还有 4 个乡未通电网。49 个行政村（居委会）中，只有县政府所在地改则镇的玉多村、鲁仁居委会、"圆梦新居"及物玛乡的抢古村、洞措乡的洞措村和确登村共 6 个行政村（居委会）通了电网，其余 43 个行政村都没有电网。没有通电网的乡或村只能用功率较小的太阳能电板发电，牧民无法使用大功率的生产生活电器，不仅影响牧民生产力水平的提高，还限制了广播、电视等现代家电的普及，从而影响到农牧民文化素质的提高。而且，每到冬季，太阳能电板可能无法收集电力，无电成为牧区漫长冬天的常态。

（3）改则县人畜饮水困难和饮水安全问题突出。从表 1 可以看出，直到 2018 年上半年，改则县 7 个乡镇 49 个行政村（居委会）都没有用上安全、方便、洁净的自来水，都是靠水井解决人畜饮水问题。由于牧区地域辽阔、牧民居住分散，部分牧民居住地距水井有几千米，取水极不方便。每到冬季，水井冰封，河水冻结，人畜饮水都成难题。特别是北部三乡缺乏水源，受地理条件限制、地下水储存不确定性等因素影响，存在井水季节性变化大、枯井等现象，冬季人畜饮水更是只能依赖积雪化水来维持，这对牧民身体健康带来一定隐患。绝大多数村没有修水渠或无稳定的灌溉水源，无水草原面积大，到目前仍未摆脱靠天吃饭的局面。

（4）改则县的通信情况相对较好，但所有的乡镇、行政村（居委会）均只有一个基站，在部分偏僻的牧区，信号不稳、没有信号的现象也是有的。

（5）改则县牲畜棚圈、天然草地、人工草料基地、饲草棚库、人畜饮水设施等助推畜牧业发展的配套基础设施建设滞后，牧业生产机械缺乏，不仅不能很好满足畜牧业发展的需要，而且抵御自然灾害能力低，遇到灾害牲畜死亡的风险较高，使受灾群众很快返贫。

（6）改则县教育卫生等社会事业一直十分落后。1951 年西藏和平解放前，改则县的现代教育一片空白，传统教育仅为有限的寺庙教育，群众识字率不足 5%。直到 1964 年，改则县才成立了第一所民办小学，招生 20 人。1975 年民办小学更改为改则县农牧中学，招生规模有所扩大。2000 年改则县常住人口文盲率为 86%，2010 年文盲率大幅下降，但仍高达 63.8%，比西藏平均水平高一倍。据调研，40 岁以上的牧民基本没受过正规教育，文化素质较低，缺乏劳动技能，甚至听不懂、不会讲普通话，很难参与外面的市场交往，这也是导致牧户贫困的主要原因之一（见图 9-1）。近年来，国家实施"两基攻坚"教育政策后，适龄儿童上学受教育的比例大大提高，但牧区孩子受教育的便利性较低，教学设施、师资不足的问题比较明显。2018 年上半年，全县 49 个行政村（居委会）中只有县政府所在地改则镇的玉多村、日玛村、鲁仁居委会及"圆梦新居"居委会共 4 个行政村（居委会）实现了幼儿园和小学的全覆盖（见表 9-1），其他 45 个行政村均没实现幼儿园和小学的全覆盖，他们的孩子可以就近上幼儿园，但小学 1~3 年级得到乡里上学，4~6 年级更得远赴县里就读。有些父母或爷爷奶奶不放心年幼的孩子在乡里、县里住校，就在乡里、县城买房、租房陪读，从而增加了家庭的教育支出。另外，虽然包括改则县在内的西藏自治区基本实现了十五年义务教育，但家里有大学生的家庭，教育支出也是巨大的，因学致贫现象依然不可忽视。

与教育事业类似，改则县卫生事业也是从民主改革后逐步发展起来的。目前改则县城有医院，牧区各乡镇也有卫生院，行政村大多也有医务室，但村卫生室缺医少药，很难给村民看病。乡镇卫生院以前缺少医疗设备和医务人员，近两年援藏单位提供了一些先进装备，但仍然存在医疗技术人员数量少，甚至有些医疗设备无人会使用的现象，应急能力低，牧民生病仍需要经过长途跋涉到县城或阿里地区看病。总之，缺医少药和看病难、看病贵（主要是因为路途遥远，看病的交通费用、陪护人员的住宿、吃饭费用等较高）问题并存，因病致贫、因病返贫现象依然存在。而且，由于恶劣的自然生存条件对当地农牧民的健康造成了一定的影响，在很长时间内，改则县人均预期寿命只有 50 岁，比西藏和全国平均水平低很多。①

还有，受历史因素影响，改则县社会发育程度很低，组织化程度较低，

---

① 改则县地方志编纂委员会：《改则县志（上册）》《改则县志（中册）》（尚未正式出版），2017 年 11 月，第 20 页。

公共性和治理韧性不足，一旦遭遇自然、市场风险，社区应对能力不足，农牧民陷入贫困的风险非常高。①

表 9-1　改则县十项提升工程情况

乡镇名	村居名	是否通电	是否通水	是否通路	是否通信（网）	是否实现幼儿园、小学全覆盖
古姆乡		否	否	是（油路）	是	否,学生就近上幼儿园,小学1~3年级在乡里就读,4~6年级在县里就读
古姆乡	森多村	否	否	是（砂石路）	是	否,学生就近上幼儿园,小学1~3年级在乡里就读,4~6年级在县里就读
古姆乡	岗如村	否	否	是（油路）	是	否,学生就近上幼儿园,小学1~3年级在乡里就读,4~6年级在县里就读
古姆乡	珠玛日村	否	否	是（砂石路）	是	否,学生就近上幼儿园,小学1~3年级在乡里就读,4~6年级在县里就读
洞措乡		是	否	是（油路）	是	否,学生就近上幼儿园,小学1~3年级在乡里就读,4~6年级在县里就读
洞措乡	次日果来村	否	否	是（砂石路）	是	否,学生就近上幼儿园,小学1~3年级在乡里就读,4~6年级在县里就读
洞措乡	洞措村	是	否	是（油路）	是	否,学生就近上幼儿园,小学1~3年级在乡里就读,4~6年级在县里就读
洞措乡	那木起村	否	否	是（砂石路）	是	否,学生就近上幼儿园,小学1~3年级在乡里就读,4~6年级在县里就读
洞措乡	确登村	是	否	是（油路）	是	否,学生就近上幼儿园,小学1~3年级在乡里就读,4~6年级在县里就读
洞措乡	夏龙村	否	否	是（砂石路）	是	否,学生就近上幼儿园,小学1~3年级在乡里就读,4~6年级在县里就读
改则镇		是	否	是（油路）	是	是,都在县幼儿园和小学就读
改则镇	鲁仁居委会	是	否	是（油路）	是	是,居委会有幼儿园,小学都在县里就读
改则镇	日玛村	否	否	是（油路）	是	是,都在县幼儿园和小学就读
改则镇	玉多村	是	否	是（油路）	是	是,都在县幼儿园和小学就读
改则镇	圆梦新居	是	否	是（油路）	是	是,都在县幼儿园和小学就读

① 高飞、向德平：《找回集体：西藏治理深度贫困的经验与启示》，《中国农业大学学报（社会科学版）》2018 年第 5 期。

乡镇名	村居名	是否通电	是否通水	是否通路	是否通信（网）	是否实现幼儿园、小学全覆盖
麻米乡		否	否	是（油路）	是	否,学生就近幼儿园,小学1~3年级在乡里就读,4~6年级在县里就读
麻米乡	茶措村	否	否	是（砂石路）	是	否,学生就近上幼儿园,小学1~3年级在乡里就读,4~6年级在县里就读
麻米乡	定昌村	否	否	是（砂石路）	是	否,学生就近上幼儿园,小学1~3年级在乡里就读,4~6年级在县里就读
麻米乡	次吾嘎木村	否	否	是（砂石路）	是	否,学生就近上幼儿园,小学1~3年级在乡里就读,4~6年级在县里就读
麻米乡	热扎村	否	否	是（砂石路）	是	否,学生就近上幼儿园,小学1~3年级在乡里就读,4~6年级在县里就读
麻米乡	吓夏村	否	否	是（砂石路）	是	否,学生就近上幼儿园,小学1~3年级在乡里就读,4~6年级在县里就读
麻米乡	克勤村	否	否	是（砂石路）	是	否,学生就近上幼儿园,小学1~3年级在乡里就读,4~6年级在县里就读
麻米乡	吴青村	否	否	是（砂石路）	是	否,学生就近上幼儿园,小学1~3年级在乡里就读,4~6年级在县里就读
麻米乡	那木切村	否	否	是（砂石路）	是	否,学生就近上幼儿园,小学1~3年级在乡里就读,4~6年级在县里就读
麻米乡	行勤村	否	否	是（砂石路）	是	否,学生就近上幼儿园,小学1~3年级在乡里就读,4~6年级在县里就读
麻米乡	古昌村	否	否	是（油路）	是	否,学生就近上幼儿园,小学1~3年级在乡里就读,4~6年级在县里就读
察布乡		否	否	是（油路）	是	否,学生就近上幼儿园,小学1~3年级在乡里就读,4~6年级在县里就读
察布乡	赞康村	否	否	是（油路）	是	否,学生就近上幼儿园,小学1~3年级在乡里就读,4~6年级在县里就读
察布乡	察布村	否	否	是（砂石路）	是	否,学生就近上幼儿园,小学1~3年级在乡里就读,4~6年级在县里就读
察布乡	丁古村	否	否	是（砂石路）	是	否,学生就近上幼儿园,小学1~3年级在乡里就读,4~6年级在县里就读
察布乡	多玛村	否	否	是（油路）	是	否,学生就近上幼儿园,小学1~3年级在乡里就读,4~6年级在县里就读
察布乡	古查村	否	否	是（砂石路）	是	否,学生就近上幼儿园,小学1~3年级在乡里就读,4~6年级在县里就读

乡镇名	村居名	是否通电	是否通水	是否通路	是否通信（网）	是否实现幼儿园、小学全覆盖
察布乡	木布村	否	否	是（砂石路）	是	否,学生就近上幼儿园,小学1~3年级在乡里就读,4~6年级在县里就读
察布乡	牛嘎修村	否	否	是（砂石路）	是	否,学生就近上幼儿园,小学1~3年级在乡里就读,4~6年级在县里就读
察布乡	卡强玛村	否	否	是（砂石路）	是	否,学生就近上幼儿园,小学1~3年级在乡里就读,4~6年级在县里就读
察布乡	龙桑村	否	否	是（砂石路）	是	否,学生就近上幼儿园,小学1~3年级在乡里就读,4~6年级在县里就读
察布乡	麻木卓玛村	否	否	是（砂石路）	是	否,学生就近上幼儿园,小学1~3年级在乡里就读,4~6年级在县里就读
察布乡	玛日玛村	否	否	是（砂石路）	是	否,学生就近上幼儿园,小学1~3年级在乡里就读,4~6年级在县里就读
察布乡	通那村	否	否	是（砂石路）	是	否,学生就近上幼儿园,小学1~3年级在乡里就读,4~6年级在县里就读
察布乡	扎美仁村	否	否	是（砂石路）	是	否,学生就近上幼儿园,小学1~3年级在乡里就读,4~6年级在县里就读
察布乡	珠强玛村	否	否	是（砂石路）	是	否,学生就近上幼儿园,小学1~3年级在乡里就读,4~6年级在县里就读
先遣乡		否	否	是（砂石路）	是	否,学生就近上幼儿园,小学1~3年级在乡里就读,4~6年级在县里就读
先遣乡	巴热村	否	否	是（砂石路）	是	否,学生就近上幼儿园,小学1~3年级在乡里就读,4~6年级在县里就读
先遣乡	康饶村	否	否	是（砂石路）	是	否,学生就近上幼儿园,小学1~3年级在乡里就读,4~6年级在县里就读
先遣乡	玛果村	否	否	是（砂石路）	是	否,学生就近上幼儿园,小学1~3年级在乡里就读,4~6年级在县里就读
先遣乡	那日村	否	否	是（砂石路）	是	否,学生就近上幼儿园,小学1~3年级在乡里就读,4~6年级在县里就读
先遣乡	热雄村	否	否	是（砂石路）	是	否,学生就近上幼儿园,小学1~3年级在乡里就读,4~6年级在县里就读
先遣乡	扎布村	否	否	是（砂石路）	是	否,学生就近上幼儿园,小学1~3年级在乡里就读,4~6年级在县里就读
物玛乡		是	否	是（油路）	是	否,学生就近上幼儿园,小学1~3年级在乡里就读,4~6年级在县里就读
物玛乡	本松村	否	否	是（砂石路）	是	否,学生就近上幼儿园,小学1~3年级在乡里就读,4~6年级在县里就读

乡镇名	村居名	是否通电	是否通水	是否通路	是否通信（网）	是否实现幼儿园、小学全覆盖
物玛乡	布孜村	否	否	是（砂石路）	是	否,学生就近上幼儿园,小学1~3年级在乡里就读,4~6年级在县里就读
物玛乡	达热村	否	否	是（砂石路）	是	否,学生就近上幼儿园,小学1~3年级在乡里就读,4~6年级在县里就读
物玛乡	根琼村	否	否	是（油路）	是	否,学生就近上幼儿园,小学1~3年级在乡里就读,4~6年级在县里就读
物玛乡	萨玛龙村	否	否	是（砂石路）	是	否,学生就近上幼儿园,小学1~3年级在乡里就读,4~6年级在县里就读
物玛乡	扎多那日	否	否	是（砂石路）	是	否,学生就近上幼儿园,小学1~3年级在乡里就读,4~6年级在县里就读
物玛乡	抢古村	是	否	是（砂石路）	是	否,学生就近上幼儿园,小学1~3年级在乡里就读,4~6年级在县里就读

注：表中"是否通电"栏中，"是"表示已通稳定的水电，"否"表示没有通稳定的水电，只有光伏电站；"是否通水"栏中，"是"表示有管道自来水，"否"表示没有管道自来水，只有机电井；

资料来源：改则县脱贫攻坚指挥部办公室，2018年4月15日。

4."双重非典型二元结构"仍较明显，经济收入型贫困与精神贫困并存

发展经济学认为，发展中国家或地区的经济，在原有传统落后的基础上，随着技术的进步、社会分工的发展和机器大工业的产生，会逐渐出现城市的现代经济部门，从而形成二元经济结构。在二元经济结构中，现代经济部门的聚集、发展和壮大以农村剩余劳动力向城镇流动为基础。同时，传统部门受现代经济部门的辐射带动也会逐渐提高劳动生产率，与现代经济部门均衡发展，直至二元结构发展为一元的现代经济结构。目前，中国大部分地区处于二元结构状态。1951年西藏和平解放后，在中央政府的领导下，西藏政治经济社会取得明显发展，但历史上遗留下来的氏族制、宗教领袖裁决制等，在人们的意识上、行为上仍然有一定的影响。孙勇把这种状态界定为社会运行机制的"非典型二元结构"。[1] 何景熙在孙勇"非典型二元结构"理论的基础上，认为西藏的经济社会自20世纪60年代以来已经在总体上构

---

[1]　孙勇主编《西藏：非典型二元结构下的发展改革》，中国藏学出版社，2000。

建出极有特色的双重二元结构，以西藏原有的传统农牧业为一元，以中央及外来援建单位"输血"式建立的城镇和现代经济第二、第三产业为另一元。由于这些现代部门与传统部门几乎彼此孤立、绝缘，便形成了西藏特有的"非典型二元经济结构"和"非典型二元社会结构"，即"双重非典型二元结构"。这构成了西藏经济社会发展的现实基础，西藏的一切改革与发展工作都要受其制约和影响，而且，这种制约和影响比较深刻和久远。① 可以说，"双重非典型二元结构"是西藏贫困问题的主要原因。

经过 60 年的发展变化，整体上看，西藏"双重非典型二元结构"正趋于消解或演化成典型二元结构，但以封闭为主要特征的改则县目前仍具有经济社会发展结构中的"非典型二元性"和发展的"隔绝性"。② 改则县"非典型二元性"的主要表现如下：拥有小规模的建筑业、采矿业、电力工业、旅游业等现代经济产业，但这些经济产业现代化程度不高且不是改则县经济增长的主导产业；以传统牧业为主的第一产业虽然比重日趋下降，但一直是全县的支柱产业和经济主体，且在传统牧业劳动生产率依然不高的情况下，产生了一定规模的剩余劳动力，这些剩余劳动力基本无法被现代经济产业所吸收，呈现出传统牧业有大量剩余劳动力亟待转移的状况。据统计计算，改则县产业结构从 1995 年的 88∶6∶6 转化为 2005 年的 65∶6∶30，再转化为 2017 年的 39∶15∶46。③ 2017 年，西藏自治区三次产业的构成为 9.4∶39.1∶51.5，全国三次产业的构成为 7.9∶40.5∶51.6，显然，相对于西藏自治区及全国平均水平，改则县第一产业占比高出约 30 个百分点左右，而第二产业占比低 25 个百分点左右。④ 改则县第三产业占比最高，但主要

---

① 何景熙：《关于新世纪西藏改革与发展中人力资源开发的思考——兼论西藏"非典型二元结构"演化的途径与对策》，《西藏研究》2003 年第 1 期。
② 周猛：《集中连片特困牧区的致贫因素探析与对策研究——以改则县为例》，《开发研究》2012 年第 6 期。
③ 根据《改则年鉴》(2017)《改则县 2017 年国民经济和社会发展计划执行情况与 2018 年国民经济和社会发展计划草案》相关数据计算、整理。
④ 根据《中国统计年鉴》(2018)、《西藏统计年鉴》(2018)、《改则年鉴》(2017)、《改则县 2017 年国民经济和社会发展计划执行情况与 2018 年国民经济和社会发展计划草案》相关数据计算、整理。

是传统服务业，现代旅游业的潜力还没充分挖掘发挥，且从事商贸、服务业的也大多是来自四川等内地省区或日喀则等自治区内其他地区的人。第一产业占比次高，但主要处于自然经济状态"靠天养畜"的水平，抵御自然灾害的能力较弱。第二产业的占比最小，且第二产业中80％以上的是建筑业，工业产值占比不到20％。相应地，改则县常住人口25000多人，超过八成人口依赖牧业生活。值得关注是，近年来，受草原生态恶化、草原承载力下降等因素的影响，改则县产生了一定规模的无畜户和剩余劳动力，这些无畜户和剩余劳动力大部分处于亟待转移就业的状态。正因为此，改则县成为整体深度贫困的西藏自治区内的深度贫困县域，经济收入型贫困与精神贫困并存。

（1）经济收入型贫困。作为典型高寒牧区，经济收入水平较低是改则县贫困最突出的特征。新中国成立以来，特别是改革开放以后，在国家对西藏自治区的特殊政策支持下，改则县经济得到了较快发展，农牧民的收入水平有了很大的提高。1980～2017年，改则县农业生产总值从206.6万元增加到30215.1万元（见图9－2），增加了145倍，[1] 年平均增长14.4％。农牧民人均纯收入从178元增长到9769元，增长了54倍，年平均增长11.3％。虽然改则县经济得到了较快发展，农牧民收入水平得到较大幅度提升，但是改则县总体欠发达的状态没有从根本上得到改变，依然远远落后于西藏自治区和全国平均水平。2017年，改则县人均生产总值分别相当于西藏自治区和全国平均水平的64.2％、42.3％。农村居民人均可支配收入分别相当于西藏自治区和全国平均水平的98.6％、75.8％。2017年改则县建档立卡贫困人口为6302人（贫困人口动态调整之后剩余贫困人口），贫困发生率为27.9％，比西藏自治区的平均水平高近20个百分点，比全国平均水平高近25个百分点，[2] 改则县经济收入型贫困非常严重。另外，从1980～2017年，

---

① 未扣除物价因素。下文中未加特别注明的，均未扣除物价因素。

② 根据《中国统计年鉴》（2018）、《西藏统计年鉴》（2018）、《改则年鉴》（2017）及《改则县2017年国民经济和社会发展计划执行情况与2018年国民经济和社会发展计划草案》、《改则县脱贫攻坚指挥部2017年工作总结及2018年工作计划》相关数据计算、整理。

从改则县农业生产总值（主要是牧业的生产总值）与农民人均纯收入的增长情况看，农民人均纯收入的增长幅度，小于牧业经济增长幅度，虽然有一定的人口增长因素在里面，但也在一定程度说明，在这一阶段，改则县的牧业经济增长并没有实现农牧民收入的同等幅度增长。

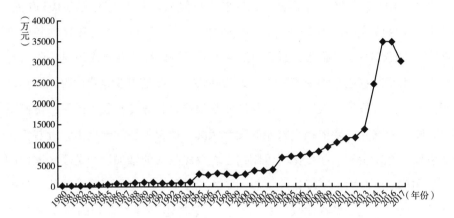

图9-2　1980~2017年改则县农业生产总值变化情况

数据来源：改则县统计局提供。

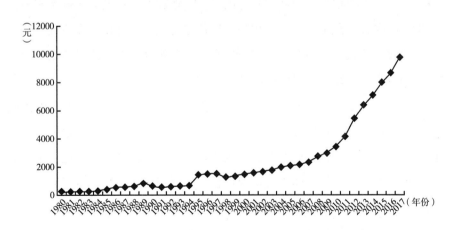

图9-3　1980~2017年改则县农牧民人均纯收入变化情况

数据来源：改则县统计局提供。

改则县农牧民经济收入水平低还表现在以下两个方面。

第一，改则县农牧民收入渠道比较单一。相比其他地区，或农区农民多元化的收入渠道，改则县农牧民的收入主要来自牧业生产经营，这主要是因为受"非典型二元性"制约，其产业结构比较单一，畜牧业是改则县的主导产业。据统计，2017年西藏自治区农村居民人均可支配收入为10330元，其中工资性收入占比为23.5%，经营性收入占比为55.5%，转移性和财产性收入占比21%。[①] 显然，西藏自治区农村居民的经营性收入超过总收入的一半。由于非农业经营规模较小，经营性收入主要是农业经营性收入。相对于西藏自治区整体，改则县的主导产业是牧业，牧业经营收入的所占份额更大，牧民的收入主要依赖于牧业的发展状况。值得关注的一点是，近些年牧业发展条件发生了一些变化严重制约了农牧民收入的增加。一是牧区人口的增加和草原承载力的下降，严重制约了牧业发展。二是为了国家整体的生态保护，牧区实施了禁牧休牧、草畜平衡、退牧还草等一系列的生态保护措施，大幅减少了农牧民的畜牧业收入。三是国家对牧业、牧民的补偿不足。为了保护草原生态，农牧民改变原有的自然游牧生产方式，采取圈养、种草养畜等方式，大大增加了生产成本，而这部分增加的生产成本却得不到充分的补偿。好在最近几年，国家对牧区实行草原生态保护补助奖励政策，牧民退牧、休牧、轮牧等补贴的标准有所提高，一定程度弥补了为保护生态而增加的生产成本，提高了牧民的转移性收入。[②]

第二，改则县农牧民的生产、生活性支出大幅增长。一方面，虽然牧民增收渠道比较窄，增收幅度相对不太高，但牧民的消费结构却开始呈现多样化的趋势。近几年，牧民们买机械、买草料，买车、买摩托车，在乡上、县城或其他地方买房，买智能手机等现代化的生活用品，生产、生活性支出大幅增长。另一方面，改则县的六个乡远离县城等城市，基础设施和公共配套设施不完备，农牧民就医、子女上学、较大的生产生活消费等都需要到县城

---

① 根据《西藏统计年鉴》（2018）相关数据计算。
② 王艳：《中国牧区扶贫开发问题研究》，吉林大学博士学位论文，2014年12月。

等城镇进行，不但距离较远，而且很多村落不通公共客运，导致出行不方便、出行成本高、牧民各种生活性支出大幅增长。值得关注的是，部分牧民群众提前消费意识强，理财观念差，如南部三乡一镇 30% 的牧民群众都欠有外债，最多达 10 万左右。[1]

（2）精神贫困。综合既有相关研究对精神贫困的界定，[2] 本章中的精神贫困，主要指与经济收入匮乏相联系的发展能力的不足，它表达的是因为主观观念和习俗而影响脱贫的现象。

如上所述，由于恶劣的自然生态环境以及闭塞的交通，长期以来，改则县基本上是个封闭的"高原孤岛"，生活范围较为封闭。虽然和平解放 60 多年了，但历史遗留下来的氏族制、宗教领袖裁决制等特殊的文化等，在人们的意识上、行为上还有一定的影响，当地仍然保持"非典型二元社会结构"。同时，改则县也一直处于中国改革开放的末梢，[3] 经济社会改革方面一直落后于内地，这就使得"非典型二元社会结构"消解的进程更漫长，社会发育程度很低，牧民不仅处于长期物质收入贫困状态，还处于精神贫困之中，具体表现如下。

首先，牧民大多生活在恶劣的环境下，且其生活范围比较封闭，长期受到宗教文化的影响，形成了根深蒂固的重来世、轻今生的观念。其次，老一辈的牧民以前绝大多数都是农奴，他们基本上只能依附牧场主进行简单的放牧，缺乏生产经营和管理能力，也没有能力培养后代的生产、经营技能。再次，牧民的文化程度普遍较低，市场意识、法律意识相对淡薄。如上所述，改则县 40 岁以上的牧民大多没受过正规教育，文化素质较低，缺乏劳动技能，甚至听不懂、不会讲普通话，很难参与外面的市场交往。最后，长期以

---

① 改则县脱贫攻坚指挥部办公室：《脱贫攻坚规划前期调研汇报材料》，2016 年 9 月 20 日。

② 杭承政、胡鞍钢：《精神贫困"现象的实质是个体失灵——来自行为科学的视角》，《国家行政学院学报》2017 年第 4 期；高飞、向德平：《找回集体：西藏治理深度贫困的经验与启示》，《中国农业大学学报（社会科学版）》2018 年第 5 期；王娴、赵宇霞：《论农村贫困治理的"内生力"培育》，《经济问题》2018 年第 5 期。

③ 王延中：《高原牧业县现代化的艰难探索——西藏阿里地区改则县"六统一"模式的实践经验与启示》。

来，中央和西藏各级政府对改则县贫困牧民的帮扶力度很大，牧民中依赖"自然"或者"政府"恩惠的观念强，甚至部分贫困牧民养成了"等、靠、要"的习惯。他们没有形成从自身发展困境出发，主动寻求改变的意识，缺乏自我发展的内生动力，更多地将脱贫致富的希望寄托在各级政府的扶持上。

二 改则县贫困治理的实践

20 世纪 90 年代以来，"治理"的概念在学界逐渐兴起，并被广泛应用于政治学、管理学、经济学、社会学等领域。联合国全球治理委员会对"治理"界定如下："治理是个人和公共或私人机构管理其公共事务的诸多方式的总和。它是使相互冲突的或不同的利益得以调和并且采取联合行动的持续的过程"。① 贫困治理是治理概念在贫困领域的具体实践。贫困治理是指政府、社会组织、市场组织、民众等反贫困主体运用权力和手段，对社会经济资源进行配置、管理、运作，以改善贫困地区经济、社会发展状况，提升贫困人口自我发展、稳定脱贫能力的过程。其目标是缓解和消除贫困、保障贫困人口的权利、提高社会均衡程度。② 贫困治理主要具有以下特征：第一，贫困治理的主体是政府、社会组织、市场组织、民众等多元主体；第二，贫困治理的过程是多主体的协商与合作；第三，贫困治理的方式体现出多样化和需求导向的特点，不同的贫困治理供给主体基于贫困户的特征和发展需求，实施有针对性的多样化的帮扶措施，帮助贫困户建立起稳固的生计系统；③ 第四，贫困治理的目标是实现减贫效益最大化。④ 回顾改革开放以

---

① 《我们的全球伙伴关系》，牛津大学出版社，1995，第 2~3 页，转引自俞可平《治理和善治引论》，载《马克思主义与现实》1999 年第 5 期。
② 李雪萍、陈艾：《社会治理视域下的贫困治理》，《贵州社会科学》2016 年第 4 期；刘娟：《新阶段农村贫困治理面临的政策障碍与完善路径》，《现代经济探讨》2012 年第 9 期。
③ 左停、金等、赵梦媛：《扶贫措施供给的多样化与精准性——基于国家扶贫改革试验区精准扶贫措施创新的比较与分析》，《贵州社会科学》2017 年第 9 期。
④ 向德平、华汛子：《改革开放四十年中国贫困治理的历程、经验与前瞻》，《新疆师范大学学报》（哲学社会科学版）2018 年 11 月 23 日，网络首发（2019 年第 2 期。）

来中国贫困治理的历程，可以得出，中国的贫困治理具有鲜明的中国特色，即政府主导、多元主体参与、政策制度保障、内生力量培育等。①

新中国成立以来，特别是改革开放以来，中国政府制定了一系列惠农、扶贫政策，对贫困治理进行了系统的顶层设计，从制度上保障了贫困治理工作的顺利开展。在中央政府的部署下，各地方政府结合实际情况，大胆尝试，探索出了贫困治理的"贵州模式""兰考经验""六盘水经验""陇南经验""十八洞村模式"等一批可供借鉴的模式和典型。改则县也基于自身的实际情况，在贫困治理方面走出了具有特色的道路。下面我们先描述改则县贫困治理的体制、机制，然后分析改则县贫困治理具体措施。

（一）改则县贫困治理的体制、机制

改则县的贫困治理是在西藏自治区提出的"自治区统筹、地市负总责、县抓落实"的管理体制和"任务到县、分解到乡、细化到村、帮扶到户"的工作机制及"部门驻村帮扶贫困村、党员领导干部结对帮扶贫困村贫困户"定点帮扶制度下建立体制机制并开展工作的。具体而言，2016 年 2 月，改则县成立了以县委书记益西土登为组长的扶贫开发工作领导小组和以县长周全为总指挥长的脱贫攻坚指挥部。脱贫攻坚指挥部成员单位有县发改委、科技局、工信局、财政局、农牧局、林业局、水利局、旅游局、扶贫办、民政局、强基办、教育局、民宗局、农行等。脱贫攻坚指挥部下设宣传、产业、转移就业、生态补偿、易地搬迁、教育、政策资金、社会保障等 11 个专班，各专班人员脱岗在指挥部工作，负责做好上下衔接、域内协调、督促检查工作。各乡（镇）、村也相应成立了精准扶贫工作领导小组，利用驻村工作队、第一书记、"村官"等一线工作平台抓精准扶贫工作，做到扶贫工作在基层一线有人抓、有人管、有人落实。

"部门驻村帮扶贫困村"，是由区（西藏自治区）、地（阿里地区）、县（改则县）三级派驻 48 个驻村工作队到全县各贫困村进行帮扶，根据"一村一策"的原则，结合实际，帮扶贫困村发展优势产业，发展壮大集体经

---

① 王娟、赵宇霞：《论农村贫困治理的"内生力"培育》，《经济问题》2018 年第 5 期。

济，带动贫困人口增收。

"党员领导干部结对帮扶贫困村贫困户"，是坚持重点帮扶与联系帮扶相结合，除无劳动能力的联系帮扶对象外，对有劳动能力和意愿的贫困户实行重点帮扶，做到责任到人。根据改则县委、县政府的要求，1名县级干部结对帮扶1户贫困户，每月至少1次下村帮扶；科级干部、一般干部2到3人结对帮扶1户贫困户，每两个月至少要上贫困户家帮扶1次，并要根据所结对贫困户的实际情况，制定出具有针对性、操作性的脱贫路子，充分解决好贫困户的教育、就业问题，力争帮助每户贫困户推荐1名以上劳动力就业。通过各种渠道筹集资金，帮助扶贫开发户发展生产。

（二）改则县贫困治理措施

2015年以来，改则县采取产业扶持、转移就业、发展教育、生态补偿、易地搬迁、社会保障（医疗救助、社保兜底）等措施对贫困群众精准施策（见图9-4）。为突出重点，本章从产业扶持、转移就业、易地搬迁、教育

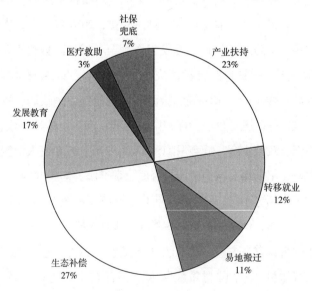

图9-4 改则县2015年建档立卡人口脱贫措施分布

资料来源：改则县扶贫办《改则县建档立卡贫困户致贫原因及脱贫措施》。

扶贫及社会保障这五个方面来阐述改则县贫困治理的措施。

1. 产业扶贫

产业扶贫是改则县贫困治理的重头戏。根据阿里地区"突出区域特色,发挥比较优势,整村整乡推进,促进产业集聚"的产业发展计划,基于改则县的县情、贫困牧民的实际状况,以及"十三五"期间改则县产业发展基本思路和总体要求,各乡镇结合各自的实际,坚持宜牧则牧、宜农则农、宜游则游、宜商则商,大力发展蔬菜温室、奶牛养殖、牲畜短期育肥、绒山羊等特色优势产业。基于改则县牧业的主导地位,特别确定"以物玛乡抢古村为主的南部三乡一镇实施推广象雄半细毛羊和白绒山羊,以古姆乡珠玛日村为主的北部三乡实施推广野血牦牛和藏系绵羊",并结合牧区改革——在全县范围内实施建立富裕户带头的家庭牧场和在贫困户集中的村实施建立联户放牧及帮扶牧场——实施高原特色产业工作,从而促进牧业发展,带动贫困户脱贫。①

(1)产业扶贫实施状况。2017 年改则县产业扶贫项目有 4 个,包括改则县扶贫综合商业体建设项目、改则县畜产品加工厂建设项目、改则县玉多村洗沙场建设项目与改则县奶牛标准化规模养殖场建设项目,其中畜产品加工厂与奶牛标准化规模养殖场是与畜牧业发展相关的。这四个项目均已开工、完成或快完成。2018 年改则县产业扶贫项目共 8 个,包括改则县大棚温室建设项目、改则县古姆乡绵羊养殖基地建设项目、改则县白绒山羊养殖基地建设项目、改则县森多村野血牦牛繁育基地建设项目、改则县物玛乡象雄半细毛绵羊扩繁场建设项目、改则县易地扶贫搬迁"圆梦新居"农贸市场建设项目、改则县牛羊扩繁场建设项目与改则县六乡一镇添置牲畜建设项目。显然,8 个项目中有 6 个是畜牧业发展项目。在我们 2018 年 7 月调研的时候,这些项目大多处于招投标工作阶段,可以预见的是,在目前脱贫攻坚任务重、压力大的背景下,这些项目会陆续按期完成。

从 2017 年前期产业扶贫项目实施情况看,有些项目效果很好,基本达

---

① 《西藏自治区阿里地区改则县深度贫困县乡脱贫攻坚规划》。

到了预期目标。比如改则县玉多村洗沙场建设项目，项目年底创收 11.2 万元，人均增收 3027 元。改则县扶贫综合商业体建设项目，年底盈利 30.45 万元，带动贫困人口 219 人就业。

（2）牧区改革促进脱贫。如上所述，改则县是阿里地区的面积大县、人口大县，也是纯牧业县，呈现"双重非典型二元结构"制约下的经济收入型贫困与精神贫困并存，且条件性、收入性、精神性贫困高度叠加的综合性绝对贫困特征。显然，贫困最主要的原因是牧业、牧民发展受阻。改则县要摘帽，牧民要脱贫，必须消解"双重非典型二元结构"。目前最主要的途径是在努力发展旅游业等现代经济的同时，提高牧业劳动生产率，提升牧民的素质和劳动技能，通过内源性动力，走出一条自我发展道路，以此减缓直至消除牧民的收入性贫困和精神性贫困。

改则县委、县政府意识到在目前状况下，牧业发展已经到了天花板，要提高牧业发展水平，必须走内源性发展道路。2015 年以来，改则县以深化农牧业供给侧结构性改革为主线，以发展多种形式农牧业适度规模经营为核心，实施牧区改革，以转变农牧业生产、经营、资源利用和管理方式，探索具有改则特色的内源性发展道路。在 2015 年确定"一村一组"试点（确定物玛乡抢古村为牧区改革之农牧民经济合作组织试点村、古姆乡珠玛日村念塔组为牧区改革之联户放牧试点组）的基础上，2016 年增加改革试验点 5 个，分别是家庭牧场 3 个、草补资金整合试点 1 个、养殖大户 1 个。目前全县 7 个乡镇陆续成立了 40 余家农牧民专业合作社，合作社成员达 7072 人，覆盖贫困群众 2466 户 8492 人。作为自治区牧区改革试点县，2017 年改则县牧区改革工作在全县全面铺开，实现了为贫困村摘帽铺路的目标，有效扩大了改革辐射带动作用和影响力，为脱贫攻坚乃至全县经济社会发展起到了催化作用。下面以物玛乡抢古村牧民集体经济合作组织和古姆乡珠玛日村念塔组联户放牧试点为典型案例，阐述牧区改革促进脱贫。

物玛乡抢古村的牧民集体经济合作社试点，采取政府引导、村两委班子讨论、村民大会决议通过等方式，鼓励引导村里牧民自愿以牲畜入股、劳动力入股、草场入股，促使传统粗放的牧业生产方式向科学集约化转变，按照"劳动力统一安排、草场统一管理、畜产品统一收购、经营收入统一分配、无劳动力和孤寡老人统一供养、在校生统一记分"的运作模式开展工作。古姆乡珠玛日村念塔组联户放牧试点，坚持依法、自愿、有偿原则，推动土地草原有序流转，采取牲畜入股、劳动力入股、联户放牧、草场流转的方式，促进牧业生产由单个分散放牧向集体联户放牧的新型牧业经营模式转变。显然，物玛乡抢古村的牧民集体经济合作社属于政府引导的股份合作型合作组织，古姆乡珠玛日村念塔组联户放牧属于政府引导的联户制合作组织。① 这两个案例促进了牧区发展，以及牧民观念的转变和自我发展能力的提高。

一是牧民收入明显提高，贫困问题大为缓解。物玛乡抢古村全村共有86户296人（其中71户258人加入合作社。剩余15户为常年在外经商的个体户、无畜户，仅户口在抢古村），其中贫困人口21户、60人。2016年牧民人均纯收入实现11930.58元，比2015年增加1730.58元，实现15户47人脱贫。2017年，合作社共创收376.4万元，比2016年总收入增长21.8%，人均收入同比增长12.3%，实现县级整村脱贫。古姆乡珠玛日村念塔组共有48户192人（含21户87人贫困户），2014年，联户放牧牧民实现人均收入6823元，2015年人均收入增加到8014元，2016年人均收入增加到9528元，实现12户49人脱贫。

二是由传统的粗放式牧业向科学集约化转变，提高了牧民抵御自然灾害的能力，降低了自然灾害风险和市场风险，提高了牧业劳动生产率。同时，合作经济组织按照"劳动力统一安排"原则，解放了大批牧业劳动力，使牧业剩余劳动力可以从事其他非牧劳动生产，从而可以拓展其他非牧经营。例如物玛乡抢古村牧民集体经济合作社除了经营人工种草、牦牛养殖、象雄藏系半绵羊和藏系绵羊养殖、畜产品加工销售外，还组建了工程队，涉足房

---

① 西藏自治区工商局调研组：《那曲地区农牧民专业合作社发展情况调研报告》，《调查研究》2012年第11期。

屋建筑工程、公路工程、水利工程、砂石加工等产业，还办有藏餐、酒水、饮料、副食品、日用百货农机维修及配件销售等第三产业。这样，既培养了部分牧民从事非牧劳动的技能，又拓宽了牧民收入渠道，增加了牧民现金收入。

三是通过签订草场流转合同，将无畜少畜户，离开牧区牧业的个体户、务工户以及搬迁户的闲置草场流转进合作组织，既有效解决了草场浪费闲置的问题，盘活了这部分人的草地资产，让他们有稳定的资产性收入，降低了无畜少畜户的贫困程度，又扩大了合作社草场规模，达到了"双赢"的目的。

四是按照"六个统一"的运营模式，将村集体经济收入的4%用于统一供养55岁以上女性与60岁以上男性（2016年每人发放基本生活补助3432元）和在校学生（享受村集体经济教育补贴，每人每年补贴100个工分，2016年每人补贴1136元），不仅解决了群众的后顾之忧，让牧民更加拥护合作社的发展，而且让牧区最弱势群体——孤寡老人增加了一定的收入补贴，让有"因学致贫"风险的家庭增加了收入补贴，直接降低了贫困发生风险或减缓了贫困。

五是牧民集体观念、生态保护意识增强，且减缓了贫困牧民的"精神贫困"。"劳动力统一安排、草场统一管理"让参与合作组织的牧民思想观念发生了较大变化。其一，参与牧民逐步认识到集体经济增长关乎自身利益，极大地增强了群众的集体观念，也认识到了畜牧业基础设施建设的重要性，提高了对水利设施、围栏、牲畜棚圈等基础设施建设和保护的积极性、主动性。其二，参与组织化的生产活动，使贫困牧民从中逐步摸索到市场竞争规律，培养自身市场竞争意识，增强市场竞争力。其三，通过组织贫困牧民参与集体生产，让他们从中学到各种生产技术和经营技能，从而提高他们自我发展能力。其四，贫困牧民参与合作组织，可以让他们在集体活动中不断克服传统陋习，养成分工合作的良好习惯。而且，贫困牧民通过参加合作组织的劳动，与其他成员的日常生产交往和生产互助更加密切。贫困牧民的乡村社会关系得到加强，提高了他们的生产生活自信，进而提高了他们在乡村的社会地位，让他们不仅经济上脱贫，还实现了精神上脱贫。其五，合作社按劳分配原则，不但有效激发了牧民参与集体创收的内生动力，而且在发展教育、提高牧民素质方面起到了积极作用。

2. 转移就业

改则县转移就业扶贫以产业带动和公益岗位开发为重点。上述产业基地及经济合作组织带动就业的情况说明，部分就业扶贫是通过发展产业实现的。除此以外，市场化就业扶贫在改则县也开始出现。2016 年，改则县通过扶贫系统安排建筑工程泥水工、钢筋工、电工、驾驶、挖掘机技能、烹饪技能、手工技能、藏式绘画、藏式手工技能等培训 1019 人次，已就业的贫困人口达 372 人。2017 年，县扶贫系统共组织 1185 人参加技能培训，实现培训就业 821 人，其中固定就业 552 人、临时就业 269人。同时以各类项目建设为契机，大力推广"政府＋施工单位＋农牧民"的转移就业模式，实现转移就业、劳务输出 2452 人次，创收 1310 万余元。2017 年还成功举办了改则县第一届人才交流招聘会，与 25 家各类企业（包括个体工商户）达成用工意向 128 人，大部分实现就业。另外，一些乡村基于其优势资源发展小型企业，实现就业扶贫，如物玛乡达热村充分利用资源优势，组织贫困群众加入野葱深加工小型产业，使贫困群众增收。

公益岗位开发是改则县最重要的就业扶贫措施。2016 年全县共安排生态管控员、重点公益林管护员、自治区级和自治区级以上自然保护区管护员、野生动物疫源疫病监测员、湿地管护员、沙化土地禁封保护管护员、水生态保护员等共 5959 个岗位。2017 年，全县共安排生态岗位 7797 人，比2016 年增加 1838 人，实现符合政策的建档立卡贫困人口生态岗位全覆盖，发放岗位补助资金 1787.7 万元。2016 年、2017 年补助标准均是每人 3000元，2018 年为每人 3500 元。

3. 易地搬迁

2016 年开始，改则县扶贫部门通过走村入户，按照群众自愿、乡村统一的原则，将符合条件的自然组、贫困村向县城、地区等进行集中安置，实施易地搬迁扶贫。2016 年度易地扶贫搬迁安置点在县城附近的玉多村，2017 年新增两个安置点，一个是阿里地区狮泉河镇"康乐新居"，另一个是改则县羊八井。

2016～2017 年，改则县"圆梦新居"易地扶贫搬迁 44 户 199 人，项目建设地点位于改则镇玉多村。2016 年第一批 24 套房竣工，实现 24 户 126 人搬迁入住；2017 年 7 月项目全部完成，并于 8 月 14 日完成了其余 20 户 73 人的搬迁入住工作。

2017 年"康乐新居"易地扶贫搬迁有 185 户 729 人，并于 2017 年 10 月初完成了搬迁入住工作。2017 年还完成羊八井扶贫搬迁 13 户 54 人。同时指派一名骨干人员到羊八井蹲点，协调搬迁群众 8 人的培训就业工作和 13 名贫困学生的转学教育工作。

为了实现"搬得出、稳得住、有事做、能致富"目标，改则县扶贫部门很重视易地扶贫搬迁后期工作，对搬迁牧民开展动态摸底调研，了解搬迁牧民生产、生活的困难和需求，适时对其开展思想工作和给予相应的帮助。通过就业扶持、金融扶持、教育扶持、困难救助等方式促进搬迁户增收创收，实现稳定脱贫。我们到"圆梦新居"的几户移搬迁户调研时了解到，搬迁户普遍认为，搬迁到县城后，生活环境、生活质量有了很大的改善和提升，孩子读书和老人就医都比以前要方便很多。部分年轻人加入了施工队，在物流配送中心建设项目、农贸市场建设项目及其他设施建设项目打工；部分人获得生态岗位，另外一些老、弱、病、残等符合政策标准的搬迁户获得适当政策补贴，使得搬迁牧民能够在过渡期得到适当救助，大部分人都稳定下来。

4. 教育扶贫

改则县教育扶贫是在西藏自治区教育扶贫总体框架下进行的，其主要目标是确保贫困学生都能顺利入学，努力杜绝因学致贫返贫现象出现。

包括改则县在内的西藏自治区从 1985 年开始，对九年义务教育阶段的农牧民子女实行"包吃、包住、包学习费用"的"三包"政策。2011 年，西藏义务教育免费"三包"政策延伸到 15 年（即学前 3 年、小学 6 年、初中 3 年和高中 3 年），并覆盖所有农牧民子女和城镇困难家庭子女。西藏教育"三包"政策在不断扩大覆盖范围的同时，先后 12 次提高经费标准。2017 年秋季，改则县执行 15 年免费义务教育"三包"经费标准是幼儿园 3080 元/（生·年）、义务教育阶段 3580 元/（生·年）、高中和中职 4080 元/（生·年），幼儿园和义务教育阶段公用经费 700 元/（生·年）、高中和中职 900 元/（生·年），义务教育阶段营养改善计划 800 元/（生·年）。改则县对建档立卡、民政低保贫困大学生也提供资助政策：①重点本科大学生，在读期间学费、交通费均实现全报销；②考上区外普通本科大学生，每年发放生活补贴 3000 元，区内普通本科大学生，每年发放生活补贴 2500 元（含交通费）；③考上区外专科大学生，每年发放生活补贴 2500 元，区内专科大学生，每年发放生活补贴 2000 元（含交通费）。2017 年对 43 名应届建档立卡贫困大学生发放资金 136400 元。

同时，为确保教育均衡发展，改则县增加投入改善牧区薄弱学校条件。例如，2017 年投入 7159 万元用于薄弱学校改造和贫困村新建幼儿园项目，全面改善边远牧区的办学条件。

显然，包括改则县在内的西藏自治区教育扶贫力度很大，目前改则县适龄儿童的小学、初中入学率均接近 100%。调研发现，受政府宣传及教育扶贫力度加大等因素的影响，牧民对子女受教育的态度有了很大转变。过去，牧民基本不关心子女的教育，甚至有的还以家中无人干活等理由不送孩子上学。现在，牧民不仅主动送孩子上学，为了孩子进县里的优质校，还有很多牧民在县城买房、租房陪读。目前县城常住人口为 9000 人，其中约 5000 人是全县各乡来县城就学的学生，还有一部分就是这些学生在县城的陪读家长。也正是牧区小学 4 年级及以上孩子集中到县城上学的政策，不仅让牧区的孩子享受到优质教育资源，让改则县教育发展状况呈现良好的态势，还让改则县城镇化水平得到较大幅度提高，促进了牧民到城镇定居，改变了牧民的生产、生活环境，无形中扩大了牧民的视野，提高了牧民的现代化素质。这些，对破除贫困的代际传递、消解"双重非典型二元结构"、缓解改则县的长期贫困，起到了积极作用。

5. 社会保障

在西藏自治区社会保障兜底政策框架下，改则县严格落实、执行城乡低保、五保、残疾、孤儿及特困人员等特殊群体基本生活保障和救助，以及医疗救助、临时救助等社会保障政策。

2016年，改则县积极推动农村低保与扶贫开发有效衔接，加强农村低保申请家庭经济状况核查，将符合低保条件的贫困户全部纳入最低生活保障范围，低保户1095户3537人、五保户109户112人由社会保障兜底脱贫。对农村低保、五保户对象参加新型农村合作医疗的个人缴费部分实行财政全额补助，并将贫困人口全部纳入重特大疾病救助范围，提高补助标准，降低其就医费用支出，努力让贫困人口看得上病、看得起病、看得好病，减少因病致贫或返贫现象的发生。2016年社会保障组完成临时救助936人，落实救助资金92.673万元。实行特困群众医疗救助689人次，报销资金175.7184万元。

2017年至2018年上半年，按照藏政办发〔2017〕141号文件要求，按差额补助的形式补发农村低保资金，差额补助标准为3840元，全县农村低保户共计1112户3537人。积极实施医疗救助工作，不断提高救助水平，共计救助197人，发放医疗救助资金559690元。加大临时救助力度，共计救助193人，发放救助资金504500元，有效解决了城乡困难群众治病难、生活困难等问题。对全县2017～2018年冬春受灾群众发放自然灾害生活补助资金，共计对813人发放补助资金38.7万元（其中，发放272人口粮救助资金166400元，发放268人衣物救助资金120300元，发放273人燃料救助资金99974元），使全县受灾群众的基本生活得到了保障。① 另外，对五保供养对象每人每年按照4940元的标准发放补助，对孤儿生活补助为每人每月810元，对残疾人按残疾等级每人每月发放110～200元的补助，基本做到应保尽保、应救尽救。

---

① 《改则县2018年脱贫攻坚工作上半年总结暨下半年工作计划》（改脱指办〔2018〕85号），改则县脱贫攻坚指挥部办公室，2018年6月4日。

三 改则县贫困治理的主要成就、经验和启示

（一）主要成就

改革开放以来，在党中央、国务院，西藏自治区党委、政府，阿里地区地委、行署的坚强领导下，改则县委、县政府始终把扶贫工作当作头等大事、重大政治任务和第一民生工程来抓，坚持强化组织领导、精准管理、宣传教育、督导问责，大力实施产业扶贫、易地搬迁、转移就业、生态补偿、教育扶贫、社会兜底、金融扶贫、健康扶贫、援藏扶贫、结对帮扶"十大行动"，并统筹整合人力、物力、财力助推脱贫攻坚，贫困治理工作取得阶段性成果。

1. 贫困人口减少

改则县 2015 年底建档立卡贫困人口 2273 户 7532 人，经过两年的努力，全县 2017 年剩余建档立卡贫困人口为 1821 户 6327 人，减少贫困人口 452 户 1205 人，剩余建档立卡贫困人口占农村总人数的 27.59%。2017 年物玛乡抢古村达到退出标准，2018 年有超过 10 个贫困村（居）实现退出。

2. 农牧民收入稳步增长

1980~2017 年，改则县农牧民收入得到较大幅度提升，从 178 元增长到 9769 元，增长了 54 倍（按现价计算），年平均增长 11.3%。

3. 生活质量改善

不论是基础设施，还是教育、医疗卫生、社会保障等公共服务，改则县都在改革开放几十年的过程中经历了从无到有、从小到大的发展。尤其是在最近几年的脱贫攻坚战中部署了"水电路信网、教科文卫保"十项提升工程，着重推动基础设施的"最后一公里"建设，贫困农牧民生活质量稳步提高，获得感显著提升，脱贫工作取得新成就。

（1）物质生活条件得到进一步改善。改则县农村的基础设施有了很大改善。2018 年改则县 49 个行政村（居委会）道路通达率 100%；洞措乡、

改则镇、物玛乡的部分村已通稳定的水电；全县各乡镇、各村委会周边均实现通信基站覆盖；全县 49 个村（居委会）级便民商店覆盖率已达到 98%，有效解决农牧区物资和生活用品"买难卖难"问题①。

（2）基本公共服务得到进一步加强。第一，改则县牧区医疗服务、学前和小学教育的水平及可及性有所提高。2018 年，改则县各乡镇均有小学和幼儿园；县里有卫生服务中心，每个乡镇均有卫生院、每个村居均有卫生室。而且陕西省宝鸡市中心医院对口帮扶改则县卫生服务中心，西藏自治区人民医院对口帮扶麻米乡和洞措乡两家卫生院，采用"组团式"支援方式，在提供医疗服务的同时较大程度提高了当地医护人员的医疗技术水平。常住人口中文盲的比重下降到第六次人口普查的 63.79%，近几年政府及普通牧民对教育加强了重视，小学、初中的入学率接近 100%②。

第二，目前，在实现社会保险制度全覆盖的基础上，改则县覆盖城乡的医疗卫生服务体系逐步完善，以免费医疗为基础的农牧区医疗制度覆盖全体农牧民。而且，已经实现城乡居民基本养老保险均等化；实现医疗救助城乡一体化；实施城乡居民免费体检，先天性心脏病儿童全部得到免费救治等③。显然，覆盖范围更广、保障水平更高、保障方式更便捷的具有西藏特色的社会保险制度体系，正在改则县渐渐成型。

（二）经验与启示

如上所述，改则县从改革开放前的普遍贫困，发展到 2017 年的贫困发生率为 27.59%。虽然贫困状况仍然比较严峻，但贫困面大幅降低，贫困程度大大减轻，贫困治理工作取得阶段性进展。可以说，在贫困治理方面走出了具有改则特色的道路。那么，改则县贫困治理有些什么经验和启示呢？

1. 以脱贫攻坚统揽经济社会发展全局

改则的贫困治理，是在西藏自治区贫困治理的大框架下进行的。近年

---

① 《改革开放以来扶贫工作开展情况》，改则县脱贫攻坚指挥部办公室，2018 年 6 月 8 日。
② 《改革开放以来扶贫工作开展情况》，改则县脱贫攻坚指挥部办公室，2018 年 6 月 8 日。
③ 邓建胜：《治国必治边，治边先稳藏——壮美高原享安康》，《人民日报》2017 年 9 月 11 日。

来，与西藏其他地区一样，改则县在实施脱贫攻坚时，构建政策扶贫、专项扶贫、行业扶贫、金融扶贫、援藏扶贫"五位一体"，政府、市场、社会协同推进的扶贫格局，将脱贫攻坚作为政府重要的战略任务、政治任务、经济任务和第一民生工程，作为与全国同步建成全面小康社会的关键之举，作为改则县经济社会跨越式发展的重要保障，以脱贫攻坚统揽经济社会发展的全局。

（1）高位推进脱贫攻坚工作。改则县为脱贫攻坚建立了高规格组织领导体系。改则县成立了以县委书记益西土登为组长的扶贫开发工作领导小组和以县长周全为总指挥长的脱贫攻坚指挥部，足以体现脱贫攻坚指挥部的高规格和改则县党委、政府对脱贫攻坚的重视。脱贫攻坚指挥部从各行业相关部门抽调精干力量，组建成立宣传、产业、转移就业等11个专班，各乡（镇）、村（居）也相应成立了精准扶贫工作领导小组，从而建立了各级主要领导亲自抓、分管领导具体抓和相关部门协调配合的工作机制，形成较大合力，破解脱贫攻坚涉及面广、工作内容多且复杂的难题，确保了脱贫攻坚各项工作顺利推进。

（2）政策强力推动脱贫攻坚工作。基于改则县的县情、地位，中央、自治区、援藏单位——中国移动，近年来给予改则县极大的支持。改则县抓住中央对西藏的高度重视及国家整体经济快速发展为西藏创造的良好发展机遇，在用足用好中央的优惠政策上下功夫，近几年得到中央、对口援藏单位中国移动及各社会组织的支持是巨大的。例如，2018年改则县获得中央、自治区财政涉农资金高达1.1亿元（其中，深度贫困地区脱贫攻坚资金2088万元、产业发展资金3033万元、小型基础设施及生产扶持资金2879.81万元、生态岗位资金2728.95万元、定向政策性补助资金187万元、农牧民技能培训资金88.4万元），① 这几乎是过去好几年相应财政资金的总

---

① 《改则县2018年脱贫攻坚工作上半年总结暨下半年工作计划》（改脱指办〔2018〕85号），改则县脱贫攻坚指挥部办公室，2018年6月4日。

和。① 正是改则县对中央、援藏单位及各社会组织的支持政策的有力推动和正确执行，发挥集中力量办大事的政治优势，最大限度整合各种资源实施脱贫攻坚，改则县贫困人口稳步减少，贫困发生率有效降低，减贫成效显著。

（3）"脱贫攻坚"成为加快改则县经济社会发展的主要抓手。改则县确立的"十三五"扶贫开发的目标任务是"确保通过扶贫带动实现贫困人口人均可支配收入实现持续明显增长，年均增长率达到16%以上，扶贫对象人均可支配收入达到或接近全区平均水平，确保贫困人口生产生活条件进一步改善，稳定实现'三不愁、三保障'，同步推进脱贫攻坚与全面小康社会建设进程"。对此，改则县大力实施产业扶贫、就业扶贫、易地扶贫搬迁、生态扶贫等扶贫工程。例如，2016年，改则县组织实施项目103个，总投资5.62亿元（不含交通项目），完成投资4.46亿元，增长133.86%；交通项目总投资23.3亿元，完成投资9.4亿元。2017年，全县开工复工项目达64个，总投资29.62亿元。这些主要是牧业、交通、能源、水利、教育、卫生、文化、广电、通信等基础设施和公共服务等扶贫项目。这些扶贫项目的实施，促进了改则县经济社会发展。

2. 探索、形成改则特点的贫困治理思路

改则县作为整体深度贫困的西藏自治区的深度贫困县，面临的最大的问题仍然是经济社会发展的"非典型二元结构"。改则县要脱贫和振兴发展，必须在消解"非典型二元结构"上下功夫。因此，一方面要发展第二、第三产业和现代经济，另一方面要逐步转变传统牧业生产方式，向现代牧业迈进。由于改则县属于羌塘自然保护区的重要核心区，不能走内地的传统发展模式和传统工业化道路，只能发展高原特色产业、现代旅游业等生态绿色经济。基于其高原畜牧业优势资源禀赋，开展产业扶贫是改则县委、县政府、各乡镇及牧民们的基本共识。但是，产业扶贫在包括改则县在内的全国各地都已经开展很多年，很多地方的产业扶贫效果不太理想。改则县基于实际县

---

① 《@小伙伴们！五年来西藏取得的这些发展成就，你一定要知道！》，西藏发布（公众号），2017年9月8日。

情和面临的各种困境，确定以改革促脱贫的贫困治理思路。具体而言，在结合牧区改革的基础上实施产业扶贫工作，即支持新型经营主体的发展，发展牧民集体经济合作、联户放牧等集体经营，壮大集体经济，从而促进牧区、牧业发展，带动贫困户脱贫。

这是因为，改则县以往的贫困治理方式主要依靠政府及对口援藏单位的"输血"，各种社会力量及贫困牧民的自身潜力没有充分发挥，导致脱贫的有效性不强、持续性较差。因此，探索政府单纯"输血"之外的贫困治理手段成为贫困治理创新的重要方向。引入更多的贫困治理主体和市场要素已经成为当前贫困治理创新的共识。[1] 而引入更多的贫困治理主体和市场要素的主要途径就是在贫困治理中引入市场主体，通过市场主体的经济活动带动贫困地区和贫困人群的发展。目前，贫困地区的市场主体主要包括各种类型的企业、农村合作经济组织、产业大户、家庭农场和普通农户等。有研究认为，从贫困治理的视角看，合作经济组织以独特的制度安排和运行机制，成为弱势群体通过互助达到自助的一个重要组织手段。[2] 相对于其他市场主体，农村合作经济组织参与贫困治理更能体现多元贫困治理、参与式发展和内源性发展的理念。[3] 改则县目前以发展牧民集体经济合作组织、联户放牧试点组等新型经营主体来促脱贫的贫困治理模式取得一定成效，也是对上述研究的一个回应。

3. 以"乡村精英 + 合作经济组织 + 贫困户"的产业扶贫模式，逐步实现内源性发展

综上所述，由于历史等因素的影响，改则县社会发育程度很低，牧区组织化程度低，因而公共性和治理韧性不足。在目前以改革促脱贫的贫困治理

---

① 陈琦、何静：《专业合作社参与扶贫开发行动分析——来自 QZB 茶叶合作社的案例》，《中共福建省委党校学报》2015 年第 4 期。

② 傅晨：《"新一代合作社"：合作社制度创新的源泉》，《中国农村经济》2003 年第 6 期。

③ 许军涛：《贫困治理中的合作经济组织参与研究——H 省农民专业合作化为例》，华中师范大学博士学位论文，2015。

思路下，改则县成长了一批"乡村精英"，① 他们在脱贫攻坚工作中扮演着越来越重要的角色。比如物玛乡抢古村党支部书记尼玛顿珠，在阿里地区、改则县委、县政府的领导、部署下，积极参与以改革促脱贫的实践，充分发挥"领头雁""排头兵"作用，领导物玛乡抢古村开展牧民集体经济合作社试点工作。显然，这种"乡村精英＋合作经济组织＋贫困户"的扶贫模式，使得抢古村在改则县率先达到脱贫条件，增强了村民的集体意识、合作意识、市场意识，实现了由过去粗放式经营向集约化经营的转变，确保了牧民收入可持续增长，进而逐步实现社区及牧民的内源性发展。也正是尼玛顿珠的突出成绩，他成了改革开放杰出贡献表彰对象。②

4. 推动产业基地建设和扶持新型经营主体发展

基于上述贫困治理思路，近期改则县贫困治理的重点工作是推动扶贫产业基地建设和新型经营主体发展。比如，"十三五"时期，改则县计划在北部3个乡、23个行政村新建11家藏系绵羊培育基地、14家野血牦牛培育基地、15家肉牛肉羊标准化养殖基地；在南部3个乡、1个镇、24个行政村新建13家白绒山羊培育基地、17家标准化肉牛肉羊养殖基地、两个象雄半细毛羊培育基地。同时，改则县也在培育壮大龙头企业、牧民合作社、种养大户等新型经营主体，支持新型经营主体通过土地托管、牲畜托养、吸收牧民土地经营权入股等途径，带动贫困户增收，与贫困户建立稳定的带动关系。支持新型主体发展特色产业，向贫困户提供全产业链服务，提高产业增值能力和吸纳贫困劳动力就业能力。据统计，截至2016年底，通过统筹整合，改则县共有合作社36个，注册资金合计4109.2012万元，成员7072人，累计创收2505.95万元，累计分红308.4317万元，受益贫困群众2466户8492人，带动了800多位牧区剩余劳动力转移就业。专业合作组织发展后劲强势，不仅有效带动贫困群体脱贫，而且为后脱贫时代的牧区乡村振兴奠定了基础。

---

① "精英"是指那些具有一定才能，在某个方面出类拔萃、精明强干的人。乡村精英主要分为政治精英和经济精英。

② 《关于改革开放杰出贡献拟表彰对象的公示》，《人民日报》2018年11月26日。

5. 用足用活政策红利，积极争取各种帮扶资源

其一，近年来，改则县在积极争取更多国家专项扶贫项目和资金的基础上，积极主动与对口援藏单位——中国移动公司对接，争取更多的援藏资源。其二，进一步拓展扶贫资源渠道，用好用活用足中央赋予西藏的扶贫贴息贷款优惠政策和中国移动援藏资金，大力支持龙头企业、专合组织、致富带头人通过扶贫贴息贷款壮大产业，探索试点互助资金项目，带动贫困群众就业增收。比如，改则县"十三五"时期产业扶贫项目共有 69 项，涵盖了种植业、养殖业、旅游业、农畜产品加工业和其他产业等五大扶贫产业，计划总投资 88280 万元，其中国家投资 26484 万元、西藏投资 52968 万元、阿里地区投资 8828 万元。西藏投资以地方财政扶持和信贷形式为主，阿里地区投资以援藏资金、地方财政资金和整合其他行业部门资金为主。① 其三，组织动员社会力量参与扶贫，包括开展县企结对共建活动。按照"自主自愿、互惠互赢"原则，积极引导非公企业主动与贫困村结对共建，利用资本、技术、信息等优势，帮助贫困村发展村级经济、增加牧民收入。如改则县工商局和个体私营党员联合成立非公党支部，积极筹集爱心资金，2017年为贫困群众募捐 6.68 万元，同时解决 100 余名贫困群众就业。开展"学雷锋扶贫济困月"活动，每年 3 月由民政局、妇联、团委、教育等有关部门组织社会各界开展助困、助医、助学、助残、助老、助孤等主题活动，争做好人好事，帮助贫困户等解决实际困难。开展"国家扶贫日"活动，每年 10 月 17 日在全县范围开展扶贫募捐活动，广泛动员党政机关、企事业单位、社会组织和各界爱心人士捐款捐物。如 2016 年 10 月 17 日，社会捐款为 5.3 万元。其四鼓励现有的农牧民施工队、经济合作组织帮助贫困户脱贫。

综上所述，改则县的贫困治理工作取得阶段性进展，探索出一些破解深度贫困牧区贫困治理难题的新途径，形成了一些具有独到价值的经验，其中

---

① 改则县脱贫攻坚指挥部：《西藏自治区阿里地区改则县"十三五"时期产业精准扶贫规划（2016～2020）》，2016 年 9 月。

一些经验对西藏、四省涉藏地区或其他深度贫困牧区今后几年的脱贫工作具有重要借鉴意义。其最主要的启示是，高位推进是关键。政府主要领导亲自挂帅，以制度优势、政治优势集中力量攻难关，脱贫攻坚工作一定会有起色。另外，必须引入更多的贫困治理主体和市场要素，走多元贫困治理和内源性发展道路，并处理好贫困治理与区域经济社会整体发展的关系。只有贫困治理促进区域经济社会整体发展，区域经济社会整体发展促进贫困群体自我发展能力提高，才能实现有效、稳定脱贫。

当然，目前改则县的贫困治理工作还面临一些问题和挑战。主要包括：其一，经济社会发展的"非典型二元结构"仍然存在，经济发展水平较低、社会发育程度仍然很低，脱贫难度还很大；其二，基础设施和公共服务水平仍较低；其三，城镇化进程较慢；其四，还有部分贫困牧民"等、靠、要"思想严重，自力更生、主动参与脱贫致富的内生动力不足。这些问题需要在未来的贫困治理和经济社会发展实践中探索解决。因此，要实现"贫困人口到2020年如期脱贫"，西藏还必须在以往贫困治理工作基础上，进一步落实中央对深度贫困地区的支持政策，完善以改革促脱贫的贫困治理模式，攻坚克难，补齐短板。

第十章 中国移动对改则县的援助情况

2020 年是全面建成小康社会和"十三五"规划收官之年，中央企业深刻认识到高质量打赢脱贫攻坚战的重要意义，坚决贯彻党中央决策部署，发挥自身优势开展扶贫工作，涌现出了以中国移动为代表的一批积极参与脱贫攻坚的优秀企业，为全面打赢脱贫攻坚战贡献了央企力量。本文介绍了中国移动援助改则县的实践及其进路，对援助行动的影响进行了分析，力图为扶贫工作提供更多经验和借鉴。

一　国企国资援藏工作总体情况

国务院国资委和中央企业坚决贯彻落实党中央、国务院决策部署，高度重视民族地区的对口援助工作。中央企业作为我们党执政兴国的重要支柱和依靠力量，是推进国家现代化、保障人民共同利益的重要力量，义不容辞地担负起民族地区打赢脱贫攻坚战的重大责任。截至2017年底，中央企业结对帮扶国家扶贫开发工作重点县246个，约占国家级贫困县总数的42%，在我国扶贫脱贫中切实发挥了重要作用。特别是在"三区三州"等深度贫困地区，中央企业进一步加大帮扶力度，结对帮扶、对口支援县达79个。2017年实施各类扶贫项目1500余个，投入扶贫资金5.9亿元，引入社会各类资金超过40亿元，有力促进了这些地区特色产业发展、基础设施完善、居民生活水平提高和自然生态环境改善。

2018年9月，国务院国资委在拉萨举行央企助力西藏脱贫攻坚会议，会议指出，国资委党委坚决贯彻落实党中央决策部署，积极组织推动中央企业扎实做好产业扶贫、就业扶贫、科技扶贫等各项工作。有关中央企业深入实施对口帮扶，大力开展产业扶贫，全力支持基础设施建设，广泛吸纳就业，积极履行社会责任，精准助力西藏脱贫脱困，带动西藏社会公共服务保障水平不断优化升级、推动贫困群众自我发展能力显著增强，有力推动、维护了西藏经济社会发展与和谐稳定。[①]

二　中国移动对口援助改则县的相关情况

在中央西藏工作座谈会精神的指引下，按照党中央、国务院及国务院国资委等相关部委部署，中国移动共在民族地区五个县承担了对口支援和定点

[①]《央企助力西藏脱贫攻坚会暨签约仪式在拉萨举行　郝鹏、吴英杰出席并讲话　齐扎拉主持》，国务院国资委官网，http://www.sasac.gov.cn//n2588030/c9562032/content.html。

扶贫任务，分别为西藏改则县、青海玛沁县以及新疆洛浦县、疏勒县、阿克陶县。

（一）中国移动援助改则县的项目情况

自 2002 年起，中国移动与改则县委、县政府讨论协商，由中国移动负责援建项目的立项、设计、招投标、施工、监理、验收、付款等整套工作，实施"交钥匙"工程，最终在农牧、教育、卫生、文化、市政基础等领域开展了 70 多个项目建设（见表 1）。

这些项目的建设对于拉动改则县经济增长，改善基础设施条件，改善牧民群众和干部职工生活、工作环境，推动社会事业发展，起到了巨大的促进作用。

表 10 - 1　中国移动援助改则县部分具有代表性的项目统计

建设年限	项目名称
2002~2004 年	改则县中小学生过冬费用
2003~2004 年	改则县购买援藏用车项目
	改则县综合办公楼建设项目
	改则县市政道路及转盘道、城雕项目
	改则县医疗设备购置项目
	改则县医护人员及干部培训项目
2004~2005 年	改则县新建中学教学楼项目
	改则县小学食堂建设项目
	改则县环卫大队办公楼建设项目
2005~2006 年	改则县人民医院住院部建设项目
	改则县人工种草项目
	改则县老干部活动中心建设项目
	改则县牧民安康定居工程建设项目
	改则县文化馆及广场建设项目
	改则县医疗设备购置项目
2007~2008 年	改则县给排水工程建设项目
	改则县新农村建设示范点项目
	改则县移动宾馆建设项目
	改则县医疗设备购置

建设年限	项目名称
2007～2008 年	改则县防抗灾饲草料基地建设
	改则县石村加工厂项目
	改则县肉制品加工厂项目
	改则县民族手工艺加工厂项目
	改则县教育硬件设施建设项目
	改则县安居工程建设项目
2009～2010 年	改则县城乡配套工程建设项目
	改则县改则镇加油站建设项目
	改则县中小学设施更新项目建设项目
	改则县安居工程建设项目
	改则县干部及专业技术人员培训项目
	改则县改则镇城网改造项目
2011～2012 年	改则县农牧民文化中心建设项目
	改则县乡镇食堂建设项目
	人居环境综合整治建设项目
	安居工程建设项目
	改则县信息化建设项目
	改则县人才队伍培训项目
	改则县民间艺术团建设项目
	改则县 2011 年农牧民防抗灾饲料补助
	麻米乡天葬台建设项目
	改则县第二完全小学建设项目
2013～2015 年	牧民安居工程建设项目
	改则县周转房、公租房、廉租房附属设施建设项目
	改则县农牧民文化中心附属设施建设项目
	改则县物玛乡治安交通检查站建设项目
	防抗灾饲草料储备库项目
	全民体检项目
	麻米乡次嘎木村卫生所建设项目
	改则县市政道路建设项目
	改则县察布乡扎美仁村级活动场所及附属、察布乡澡堂设施建设项目
	改则县洞措乡小学教学设备更新
	改则县发改委、古姆乡、察布乡政权基础设施建设项目
	改则县党员一站式服务中心建设项目

建设年限	项目名称
2016～2018 年	改则县新办公楼及农牧民文化中心供暖工程
	改则县物玛乡根琼村灾后重建项目
	改则县防抗灾饲草料购买
	改则县易地搬迁建设项目（圆梦新居）
	消防大队基础设施改造项目

注：以上项目有一部分属于长期坚持的，如培训干部、购买小学校过冬燃料、种植人工草场等，不做重复说明。

一是建设牧民安居项目。从 2003 年实施安居工程以来，中国移动共投入资金约 5945.63 万元，结合国家和自治区的投资，完成了改则县 5560 多户牧民安居房的建设。16 年来，累计解决当地农牧民就业 830 余人次。

二是维护社会稳定的项目。中国移动援藏干部始终坚持维护西藏的稳定繁荣，充分认识到反分裂斗争的长期性、复杂性和严峻性，坚持战斗在维稳工作一线，并协助投入资金 70 万元用于建设改则县物玛乡治安交通检查站。

三是推进党建工作的项目。党的工作最坚实的力量支撑在基层，抓好基层党组织建设是党的长远之计和固本之举。2002 年以来，中国移动投入资金 785.4 万元，建设 15 个行政村基层党组织活动场所，其中 2015 年投入 126.95 万元新建察布乡扎美仁村级活动场所。每个乡（镇）投入 5 万元，以提升基层党建能力。

四是提高医疗卫生条件的项目。2006 年，中国移动投入援藏资金 365 万元，新建县医院住院部；2011 年，又投入资金 159 万元，购买彩超和腹腔镜等先进医疗设备，并派遣医务人员到内地、拉萨进行专业培训。计划投入 442 万元，进一步提升医疗卫生条件。

五是推进教育事业的项目。中国移动始终重视发展改则县的教育。2004 年投入 600 万元资金，建设了县中学教学楼；2006 年投入资金 476 万元，建设了 790 平方米的学生食堂及三栋教职工周转房；2011 年投入资金 800 万元，建设了当地小学新校区教学楼、学校围墙等。此外，中国移动每年还投入 30 万元作为中小学过冬燃料费。

六是改善农牧民文化生活的项目。2006 年，中国移动投入资金 550 万元，建设了改则县文化中心及文化广场（其中包含会议室、电视转播间及其设备、文化局办公楼、多功能演出厅等）；2011 年又投入资金 1037 万元，建设了县农牧民文化中心，同年，改则县民间艺术团在中国移动资金的大力援助下正式成立；2014 年投入 1200 万元用于建设农牧民文化广场及附属设施。

七是加强城镇基础设施建设的项目。2004 年，中国移动投入资金 627 万元，新建改则县党政综合楼，总建筑面积为 3016 平方米，彻底改善办公条件，办公效率显著提高；2007 年，投入援藏资金 600 万元，对县城两条城市主干道进行整治；2014 年，投入资金 1090 万元，修建了四条市政主要道路，将原先泥泞不堪的土路整修为水泥路面，极大改善了县城中心区交通状况和区域环境卫生。

八是提升牧业生产水平的项目。改则县是纯牧业县，畜牧业是第一支柱产业，但由于牲畜严重超载、气候恶劣、虫灾鼠害等因素，草场呈现严重的荒漠化、沙化、退化趋势。2008 年，中国移动投入资金 620 万元，大力开发人工种草项目，人工种草 470 亩，硬化水渠 7000 米，并购买农用机械、化肥等。2010 年，中国移动又投入 100 万元援藏资金，建设了改则县农牧民科技推广中心。2014 年投入 45 万元建设各乡镇防抗灾储备库。2013 ~ 2018 年每年投入 35 万用来购买防抗灾饲料。另投入了 1385 万元建设蔬菜种植产业园区。

九是推进人才队伍建设的项目。缺乏专业技术人才及行政人才是长期以来制约改则县经济社会发展的"瓶颈"，为了提升干部队伍素质，从 2003 年开始，中国移动累计投入 210 多万元资金，主要采取了"走出去"的方式，先后选派了 80 多名乡镇党委书记、基层领导干部、专业技术人员到北京社科院、南京农业大学等研究机构和高校进行了理论培训及综合素质培训。其中 2015 年选派 30 名基层干部前往西南民族大学学习农牧区经济发展、民族团结和党的政策方针、基层党的建设等内容。2015 ~ 2018 年，中国移动为改则县工会专门投入资金 200 万元，重点用于开展农民工技能培训等项目。

十是开展精准扶贫工作。通过资金援藏、人才援藏，改则县不断改善改则县牧民群众生产生活、加快经济社会发展、改善基层基础设施建设落后的面貌，为改则县打赢脱贫攻坚战和与全国一道实现小康社会打下更加坚实的基础。比如 2016 年新建了蔬菜产业园区建设项目，该项目投资 1385 万元，已投产一期 9 座温室大棚，目前该项目已带动贫困户 9 人就业，全部 37 个大棚投产后，可解决 120 个贫困户就业。2017 年新建改则县糌粑加工厂项目，该项目从工会援藏资金中投入 13.65 万元，1 月 8 日糌粑加工厂正式实施投产，该项目带动 3 户 13 人贫困户，实现脱贫；4 个月的运营共销售 11562.8 斤糌粑，按每斤市场价 3.8 元计算，总收入达 43938.64 元，其中利润收入达 10438.64 元。

打好脱贫攻坚战是党的十九大提出的三大攻坚战之一，为了落实党中央、国务院关于对口支援和定点扶贫工作的方针、政策和要求，确保扶贫工作有效衔接和顺利开展，助力扶贫攻坚战取得良好的成绩，中国移动计划加大对深度贫困地区的帮扶，制定 2019～2020 年对口支援（扶贫）规划，将中国移动集团公司捐赠资金用在贫困地区最迫切需要解决的困难上，用在能够切实发挥精准扶贫作用的项目上，并持续加强对扶贫资金和项目的管理与监督，确保资金使用和项目管理合法合规。

十一是开展各类爱心捐助活动。2002 年以来，中国移动援藏干部通过各种渠道开展爱心捐助活动。甘肃移动捐助 50 万元，用来建设爱国主义教育基地；贵州移动捐助 5 万元为学生购置冬衣；TD 产业联盟捐款 10 万元作为县教育奖学金；德睿公益基金捐助 5 万元建设小学图书馆；开展"和你在一起"爱心帮扶活动，由中国移动志愿者与改则县 400 多名贫困学生一对一结对子，捐赠教育援助资金 159.72 万元；广东移动全体员工为改则县农牧民和中小学及学生捐赠过冬衣物、被褥、电脑、打印机、书籍和书包文具、现金等物资，总价值超过 300 万元。

（二）对口援助资金拨款及使用情况

自 2002 年起，中国移动共派出 9 批 17 名干部，提供援助资金七批共 2.77 亿元。中国移动提供的援助资金对当地发展意义重大（见表 2）。

表 10－2　中国移动援助改则县投入资金和项目

单位：万元，个

批次	投入资金	建设项目个数
第一批	1778	7
第二批	2621	11
第三批	3000	7
第四批	3500	7
第五批	4200	13
第六批	6300	15
第七批	6300	14

1. 极大缓解了地方财政资金不足的困难

2002～2017 年，改则县固定资产投资 33.53 亿元（其中 2002～2006 年 4 亿元、2007～2011 年 4.6 亿元、2012 年 1.46 亿元、2013 年 1.42 亿元、2014 年 1.44 亿元、2015 年 2.32 亿元、2016 年 4.46 亿元、2017 年 13.83 亿元），其中中国移动对改则县的对口援助资金为 2.77 亿元，约占当期总投资的 8.3%。但正如上文所示，中国移动的对口援助资金与国家、自治区投资，以及其他单位或个人援助资金使用方向有很大差别，中国移动的对口援助资金更多投向了牧民安居、维护社会稳定、推进党建、提高当地医疗卫生水平、推进教育事业、改善农牧民文化生活、提升牧业生产水平、推进人才队伍建设、开展精准扶贫以及开展各类爱心捐助等方面，路、网、电等基础设施建设资金占比相对较小，但涉及领域更广，管理难度更大。2002～2017 年，改则县财政总收入为 18416 万元（其中，2002～2017 年各年财政收入分别为 607 万元、674 万元、675 万元、756 万元、1008 万元、726 万元、1045 万元、600 万元、646 万元、730 万元、1007 万元、1360 万元、1277 万元、2344 万元、2340 万元、2621 万元），中国移动援助改则县的资金是其财政总收入的约 1.5 倍，很大程度上缓解了地方财政资金不足的困难，可以说没有中国移动对改则县的援助，改则县的快速发展将会遇到更多困难。

2. 中国移动在挑选项目施工单位时注重留富于当地

根据可查资料，2011～2018 年中国移动援建项目中，施工单位（合同乙方）为自治区外相关施工单位的项目数量（包括设计、维修、美工等各类详细分项目）为 38 个，投资额约为 2198.68 万元（暂未到位资金不做统计），约占以上项目总投资的 11.26%；施工单位（合同乙方）为改则县当地相关施工单位的项目数量（包括各类详细项目）为 49 个，投资额约为 7563.14 万元，约占以上项目总投资的 38.74%；施工单位（合同乙方）为自治区以内、改则县以外相关施工单位的项目数量（包括各类详细项目）为 47 个，投资额约为 9761.82 万元，约占以上项目总投资的 50%。在这些项目中，如果是基建工程，尽量选择改则当地的施工单位，但受限于客观条件，也为尊重市场规律，无法全部使用当地施工队伍，因此有的施工单位来自自治区其他地区或自治区外如四川、甘肃、新疆等地。施工队伍毛利为10%～30%，但水泥、建材、运费、人工费等成本则多数留在自治区内或改则县范围内。按照改则县发改委的说法，基建类项目使用当地劳动力的比例原则上应不低于 15%，实际上因为当地雇佣劳动力成本更低，使用当地劳动力一般都要高于这个比例。正因如此，施工方和员工的消费在自治区城市比如拉萨、阿里等地占了一部分，在改则当地占了一部分，这部分资金也算是以市场方式留在西藏，促进了西藏发展。

（三）中国移动的援助对当地的影响

在中国移动的援助下，改则县经济社会进一步发展、社会政治保持稳定、基层事业得到进一步发展、干部素质显著提升、人民生活水平得到进一步改善，党的执政基础进一步巩固。中国移动援助改则县取得的工作成效在雪域高原有目共睹，改则县各族人民也享受到了实实在在的实惠，援藏工作深入人心，受到了西藏自治区、阿里地区和改则县广大牧民群众的广泛好评。

一是创造了脱贫致富的良好条件。中国移动始终坚持把援藏资金向基层和农牧区倾斜，切实改变追求短期效果、建设形象工程的政绩取向，把援藏资金变成富民基础，将资金更多投入基层、牧区、民生类项目，一些促进发展的基础设施陆续投入运营，草场得到保护，群众上学、吃菜问题得到解决，党委、政府有了良好办公环境，人才得到培养机会。改则县发展的基础被夯实，为经济发展和脱贫致富创造了良好基础条件，发展后劲更足、抗风险能力更强。

二是营造了良好的市场环境。首先，经济增长使当地各族群众普遍受益，收入增长带动了当地的消费不断增长，推动当地市场活力整体增强。其次，投资的大规模涌入，为地区经济快速发展、资金的快速流通提供了条件，为经济多元化发展提供了土壤。此外，因当地企业无法消化全部投资，大量外来企业和个体经营者的入驻，带来了先进的经营理念和管理方式，市场化思维逐渐被当地群众接受。

三是培养了产业工人和个体经营者。习近平总书记指出，发展是第一要务，人才是第一资源，创新是第一动力。制约改则发展的最大瓶颈是人才。通过重点项目的开工建设和持续运营，以及持续不断的对当地干部进行培训，为当地培养了数量可观、具有一定生产技能的产业工人队伍。当地群众学着外地商人做零售、种蔬菜、跑运输，服务于国有骨干企业和基础设施建设的私营、个体经济蓬勃发展，一批经营能力和市场观念良好的个体工商户掘得了第一桶金，打通了经济发展的毛细血管，提高了地区经济活力。

四是激发了自我发展的内生活力和"造血"功能。农区、牧区的现代化根本上来说是农业、牧业生产方式的现代化和农民、牧民收入来源的多元化，彻底解决"三牧"问题，就是要转变经济结构，把牧民从农牧业中解放出来，进入非牧行业。中国移动十分重视解决当地群众就业的问题，因中国移动的援助，数量众多的项目在改则开工建设，解决了当地从草场解放出来的牧民就业问题。通过就业市场的历练，牧民们找到了新的生活方式和生产方式，劳务收入成为牧民的重要收入来源，从靠天吃饭变成靠劳动吃饭，劳动致富的观念深入人心。

五是维护了民族团结。17 年来，中国移动先后选派了 8 批共 19 名干部，代表中国移动通信集团公司到改则县对口支援，每名干部援藏期限为 3 年。2016 年改则县有人口 25349 人，其中，藏族人口为 25169 人，占全县总人数的 99.3%。① 因此，做好援助改则的工作就是做好民族团结工作。当地群众感受到中国移动和中国移动援藏干部的存在主要通过三个方面。一是对援建项目的宣传，如在基建项目处安放"中国移动援助建设"的标志物；二是援藏干部的榜样带动作用，援藏干部通过落实改则县党委、政府的部署，与当地干部群众沟通交流，遇到困难冲锋在前，让当地干部群众认可自己的工作；三是援藏干部个人的人格魅力，许多援藏干部在工作任务之外发挥主观能动性，额外从内地争取援助物资，真心关心贫困户、帮助贫困学生，走乡串户，不辞辛劳，让当地干部群众知道中国移动的援藏干部是有爱心、做实事的好干部。时任改则县委书记益西土登笑称，许多牧民不知有他这个县委书记，却都认识段玉平县长（中国移动第 8 批驻改则县援藏干部）。

六是巩固了党的执政基础。能不能解决贫困问题，事关全面建成小康社会，事关人民福祉，事关巩固党的执政基础，事关国家长治久安，事关我国国际形象。扎实推进扶贫工作是当前最重要的群众工作之一，是一项可以凝聚人心、团结全国各族人民的政治工作。中国移动在改则县的援助工作，不断改善当地民生，让改则各族群众得到实惠，拥有了看得见摸得着的"获得感"。中国移动的援藏干部都是党员，他们把党的政治优势、组织优势转化为脱贫攻坚优势，以党建带扶贫。由于中国移动援藏工作的开展，各族群众面对援藏干部时，直观地感受到了党的关怀，体会到了党员的先进性，有的牧民家里墙上挂着毛主席和习近平总书记的画像，各族群众住着条件越来越好的住房，吃着种类越来越多的食品，走在宽敞平坦的马路上时，都清楚地认识到"党的政策好"。

---

① 改则县地方志编委会年鉴编辑部主编《改则年鉴 2017（总第二卷）》，九州出版社，2017 年 11 月，第 6 页。

后 记

本书为中国社会科学院创新工程重大科研规划项目"铸牢中华民族共同体意识重大问题研究"（项目编号：2019ZDGH017）子项目"破解深度贫困：西藏的内源型发展道路"的阶段性成果。子项目负责人为中国社会科学院民族学与人类学研究所铸牢中华民族共同体意识研究基地刘小珉研究员。课题组成员为中国社会科学院民族学与人类学研究所铸牢中华民族共同体意识研究基地宁亚芳副研究员，西藏大学马克思主义学院吴春宝副教授，中国社会科学院研究生院博士研究生刘诗谣、严米平、尹秋玲，中国社会科学院研究生院硕士研究生刘畅、沈金宇、赵雨洁，中国社会科学院大学本科生魏一凡、宋炽、满文鹏、李琦。

子项目大部分成员参加了 2018 年以来对拉萨、山南、林芝、日喀则、阿里等五地市的调研，并基于调研撰写完成本成果。刘小珉设计本成果整体框架和写作大纲，并对本成果进行了统稿和审定。本成果各章具体写作分工如下：

第一章：刘小珉

第二章：刘小珉

第三章：刘诗谣、吴敏、刘小珉、赵雨洁

第四章：沈金宇

第五章：尹秋玲

第六章：刘诗谣

第七章：宁亚芳

第八章：刘畅

第九章：刘小珉

第十章：殷丰收

本次调研得到了西藏自治区党委政府、西藏社会科学院的大力支持，得到拉萨、山南、林芝、日喀则、阿里等五地市各级党委、政府的大力支持与配合。这些部门的领导和工作同志，都对我们的调研工作给予了热情的接待和大力的支持，为我们提供相关资料，并就相关问题和我们座谈、讨论。

我们在深入拉萨、山南、林芝、日喀则、阿里等五地市各乡镇、工厂、学校、医院、村民家庭进行调研的过程中，得到各调研点干部、群众的支持，我们访谈的所有被访对象，同样既极其热情又不厌其烦，一边回答我们提出的各种问题，一边拿出茶和点心招待我们。

我在这里一并向上述机构、领导、干部和接受我们访谈的农牧民朋友表示最衷心的感谢！

刘小珉

2020 年 11 月 6 日

图书在版编目（CIP）数据

破解全域深度贫困：西藏的内源型发展道路／刘小
珉等著 . -- 北京：社会科学文献出版社，2020.11
　ISBN 978 - 7 - 5201 - 7568 - 5

　Ⅰ.①破… Ⅱ.①刘… Ⅲ.①区域经济发展 - 研究 -
西藏 Ⅳ.①F127.75

　中国版本图书馆 CIP 数据核字（2020）第 223966 号

破解全域深度贫困：西藏的内源型发展道路

著　　者／刘小珉 等

出 版 人／王利民
责任编辑／王　展

出　　版／社会科学文献出版社（010）59367127
　　　　　地址：北京市北三环中路甲 29 号院华龙大厦　邮编：100029
　　　　　网址：www. ssap. com. cn
发　　行／市场营销中心（010）59367081　59367083
印　　装／三河市尚艺印装有限公司

规　　格／开　本：787mm × 1092mm　1/16
　　　　　印　张：16　字　数：231 千字
版　　次／2020 年 11 月第 1 版　2020 年 11 月第 1 次印刷
书　　号／ISBN 978 - 7 - 5201 - 7568 - 5
定　　价／98.00 元